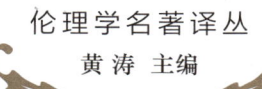

伦理学名著译丛

黄涛 主编

An Inquiry into the Human Mind
on the Principles of Common Sense

人类心灵研究
——以常识原理为基础

Thomas Reid

〔英〕托马斯·里德 著

李涤非 译

商务印书馆
创于1897   The Commercial Press

Thomas Reid

**AN INQUIRY INTO THE HUMAN MIND ON THE
PRINCIPLES OF COMMON SENSE**
© The Pennsylvania State University Press 1997

本书根据宾夕法尼亚州立大学出版社 1997 年版译出

伦理学名著译丛总序

在人类的知识谱系中，伦理学自始至终在场，它是自古至今人们孜孜不倦追求至善与德行的见证。柏拉图通过苏格拉底的对话思考和阐释值得过的人生，展示了一种经过哲人严格审查的伦理图景，这一图景在亚里士多德笔下形成了最早的体系性伦理学。自此之后，人类思想每前进一步，都必然伴随着有关善与至善的深入思考。

伦理是人的命运，个体之间不论有何种差异，都必然面临伦理抉择，伦理的理论因此不可以脱离伦理的实践。伦理的实践并非技术意义上的实践，而是对人的生活方式的价值与意义的建构，是人类发现善、守护善、将善的生活视为生活的本质与目标的系列行动。

在众神退场的世俗时代，伦理学替代宗教，成为了承载我们希望、引导我们走出心灵困境的理论与实践。不仅个体自身的伦理选择需要伦理学的思考，公共的生活与制度也需从共同体的伦理冲动和伦理意志中获得正当性。"伦理学名著译丛"的深刻关切，旨在真切呈现人类各时期伦理领域的深刻思辨，着力反映世界各国伦理学思想体系，为明确与坚定私人的与公共的伦理选择提供值得参考的思想经验。希望学界鼎力支持。

是为序！

黄涛

2022 年夏

目 录

致尊敬的阿伯丁大学校长詹姆斯伯爵 …………………………………… 1

第一章 导言 ………………………………………………………………… 5
 第一节 该主题的重要性和研究方法 ……………………………… 5
 第二节 获取心灵知识的阻力 ……………………………………… 7
 第三节 该哲学部门的现状：笛卡尔、马勒伯朗士和洛克 …… 10
 第四节 为这些哲学家辩解 ………………………………………… 13
 第五节 贝克莱主教、《人性论》和怀疑论 ……………………… 14
 第六节 《人性论》 ………………………………………………… 17
 第七节 所有这些作者的体系是相同的，而且导致怀疑论 …… 18
 第八节 我们不应放弃对一个更好体系的希望 ………………… 19

第二章 嗅觉 ………………………………………………………………… 21
 第一节 研究顺序。嗅觉的介质和器官 ………………………… 21
 第二节 对此感觉做抽象考虑 ……………………………………… 22
 第三节 感觉和记忆，信念的自然原理 ………………………… 23
 第四节 某些情况下判断和信念先于简单领悟 ………………… 26
 第五节 对关于信念本质的两种理论的反驳。前述
     内容的结论 ………………………………………………… 26
 第六节 为形而上学谬论辩解。无感知主体的感觉，
     观念理论的一个后果。此怪论的后果 ………………… 29

第七节　我们的构造暗示了对一个有感知能力的存在者
　　　　　　或心灵的构思和信念。联系的概念并不总是通过
　　　　　　比较有联系的观念而获得 ································ 34
　　　第八节　形体有种性质或功效，我们称之为气味。
　　　　　　在想象中它是如何与感觉关联起来的 ················ 36
　　　第九节　人性中有种原理，对气味及其他自然功效
　　　　　　或原因的概念都源于它 ································ 38
　　　第十节　在感觉当中，心灵是能动的还是被动的？ ········ 42
第三章　味觉 ·· 44
第四章　听觉 ·· 48
　　　第一节　声音的多样性。其位置和距离是靠习惯，
　　　　　　无须推理就把握到的 ································ 48
　　　第二节　自然语言 ·· 50
第五章　触觉 ·· 53
　　　第一节　热和冷 ·· 53
　　　第二节　硬和软 ·· 55
　　　第三节　自然符号 ·· 58
　　　第四节　硬和其他第一性质 ································ 61
　　　第五节　广延 ·· 63
　　　第六节　广延 ·· 65
　　　第七节　物质世界的存在 ···································· 68
　　　第八节　哲学家关于感官的体系 ·························· 74
第六章　视觉 ·· 79
　　　第一节　此官能的优越性和显贵性 ······················ 79
　　　第二节　视力所见几乎都能被盲人理解。其原因 ········ 81
　　　第三节　对象的视觉表象 ···································· 85

第四节　颜色是物体的性质，而非心灵的感觉 …… 88
第五节　前述内容的推论 …… 91
第六节　感觉不相似于物体的任何性质 …… 94
第七节　视觉形状和广延 …… 99
第八节　回答有关视觉形状的某些疑问 …… 103
第九节　视觉几何 …… 108
第十节　双眼的平行转动 …… 118
第十一节　通过倒像看到直立的物体 …… 121
第十二节　同一主题续 …… 127
第十三节　用双眼看到单个对象 …… 140
第十四节　动物的视觉规律 …… 146
第十五节　斜视假想 …… 148
第十六节　与斜视有关的事实 …… 158
第十七节　习惯在单视中的作用 …… 161
第十八节　波特费尔德博士对单视和复视的说明 …… 167
第十九节　布里格斯博士的理论以及艾萨克·牛顿爵士对此主题所做的猜想 …… 170
第二十节　知觉泛论 …… 179
第二十一节　知觉中的自然进程 …… 186
第二十二节　我们赖以学会感知视距的符号 …… 190
第二十三节　其他习得知觉中采用的符号 …… 200
第二十四节　知觉与我们赋予人证的信任之间的类比 …… 202

第七章　结论 …… 216

译名对照表 …… 234

致尊敬的阿伯丁大学校长詹姆斯伯爵

阁下：

尽管我觉得本书会提出一些新颖的、重要的洞见，但对于它的出版，我还是诚惶诚恐。没有谁不承认，笛卡尔（Des Cartes）、马勒伯朗士（Malebranche）、洛克（Locke）、贝克莱（Berkeley）和休谟（Hume）都是极具洞察力和天赋的非凡之士，而他们已经讨论过本书的主题。对于一种完全不同于他们已经提出的人类知性论，未加考察的人无疑会因鲁莽和自负而被谴责。

但我希望，正直、睿智且有能力关注自己的心灵运作的少数人士，在做出判决之前能够审慎地考虑本书提出的观点。我认为这是唯一称职的评判。如果他们不赞同我的观点，那么我可能是错的，就应该按照判决来改变我的看法。如果他们赞同，那么大部分人就会跟通常一样，最终将会听信他们的权威。

无论我的观点与提到的那些人的观点多么相左，他们的思辨使我受益良多，甚至还为我指明了道路。阁下，您知道，有益的发现有时不仅归功于那些偶然做出发现的人，还应归功于培育它们并使之破土而出的人们。

阁下，我承认，在《人性论》（*Treatise of Human Nature*）于1739年出版之前，我从来没想过去质疑被广泛接受的人类知性原理。那位独具匠心的作者以非怀疑论者洛克的一些原理为基础，建立了怀疑论体系，它让我们没有根据相信任何一个事物或者它的对立面。在我看来，他的推理是正确的，因此我们有必要或者质疑它赖以建立的原理，或者承认其结论。

但是，有哪个聪明的头脑会心甘情愿地承认这种怀疑论体系？阁下，我可是真的不会，因为我坚信，绝对的怀疑论不仅能摧毁基督徒的信仰，也能摧毁哲学家的科学和普通人的审慎。我坚信，不义之人跟正义之士一样，都会因信而生；我坚信，如果能把所有的信念都弃之一边，那么虔诚、爱国精神、友谊、亲情和私德将如同游侠骑士一样荒诞不经；我还坚信，对快乐、雄心与贪婪的追逐，和对高尚、道德的追求一样，都必须以信念为基础。

散工辛苦劳作，因为他相信晚上会得到酬劳。如果没有这种信念，他就不会卖力工作。我们可以大胆地说，即便是建立了怀疑论体系的这位作者，在写作时就相信它会被人阅读并受到关注。我希望他在写作时也相信它会造福人类——也许它最终会起到这种作用。因为我把怀疑论作者看作一种类型的人，他们的任务是挑出知识结构中的漏洞，当这些地方被恰当地修补后，整个建筑才能比以前更加坚固和稳定。

令我满意的是，我严格地考察了这种怀疑论体系赖以建立的原理，在发现它的整个根基就是一条假说时，我一点儿也不感到奇怪。实际上，这条假说古已有之，被哲学家普遍接受，但是我找不到有力的证据支持它。我所指的这条假说就是，只有那些用于感知的心灵中的东西才能被感知到：我们其实没有感知到外部事物，而只是感知到它们印在心灵上、被称作印象和观念的某种意象和像。

如果这条假说是正确的，假设某些印象和观念存在于我的心灵之中，那么我不可能从它们的存在推导出任何其他事物的存在。我的印象和观念是我能获得有关知识或概念的唯一存在物，它们转瞬即逝，只有在被我意识到的时候才能存在。我原本认为,无论我是否想起,我所处的整个宇宙、形体和精神、太阳、月亮、星星、地球、亲朋好友,以及所有的事物都一直存在。但是根据这条假说,它们无一例外地瞬间消失了:

"如梦如幻,无影无踪。"[1]

阁下,我认为,因为哲学家的权威而承认一条假说是不合理的。在我看来,这条假说颠覆了所有的哲学、宗教信仰、美德和所有的常识。当我发现,我所熟悉的全部人类知性体系都建立在它之上时,我就决定要重新探究这个主题,而不关心任何假说。

现在向阁下呈上的研究成果到目前为止涉及五种感官。我认为,其价值在于我极其细心地关注了我自己的心灵运作,尽可能清楚地表达了我认为每个人都会感受和感知到的东西——只要他同样关注过那些运作。想象力的作品需要凌驾于普通才智之上的天分,但是知识宝库通常掩埋得很深,只有那些虽无一步登天之能但不辞辛劳深钻苦挖的人才可能获得。在对该主题的研究中,要做的实验很适合我,因为除了时间和注意力外,它们并不耗费别的东西,而这两样我都有。我自认为,从追名逐利中解脱出来的学术生涯赋予我的闲暇,促使我就这些主题给年轻人做演讲的职业义务,以及早年乐于做相关思辨的倾向,使我能在该研究主题上比前人给予更细致的关注。

多年以前,为了便于学生运用,我以另一种形式整理了我对该主题的思考。后来这些思考被提交给一个民间哲学学会(我有幸位列其中)评判。该研究中的大部分内容更因阁下的阅读而生辉。与

---

[1] 作者引自莎士比亚,《暴风雨》(*The Tempest*) IV, i, 151-156。——译者

阁下和他人的友情令我倍感骄傲，对你们的评判我满怀敬意，谢谢你们不吝鼓励之辞，它打消了我的胆怯和疑虑，使我下定决心将其呈给大众。

现今，怀疑论的狡计已经使人类的常识和理性颜面尽失。如果在阁下大人看来，我的著作能为人类常识和理性提供辩护，反驳了怀疑论的狡计；如果它还能给上帝的作品中最高贵的部分提供新的启发，那么，阁下您对艺术和科学的尊重，对那些能改进它们的每种事物的关注，以及对有助于国家繁荣昌盛的其他每种事物的关注，使我毫不怀疑您会乐于接受我的这篇论文，它是我在为您工作期间辛勤努力的成果，也是我对您无比崇拜和敬仰的见证，我有幸成为：

阁下，

您最卖力、最虔诚的仆人。

托马斯·里德
1763 年 11 月 9 日

第一章 导言

第一节 该主题的重要性和研究方法

人类的心灵结构如同身体结构一样奇妙而精巧。在适用于其多重目的方面，心灵官能所具有的智慧丝毫不逊色于身体器官。不仅如此，我们还可以合理地认为，心灵比身体更高贵，处于更高等级，所以造物主在建造它时运用了更多的智慧和技巧。因此，心灵本身就是一个非常值得探究的主题，而且考虑到有关心灵的知识对任何其他科学分支的广泛影响，心灵就更值得研究了。

即使在与心灵极少有联系的艺术和科学中，心灵的官能也是我们必须使用的工具。我们越是通晓它们的本性和用途、缺陷和异常，就越能熟练地运用它们，取得更大的成功。在最高贵的艺术中，心灵也是我们处理的主题。画家、诗人、演员、雄辩家、道德家和政客都力图用不同的方式、出于不同的目的来处理心灵。他们在多大程度上把握人类结构的经络，就取得了多大的成功。他们的一些艺术只有建立在人类的构造原理之上，才可能有牢固的基础，才能上升到科学的显贵地位。

如今，明智之士都同意或是应该同意下述看法：要获得关于自然万物的知识，途径只有一条，那就是观察和实验。我们的构造使我们具有一种强烈的倾向，引领我们从具体的事实和观察追溯一般规则，并且利用后者来说明其他结果，或是指导我们制造这些结果。这道知性运作程序是每个人在日常事务中都熟悉的，也是哲学中能做出真正发现的唯一程序。

最先发现冷导致水结冰、热使之蒸发的人，与牛顿发现引力定律和光的属性一样，遵循相同的普遍原理，使用同一种方法。牛顿的"哲学思考规则"（*Regulæ philosophandi*）都是常识准则，在日常生活中每天都被实践。如果我们用其他的规则来做哲学研究，无论是考虑物质体系，还是考察心灵，都会迷失方向。

猜想和理论都是人的创造品，永远不同于上帝的创造品。如果我们要了解上帝的作品，就必须聚精会神、谦卑恭敬地求教于它们，不要肆意妄为，在它们所揭示的东西中画蛇添足。唯一合理、正统的哲学是对自然所做的合法解释，被加进的任何属于我们自己的东西，既不足信，也无权威可言。

关于地球形成、动物繁衍、自然恶和道德恶的起源的所有奇思妙想，一旦超出了从事实中进行合法归纳的限度，就是白费力气，有如笛卡尔的旋涡（vortice）[1]，或是帕拉塞尔苏斯的生命力（Archæus）[2]。也许心灵哲学的理论掺假现象不少于物质哲学。关于观念的理论的确非常古老，也已经被广泛接受，但这些头衔并不能赋予此理论以可靠性，也不应该使它免受自由、公正的检验。尤其在如今这个时代，它已经导致了一种怀疑论体系的产生，而后者似乎要压倒所有的科学，

---

[1] 笛卡尔关于天体起源的"旋涡说"是他依据其哲学原则提出的假说。他假定上帝创造了物质并将物质的各部分搅和，使之成为一团混沌，物质的各部分相互挤压、前后衔接地做着圆周运动，这就是一种旋涡状的运动。——译者

[2] 帕拉塞尔苏斯（Paracelsus，1490—1541年）是文艺复兴时期一位神秘主义哲学家。他认为每个事物都受一个与之生命攸关的元质统治，疾病会遏制和摧残这种生命力，而医药的作用就在于借助炼金术和巫术来治疗疾病，维护此生命力。——译者

甚至要击溃常识的命令。

我们关于身体的知识，全部归功于解剖分析和观察。只有对心灵进行解剖，我们才能发现它的能力和原理。

第二节　获取心灵知识的阻力

但是我们必须承认，解剖心灵要比解剖身体困难得多，因而我们不需感到奇怪，人类在这上面取得的进展较少。要精确地关注心灵的运作，并把它们作为思维的对象，即使对于擅长思考的人来说也不是件简单的事，而对于普罗大众来说，这几乎不可能。

运气好的解剖学家也许可以用自己的眼睛以同样的精度考察一切不同年龄、性别和状况的身体。一个身体里缺少的、模糊不清的、难以理解的，在另一个身体里可以清晰充分地观察到。但是心灵解剖家不可能有这样的优势。他只能以一定程度的精确性和清晰性来考察自己的心灵。这是他能调查的唯一主体。他可以通过外部符号推断其他心灵的运作，但这些符号大多是含糊的，必须由他对自己的感知来解释。

因此，即便有一位哲学家能够向我们条理清晰地描述他自己的思维原理的所有运作——不过还没有人能够做到——也只是对某一特殊主体的解剖，一旦运用于总体的人性，既不充分，也错漏百出。因为我们稍加反思就知道，心灵之间的差别大于被我们归为同类的任何其他事物之间的差别。

在我们拥有的各种能力和官能中，有一些似乎是自然形成并培育的，不需要人的努力。它们是我们与动物共有的，是我们保存个体、延续种类所必需的能力。还有一些别的能力，自然只是在我们的心灵中播下它们的种子，但把培育它们的任务交给了人类文明。对于它们，只有加以适当的培养，我们才能改进智力、品味和道德，以提升人性，并使之崇高；相反，忽视或败坏它们将使人性变得堕落和腐化。

满足口腹之欲，饮清泉解渴，在时机和性欲的驱使下繁衍后代，防止受伤害，时而劳作时而休息，这样的两足动物就像森林中的一棵树，天生天养。他们虽未开化，但自然已在其心里撒下了逻辑学家、雅士、雄辩家、政客、善人和圣人的种子，若缺乏培养和训练，种子就会永远被埋藏，很难被他自己或别人察觉。

最低等的社会生命会展示隐藏在原始状态下的某些原理。根据他所受的训练、他的同伴和生活方式，某些原理或者由于自身的天然活力，或者利用文化的力量，将会茁壮成长，发展得完善，其他原理则莫名其妙地颠倒了它们的天然形式，还有一些受到阻止，或者可能被彻底根除。

这就造成个体在人性上的千差万别，以至于就道德和智力禀赋而言，它架通了下层的莽夫、魔鬼与上层的神圣者序列之间的鸿沟。心灵之间差异巨大必然使得我们极难发现人类的共同原理。

哲学家关于心灵的初始官能所使用的语言，太适合盛行的体系，以至于不可能适合其他的体系了，就如同一件定制的衣服只适合定制它的人，衬托出他的优势，但另一个不同身形的人穿起来就很尴尬，尽管有可能还是显得潇洒协调。关于心灵及其运作，如果不采用新的词汇和短语，或是不赋予那些业已接受的词语以不同的意义，就几乎不可能在哲学上做出什么创新。创新作为一项自由权利，即使在不可或缺的时候，也会造成偏见和误解，因此只有时机得当，它才能得到许可。语言的创新，就如同宗教和政府的革新，总是遭到许多人的怀疑和憎恨，直到人们熟悉了用法，它们才得到法定的许可。

倘若心灵的初始知觉和概念以单一、纯粹的方式呈现出来，就如同我们最初从自然之手中接收它们时那样，那么习惯于反思的人就可以不太困难地追溯它们。但是在我们能反思之前，习惯、联结和抽象使它们混合、化合和分解，因此我们很难知道它们的初始模样。从这个角度来说，心灵就像一位药剂师或化学家，原材料确实来源于自然，但出于工作的需要，它把它们加以混合、化合、分解、蒸发和提纯，直到它们彻底改头换面，因此我们很难知道它们最初是什么样的，更难把它们还原成初始、天然的形式。此外，心灵开展这项工作，不是靠成熟理性的谨慎行为——否则我们就能够回想起来——而是靠先于理性发挥作用的本能、习惯、联结和其他原理，因此对于心灵来说，要原路返回，去追溯心灵在最初思维和行动时的那些运作，是极其困难的。

假若我们能清楚、充分地掌握一个儿童从生命和感觉伊始直至成长到使用理性的阶段的全部心路历程，能知道他的官能最初如何开始发挥作用，它们如何催生和培育各种各样的概念、意见和情感——这些都是我们在能够进行反思时才在自己身上发现的；那么，该历程将会成为博物学的瑰宝，对于理解人类的官能来说，它比哲学家有史以来的任何体系都更有帮助。但是，祈求我们能力范围之外的自然馈赠是徒劳无益的。反思是我们审察心灵能力的唯一途径，但来得太晚，无法使我们观察到把这些能力从其初期培养到完善的自然进程。

因此，一个从教育、风尚和哲学的偏见中成长起来的人需要超乎寻常的细心，还需要大量地运用心灵，才能揭示他的概念和意见，直到找出其构造的简单、初始的原理——除了造物主的意志，别无他物能说明这些原理。这或许可以称为真正的人类官能分析，只有完成了这种分析，我们才能指望获得关于心灵的合法体系，即陈列我们构造的初始能力和规律并用它们说明各种人性现象的体系。

这种探究所取得的成功不是单凭人的能力想要就可以得到的。不过如果我们能做到谦虚谨慎，就有可能避免谬误和错觉。也许线团太过错综复杂，线条也过于纤细，我们不可能追溯所有的线圈。但如果我们在无法前行的地方止步，并保住已有的基础，就不会犯错，更犀利的眼睛会适时推进追溯。

是天赋，而不是天赋的缺乏，给哲学掺了假，使之渗透谬误和错讹的理论。创造性的想象力鄙视为筑基而从事挖掘、清理垃圾和搬运物资这些低等事务。它把这些杂役留给科学中干苦力活的人，而它则设计任务并打造框架。创造力提供所需的素材，想象力则添加色彩和各种合适的装饰。这项工作确实博眼球，但需要稳固性和一个好基础。它甚至要与自然的作品竞争，直到后来某个好胜的建筑师把它粉碎成垃圾，并在其位置上建立一个同样好的框架。这个年代值得庆幸的一件事是，空想家更多的是制造浪漫，而不是创建哲学。毫无疑问，那才是他们的领地，在那些领域内想象力的产物是合法的，但在哲学中却完全是站不住脚的。

第三节　该哲学部门的现状：笛卡尔、马勒伯朗士和洛克

我们关于心灵及其官能的哲学，研究状况非常差，即使对于那些从来没有仔细地考察过该哲学的人来说，这种情况也是可想而知的。是否存在任何关于心灵的原理，它们具有如力学、天文学和光学原理那样的明晰性和证据？这几门学科是建立在放之四海而皆准的自然规律之上的真正科学。它们的发现不再有争议性，可能会增添新的东西，但除非自然进程发生改变，否则已建立的东西永不可能被推翻。然而，如果我们把注意力转向内部，考察人类思维、意见和知觉的有

关现象，循着它们追溯我们构造的普遍规律和第一原理，就会立即陷入黑暗与困惑之中。如果常识或教育原理恰巧不那么稳固，我们最终会陷入绝对的怀疑论。

笛卡尔发现，这部分哲学中没有任何被确立的东西。为了打好基础，他决定不相信他自身的存在，除非能给出好的理由。他也许是第一个下此决心的人。但如果他真的执行了其意图，确实变得不相信他的存在，那就很可悲了，理性或哲学不能提供任何补救措施。不相信自身存在的人，就如同相信自己是由玻璃做成的人一样，当然是不可理喻的。人体结构中也许有一些异常可以造成这种胡言乱语，但异常永不可能靠推理治愈。笛卡尔确实想要我们相信，他已经通过"我思故我在"的逻辑论证摆脱了这种精神错乱状态。但显而易见，笛卡尔自始至终都是神志清醒的，从来没有严肃地怀疑过他的存在。因为在这个论证中，他已把自身的存在当作理所当然，根本什么也没证明。他说，我在思考，因此我存在——但不同样可以推理说，我在睡觉，因此我存在？或是，我什么都没做，因此我存在？如果物体在移动，它就必定存在，这是毫无疑问的。但如果物体是静止的，它必定也同样存在。

也许笛卡尔在这个缩略三段论中不是要断定他自己的存在，而是要断定思维的存在，并且从思维的存在推出一个心灵或思维主体的存在。但他为何没有证明其思维的存在？也许他会说意识做出了证明。谁又是意识的证明人？有谁能证明他的意识不会欺骗他？没有！相信它的最好理由就是：只要心智健全，每个人都会由于其本性构造而注定不加怀疑地相信其意识，并取笑或是可怜那个怀疑其明证的人。而每个头脑清醒的人，不都必定跟相信自己的意识一样相信自己的存在吗？

这个论证中还断定了另外一条命题：没有一个心灵或主体，就没有思维。这个命题很容易受到同样的反驳，并非它没有证据，而是它的证据并不比它要证明的命题的证据更为清楚直接。我们再把所有这些命题放在一起加以思考：我思-我是有意识的-能思者存在-我存在，对于那个当真怀疑其中任何一条命题的人，每个头脑清醒的人不抱有同样的看法吗（他有毛病）？假如你是他的朋友，你难道不希望他通过医术和养身法，而不是由形而上学和逻辑学来治愈吗？

不过，假定"我的思维和意识必定有个主体，因此我存在"这条命题已被证明，那我如何知道，我记得的所有思维系列都属于一个主体？我如何知道此刻的"我"就是昨天的那个"我"和以前的那个"我"？

笛卡尔觉得这种质疑不合适，但洛克提出来了。为了解决它，洛克严肃地规定人格同一性在于意识，也就是说，如果你意识到你在12个月前做了某事，这一意识决定了你就是那个做了此事的人。然而，对过去的意识，只能表示一种记忆：我做了那事。因此洛克的原理应该是，同一性在于记忆。所以如果一个人忘了一切，那么他必定会丧失其人格同一性。

心灵哲学在制造怀疑方面显得卓有成效，而在解决它们时则很不到位，这种情况也不仅仅表现在上述例子中。

笛卡尔、马勒伯朗士和洛克极尽能事去证明一个物质世界的存在，结果一败涂地。那些可怜的没学问的普通人无疑相信太阳、月亮和星星的存在，相信我们居住的地球，相信我们所爱的故乡、朋友和亲属，相信我们拥有的土地、房屋和流动资产。但哲学家对普通人的这种轻信感到遗憾，决意只相信建基在理性之上的东西。他们求助于哲学，为那些全人类都相信却又给不出任何理由的事物提供相信的理由。必定会有人以为，既然这么重要，那么证据会不难得到。但证据恰是世界上最困难的事，因为这三位伟人尽管怀着最好的愿望，也没能从哲学宝库中找到一种论证，说服一个有推理能力的人相信任何一个脱离他的事物的存在。万人景仰的哲学！光的女儿！智慧和知识的父母！要真的是她该多好！毫无疑问，你还没有跃起于人类心灵的上方，你恩赐给我们的光线，只不过给人类的官能笼罩上一片可见的黑暗，惊扰了快乐的凡人享有的平静和安宁，他们不曾走近你的圣坛，也没有感受到你的影响。罢了，如果你糊弄或制造出这些阴云和幻影而又没有能力驱散它们，那就收回你那些微弱而邪恶的光线吧。我藐视哲学，拒绝它的护佑，让我的灵魂拥抱常识吧。

第四节 为这些哲学家辩解

与其鄙视一道晨曦，不如翘首以待万丈光芒；与其谴责上述哲学家创建了有瑕疵和缺陷的体系，不如赞扬他们所做的贡献，毕竟他们首次发现了哲学中一个前所未知的领域。无论其体系是多么残缺和不完美，他们已打开了通向未来发现的道路，理所当然有资格因为这些发现而受称颂。他们已清除了经院诡辩时代堆积无数的挡道灰尘和垃圾。他们使我们走上了正轨，走上了经验和精确反思之路。他们教导我们去避免那些含糊不清的词汇布下的陷阱，而且关于这个主题，他们以前所未有的清晰性做了很多说明和思考。他们已经做了许多拓荒工作，引领我们发现他们没有获得的真理，或是引导我们识别他们不自觉卷入的错误。

我们可能会发现，已被接受的心灵哲学由于其瑕疵和缺陷，大多遭到聪明人的轻视和嘲笑。产生瑕疵和缺陷的主要原因在于，这种哲学的提倡者，因为对它的偏好而扩展其权限，以致超出其合法范围，还求助它来排斥常识的命令。但后者不承认哲学有此权限,它们蔑视推理的审判,并否定其权威。它们既不需要它的帮助,也不害怕它的攻击。

在常识和哲学之间的这种不对等竞争中,后者总会以名誉扫地和失败收场。除非敌视消失了,哲学不再横加干涉常识,两者恢复了真诚的友谊,哲学才可能兴盛起来。因为在现实中,常识不理睬哲学,也不需要它的帮助。而另一方面,哲学(请允许我改动一条隐喻)除了常识原理外没有别的根源。它产生于常识,并从中获取养分。割断了这个根源,哲学的花环就会枯萎,活力就会衰竭,最终凋零、腐烂。

哲学的荣誉和利益要求我们去小心维护这种联合和从属关系,但我提到的上个时代的几位哲学家都没有做到。而现今的哲学家已经向常识开战,希望通过哲学的精巧来完全征服常识。这种尝试既鲁莽,又徒劳,就如同巨人们为废黜万能的朱庇特所做的努力一样。

第五节 贝克莱主教、《人性论》和怀疑论

在我看来,现阶段这一哲学部门还没有产生出比克罗尼(Cloyne)[3]主教和《人性论》的作者[4]更敏锐、更老练的人物了。前者不支持怀疑论,但热切关注宗教和道德原理,这成了他的章程,不过他的探究结果是严肃地确信物质世界不存在,除精神和观念外,自然界别无他物;他还坚信,对物质实体和抽象观念的信念是导致所有哲学错误、

---

3 即贝克莱。——译者
4 即休谟。——译者

不信教和宗教异端的主要原因。其立论基础就是先前由笛卡尔、马勒伯朗士和洛克制定并被广泛接受的原理。

最称职的裁决者似乎也会认为这些论证既没有也不可能被驳倒，认为他已无可辩驳地证明了头脑清醒的人决不会相信的东西。

《人性论》的作者也把同样的原理作为研究基础，但他运用得更加彻底。克罗尼主教清除了整个物质世界，这位作者却在相同的基础上清除了精神世界，自然界除了观念和印象外，别无他物，没有任何用来承载观念和印象的主体。

这位作者似乎有种独特的幽默感，虽然他在引言中开篇就慎重承诺一个建立在全新基础上的完整科学体系，此基础即人性，然而其整个作品的意旨在于表明，世界上既不存在人性也不存在科学。对于这样一位既不相信自身存在也不相信其读者存在的作者，抱怨他的做法可能不切实际，因此难为他或者嘲讽他也就没有什么意思了。但是我想，《人性论》的作者如此多疑，是不需要这种辩解的。他违背他的原理，相信他的书有人读，相信他会保持人格同一性，相信一旦由于其形而上学的敏锐性而理所当然地名声大噪。他的确够聪明地承认，只有在与世隔绝或隐居时，他才会稍稍赞同自己的哲学。社会就如同日光，驱散了怀疑论的黑暗和迷雾，使他屈从于常识的支配。我也从没听说过他做过什么事，促使他赞同其原理所主张的那种程度的怀疑论，即便是在他离群索居的时候。当然，如果他的朋友担心这点，他们肯定会出于仁慈而不会丢下他不管不顾的。

相比任何的后继者，此哲学的创始人皮浪（Pyrrho）把它贯彻得更彻底。如果我们相信第欧根尼·拉尔修（Diogenes Laertius）引用的卡瑞斯特安的安提柯（Antigonus）的话，皮浪是按照其学说来生活的，那么当四轮马车从他身上碾过，或一条狗袭击他，或他遭遇危境时，他全然不相信自己的感官，他会纹丝不动，置危险于不顾。但幸运的是，他的随从不那么多疑，他们小心谨慎地使他远离危害，因此他可以活到90岁高龄。毫无疑问，如果这位作者[5]死守其原理，他的朋友同样也会细心地使其远离危害。

可能《人性论》不是一气呵成的，它包含明显的迹象，表明作者不时陷入平常人的信念之中，全书一半的篇幅他都不能保持他那怀疑论的风格。

伟大的皮浪自己也同样在某些场合忘记了他的原理。据说有一次厨师可能是在烧烤时漫不经心，皮浪对他大发雷霆，操起还挂着肉的烤肉铁叉，把那个厨师甚至追赶到了集市。

在人类生活的日常事务中，所有人的信念和行为不可避免地受一些原理的支配，如果某种哲学肆无忌惮地反对它们，那就太过冒失了。即使哲学家自诩已经驳倒了它们，随后也会屈从于它们。这些原理比哲学要古老，也更有权威：哲学以它们为基础，而不是相反。如果哲学能推翻它们，必定会在它们的废墟中把自己埋葬。不过所有的哲学技巧都不够格，实现不了这一目的。推翻这些原理的努力其实非常荒谬，就如同一位技工妄图设计一种转轴，把地球从它现在的位置上移开，或是如同一位数学家妄图证明与一事物相等的事物彼此不等。

芝诺（Zeno）竭力证明运动的不可能，霍布斯（Hobbes）证明正确和错误之间没有区别，这位作者不相信我们的感官、记忆，甚至是证明。即使在那些不能找到其错误之处的人看来，这样的哲学也只是荒谬的。它除了以羞辱理性、人性以及把全人类变成人形兽为代价来展示诡辩家的聪明气外，就别无他用了。

---

5 即休谟。——译者

第六节 《人性论》

还有其他反对这种人性体系的一些成见,即使笼统地看看,它们也会使人们对该体系缺乏信心。

笛卡尔、霍布斯以及这位作者,各自给我们提供了一种人性体系。对任何人来说,无论其天赋多高,能力多大,建构这种体系也是巨大的工程。我们肯定有理由担心,人性中有很多部分从未被他们注意到,而其他部分则被曲解,用于填补空白、完成体系。如果克里斯托弗·哥伦布(Christopher Columbus)或塞巴斯蒂安·卡伯特[6]承诺给我们提供一幅完整的美洲地图,也说得过去。

自然的作品具有一定的特点和风格,即使是对它们最完美的模拟,也无法捕捉。在我提到的人性体系中,尤其是最后一位作者的体系中,似乎缺乏这种特点和风格。一个木偶动来动去,摆出各种姿势,乍一看令人惊讶,但若仔细观察,把它分解成部件,我们就会收回赞叹,我们领会了制造者的所有技巧。它与它要表征的东西何其不同啊!相对于人的身体来说,它是多么简陋的作品啊!我们了解人体结构越多,惊奇就会越多,就愈发感到自己的无知!身体的机制都那么难以理解,要理解心灵的机制,谈何容易?但是在这个体系中,联结三定律加上一些初始感受,就说明了感官、想象、记忆、信念以及心灵的全部行为和激情的整个机制。这就是自然创造的人吗?我怀疑没那么容易看到自然的幕后工作。它只是个玩偶,是自然的大胆学徒模仿其作品的产物。光线黯淡看不清的情况下尚可接受,但要拿到青

---

6 卡伯特(Sebastian Cabot,1474—1557年),英国航海家、探险家和制图家,曾率西班牙探险队到达南美洲的拉普拉塔河地区,绘制出著名的世界地图。——译者

天白日，把它分解成部件，我们就会发现，它不过是个胶泥和泥刀做成的人。我们了解自然的其他部分越多，就会越发喜爱和称许它们。对于行星系统，我们居住的地球，矿物、植物和动物，我自己的身体，以及自然的这些部分中蕴含的规律，我知之甚少，但这点浅闻薄见向我的心灵展示了壮观、美丽的景致，既有助于我的幸福，也使我倍添力量。但当我深入里面一探究竟，思考那个使我能够窥见所有这些景致、获得这些享受的那个心灵本身时，若它果真是《人性论》中所说的那样，我会发现自己原来身陷被施了魔咒的城堡中，被幽灵和鬼怪利用。我内心羞愧地思索自己是如何被哄骗的，我对自己的构架感到害臊。我不能不规劝我的命运了：哦，自然，你如此捉弄一个蠢笨的生物，然后脱下面具，向他表明他是如何被戏弄的，这就是你的消遣吗？如果这就是人性的哲学，那么我无法在你那儿窥探到自然的秘密。它无疑是受禁的知识树。我刚尝到它，就察觉自己已空空如也，被剥夺了一切，甚至我的自我。我看到自己，也看到整个自然构架，退缩到飞逝的观念之中，它们就如伊壁鸠鲁（Epicurus）的原子，在虚空中翩翩起舞。

第七节　所有这些作者的体系是相同的，而且导致怀疑论

但是，如果这些对人性第一原理的深奥探讨果真会自然且必然地使得一个人陷入怀疑论的深渊，那该怎么办？抑或我们不能合理地做出这种判断？笛卡尔刚开始挖掘这个矿藏的时候，怀疑论就准备破土而出了。为了扼杀它于摇篮中，他已尽心竭力。马勒伯朗士和洛克挖掘得更深，发现要制止怀疑论这个对手，其困难性与日俱增，但他们还是按部就班地继续工作。接着是贝克莱（Berkeley），他继续这项工

作，在对保全所有感到绝望后，自己想出了一个权宜之计：通过放弃物质世界，他希望用一个坚不可摧的挡板来保全精神世界。他认为放弃物质世界不仅没有损失，甚至还有好处。哎呀，不妙！《人性论》却蛮横地挖起挡板的基石，一场洪水淹没了一切。这些无可否认的事实的确使我们有理由担心，笛卡尔的人类知性体系（请允许我称为观念体系，经过后继者的某些改进后，现已被广泛接受）在起源上就有缺陷，里面包含了怀疑论的祸根，而且两者携手并进。因此，在我们能指望就这个主题建立一种稳固的、有用的知识体系之前，我们必须打开笛卡尔体系的基石，逐一检查材料。

第八节　我们不应放弃对一个更好体系的希望

然而，是否因为笛卡尔和他的后继者都失败了，我们就要表示绝望？绝不。胆怯只会有害于我们自己，也会有损于真理。某些时候，有用的发现确实是天才的杰作，但更多时候是时机和偶然的产物。方向感强的旅行者可能会迷失方向，察觉不到自己已步入歧途；当前方的道路畅通时，他会毫无顾虑地行进，身后还会有追随者，但当道路尽头是煤坑时，无需很强的判断力就知道走错了，还有可能发现是什么误导了他。

与此同时，这个哲学部门的衰微状况导致了一种后果，或多或少打击了有志于探究此人性的努力，但这种后果是可以预料的，仅靠时机和更大的成功就可以补救。明智的人从不怀疑日常生活中的事物，对此主题已有的或将有的言论，他们嗤之以鼻，因此容易得到治疗。他们说，那是形而上学，谁会在意？就让那些故弄玄虚的诡辩家作茧自缚吧。无论他们怎么颠三倒四，我决意相信自己的存在，相信其他事物的存在，相信雪是冷的，蜜是甜的。劝我背离理性和感官的人，要么是个傻瓜，要么想把我变成傻瓜。

我承认，我不知道怀疑论者会对此做何回应。我也不知道，甚至为了博取旁人的倾听，他会搬出什么样的好论证。或者他的推理是诡辩，只会遭到鄙视；或者在人类官能方面不存在真理，那我们何必进行推理？

因此，一个人若发现自己身陷形而上学的罗网，找不到其他的逃生之路，就让他勇敢地割断无法解开的网结，诅咒形而上学，并劝阻那些准备与之纠缠的人吧。如果我追逐虚幻的目标而陷入沼泽和泥潭，除了警告其他人要当心外，还能有更好的做法吗？如果哲学自相矛盾，愚弄她的信徒，剥夺了他们值得追求和享受的对象，那就把她打回地狱吧，她必定是在那儿诞生的。

但是，我们绝对能确定这位美丽的妇人如此不堪吗？她不也有可能被错看了吗？先前一些有天分的男人不是经常梦想自己是她的神使吗？不需倾听她更多的诉讼就应对她进行宣判吗？这是不明智的。我发现，在所有其他的事务上，她都是良师益友，是一位可靠的参赞，是常识和人类幸福的朋友。我当然有理由与她打交道、对她抱有信心，除非我发现她不忠的确凿证据。

第二章 嗅觉

第一节 研究顺序。嗅觉的介质和器官

要揭示人类知性的运作,把它们化归为第一原理,困难重重,不必对成功抱太大期望,除非从最简单的着手,然后小心谨慎、由简入繁地逐步推进。为此,在分析人类官能的过程中,我们应首先考虑外部的五种感官。出于同样的原因,我们还得对它们进行选择,挑出一个赋予它优先地位,不是给那个最显贵的或最有用的,而是给那个最简单、其对象最不可能被误会成他物的感官。

以此观之,如果按照下面的排列顺序,即嗅觉、味觉、听觉、触觉,最后是视觉,我们或许可以最轻松、最清晰地开展对感觉的分析了。

自然哲学告诉我们,所有的动物和植物,可能还包括所有或大部分的其他物体,暴露在空气中时,不仅在它们的生命周期,而且在发酵和腐烂的状态中,都会持续散发由大量微粒构成的臭气。这些容易挥发的小粒子可能相互排斥,因而散布在空气中,直到遇上对它们有化学亲和力的其他物质,结合在一起,形成新的实物。所有植物和其他物体的气味都是由这些易挥发的粒子导致的。无论在任何地方,只要它们散布在空气中就可以闻到。一些动物嗅觉灵敏,这表明臭气可

散发得很远，因此它们必定细微得不可想象。

有些化学家认为，每一物种的体内都有统治灵魂，它是灵魂的一种，是它产生了气味以及该物体的所有独特功效。统治灵魂极易挥发，为找到适合自己的接收物，而在空气中四处飘荡。情况是否如此，我不做探讨。像大多数其他理论一样，该理论更可能是想象的产物，而不是合法归纳的结果。不过，物体散发出臭气，后者随空气被吸入鼻孔，然后我们才闻到物体的气味，这是确凿无疑的。因此，把嗅觉的器官置于那一通道（鼻孔）中，空气可以随呼吸不断流通，这是一种显而易见的设计。

解剖学告诉我们，黏液膜和散布在该膜的有茸毛的部分之上的嗅觉神经被自然智慧指定为嗅觉的器官。当某一物体没有发出臭气，或是臭气没有进入到鼻子，或是黏液膜或嗅觉神经由于不适而失灵时，就闻不到了。

尽管如此，显而易见的是，无论是嗅觉器官、介质，还是黏液膜中我们能够想到的任何运动，抑或神经和动物灵魂中的任何运动，都与嗅觉完全不同，而嗅觉本身也不能使我们想起神经、动物灵魂或臭气。

第二节 对此感觉做抽象考虑

关于嗅觉的介质和器官，有了上述前提，我们现在就来仔细关注，在闻到玫瑰或百合的时候，心灵会意识到什么。由于我们的语言没有为这种感觉提供其他的名称，我们就称之为气味或嗅味。至少在经受考查之前，除了感觉本身外，这个称呼谨慎地排除了任何其他的意义。

假使有个人之前从没有这种感官，突然一下就有了，去闻一朵玫瑰。他能否感知到气味与玫瑰之间的相似或一致？或与其他类似对象间的相似或一致？当然不能。他发现自己有种全新的感受，而不知其原因，不知此感受从何而起。就如同一个感受到他先前不知道的痛苦或快乐的人，他意识到自己并不是它的原因，但他不能从事物的本性中，确定它是由形体还是由精神，是由距离近还是距离远的物体引起的。它与别的事物完全没有相似之处，无从比较，所以他不能得出任何结论——除非结论是：它必定有某种不为所知的原因。

要把形状、颜色、广延或物体的任何其他性质归之于它，显然是荒谬的。他不能赋予它一个位置，就如同他不能给忧郁或欢乐赋予位置一样。他也不能想象它存在着，除非当它被闻到的时候。因此它似乎是心灵的一种简单、原始的感应或感受，完全无法言明。它不可能是任何物体都会有的。它是一种感觉，而感觉只能存在于有感知能力的事物之中。

各种气味有各自不同的强弱程度。大部分气味或者令人感到舒适，或者令人不适，而且往往是气味弱的时候较舒适，强的时候则不适。当我们把不同的气味放在一起进行比较时，会察觉到它们之间极少有相似或相反之处，极少有任何真正的联系。它们自身非常简单，彼此大不相同，因而几乎不可能划分为属和种。我们给它们取的名称大多是特定的，如玫瑰香、茉莉香之类的气味。当然还有一些通名，比如说甜香的、恶臭的、霉臭的、腐臭的、尸臭的、芳香的。其中有的似乎能清心益气，而其他的则沉闷压抑。

第三节 感觉和记忆，信念的自然原理

至此，我们已经对此感觉做了抽象考虑。下面我们把它跟其他一

些相关的事物做比较。首先我准备拿它与对它的记忆和想象做比较。

当我没有闻到玫瑰时，也能想起它的气味，而且有可能在我想起时，既不存在玫瑰，也不存在气味。但是当我闻到时，我必定会相信感觉的确存在。只有被感知到，感觉方能存在，因此它们必须存在，才能被感知到。这适用于所有的感觉。本来我也可以像怀疑我的存在那样，轻易怀疑感觉的存在。即使那些竭力证明自身不存在的渊博的哲学家剥夺了其感觉的主体，也不会质疑它们的存在，反而会认为它们稳如磐石。

因此，一种感觉，比如说嗅觉，可以通过三种不同的途径传达到心灵：闻、记忆、想象或想起。如若通过闻来传达，则必然伴随它当前存在的信念；若通过记忆传达，必然伴随着它过去存在的信念；在最后一种途径中，不伴随任何信念，它就是逻辑学家所谓的简单领悟。

为何感觉会促使我们相信事物当前存在，记忆使我们相信它过去存在，而想象根本不伴随任何信念？我相信没有哪位哲学家能提供一丝理由，其实这些运作的本性就是如此，它们都是心灵简单、原始，因而也是不可说明的行为。

假设有且仅有一次，我在一间房里闻到了晚香玉的气味。它栽在花盆里，散发出惬意的香味。第二天我把所见和所闻联系起来。当我尽力仔细地回想这种情况下心灵的运作时，头天我看见的那个东西以及我闻到的芳香，显然在我记起时就成为心灵的直接对象。我还能想象那盆花被转移到了现在所处的房间里，散发出相同的香味，我见过和闻过的那个事物此刻就成了我想象的对象。

哲学家们确实告诉过我，这种情况下我记忆和想象的直接对象不是过去的感觉，而是关于它的观念，是我闻到的那种气味的意象、幻象或种。此观念现存在于我的心灵之中，或是存在于我的感觉中枢之中。心灵对当前的这个观念进行沉思，发现它是过去的事物或可能存在的事物的表征，因而称之为记忆或想象。这是观念哲学的学说，姑且将其放到一边不予探讨，就不会打断目前的研究进程。经过最严格的关注，我发现，记忆是把过去的事物而非当前的观念当作自己的对象。我们将会在后面考察这个观念体系，并且尽力表明，并没有任何有力的证据被提出来证明观念的存在，它们仅仅是杜撰和假说，被构造出来用于解释人类知性现象，但它们完全满足不了这个目的。认为心灵或感觉中枢中存在着关于事物的观念或意象，这种假说正是产生那些在常识语境下令人震惊的种种谬论和那种怀疑论的根源，它们使心灵哲学蒙羞受辱，让它遭受智力健全人士的嘲讽蔑视。

另外，作为平常人我是这么想的：当我记起晚香玉的气味时，昨天经历的那种感觉（现已不再存在）就是记忆的直接对象；而当我现在想象它时，想象的对象是感觉本身，而不是关于它的观念。尽管在这种情况下我的感觉、记忆和想象的对象是相同的，但心灵的这些行为或运作就如同气味、味道和声音一样，仍是不同的，容易区分。我意识到感觉和记忆之间的差别，也意识到两者与想象之间有本质的不同。我同样还发现，感觉促使我相信气味当前存在着，记忆促使我相信它过去存在过。现在有种气味存在，这是感官的直接明证。过去有种气味，这是记忆的直接明证。如果你问我，我为什么要相信气味存在？除了我闻到它外，我不能提供任何别的理由了，也许永远也不可能提出其他理由。如果你问我，我为什么相信它昨天存在过？除了我记起它外，我无法提供其他理由。

因此，感觉和记忆是心灵简单的、原始的、截然不同的运作，它们也是信念的初始原理。想象不同于它们，也不是信念的原理。感觉意味着其对象的当下存在，记忆意味着它的过去存在，但透过想象看到的对象则是未加修饰的，不伴随任何相信它存在或不存在的信念，因而被学界称为简单领悟。

第四节 某些情况下判断和信念先于简单领悟

但在这里，观念体系又冒了出来。它教导我们，心灵有关其观念的最初运作是简单领悟，也就是说，纯粹是对事物的构思，不掺杂对它的信念；在我们获得简单领悟之后，通过把它们加以比较，感知到它们之间的一致或不一致；对观念间一致或不一致的知觉就是所谓的信念、判断或知识。不过在我看来，这全都是虚构，实际上没有任何根据，因为所有人都承认，感觉必定先于记忆和想象，由此可以必然推出，伴随着信念和知识的领悟，必定先于简单领悟，至少在我们现在所谈论的情况中是如此。因此，在这里我们不会说，信念或知识是通过把简单领悟放在一起加以比较而获得的，而是应该说，简单领悟是通过对一种自然、初始的判断进行分解和分析来实现的。在这种情况中，心灵的运作和自然的物体一样，其实是由简单的原理或要素组合而成。自然不会把这些要素单独陈列出来让我们组合。在具体的物体中，她展示的是已经混杂组合的要素，只有通过技艺和化学分析才能把它们分离。

第五节 对关于信念本质的两种理论的反驳。前述内容的结论

然而，伴随着感觉和记忆的这种信念或知识是什么？每个人都知道它是什么，但没有人能定义它。有谁自命他定义了感觉，或是定义了意识？万幸的是没有人这样做。假若没有任何哲学家妄图定义和解释信念，观念哲学中的一些悖论也就不会露出头角了。对于明白人

来说，这些悖论甚至比狂热的想象和迷信还难以置信。观念哲学当今有项发现当属此类型，该发现是：当感觉、记忆、信念和想象具有相同的对象时，它们只是在强度和活性上程度不同的观念而已。假设有一个关于死后的未来状态的观念，一个人坚定地相信它，这只是意味着他对它有一种强烈生动的观念。另一个人既非相信又非不信，也就是说，他只有淡薄的观念。现在假设第三个人坚定地相信不存在这种事，我全然不知道他的观念是淡薄的还是生动的。假如观念是淡薄的，那就表明观念淡薄时信念可以坚定；假如观念是生动的，那么对未来状态信和不信的信念必定是一种相同的信念。信念只是意味着比简单领悟更强烈的关于对象的观念，用来证明此命题的相同论证也可用来证明下述命题：爱只是意味着相较于对对象冷漠而言更强烈的关于它的观念。按此假说，憎恨必定是一定程度的爱或冷漠，对此我们该做何评价？如果说，除了观念外，爱还包含更多的东西，即有种心灵的感受，那不也同样有理由说，除了观念外，信念还包括更多的东西，即得到了心灵的赞同或劝服？

不过可能有人会认为，反驳这种奇谈怪论跟坚持它一样是可笑的。的确，如果有人坚持认为，圆形、正方形和三角形只是在大小上而非在形状方面有差别，我相信没人会赞同他，也无人反驳他。我还认为，若坚持主张感觉、记忆和想象只有程度的区别，而没有实质的不同，对于常识语境下的人们来说同样会显得惊世骇俗。我听人说过，当人在神志不清或是在做梦的时候，容易张冠李戴。但是不是从这可以推出，当人既没在梦境中，也没神志不清时，就能区分它们呢？然而，一个人如何知道他并没有神志不清？我不知道，我也不知道一个人如何知道他存在。如果某个人当真怀疑他自己是否神志不清，我认为他很有可能的确是神志不清，因此需要灵丹妙药，但我不得不说，这玩意儿在整个逻辑体系中是找不到的。

我前面提到过洛克的信念或知识概念，他认为它在于对观念间一致或不一致的知觉，他还自诩这是一项非常重要的发现。

后面我们有必要更具体地考察洛克所自负的哲学原理，还要表明它是当今怀疑论的主要支柱之一，尽管他无意让它发挥这种作用。眼下我们考查的是，它与我们正考虑的信念例子吻合得如何，它是否有助于我们理解这些例子。我相信，我拥有的感觉是存在的；我记忆中的感觉现在不存在，但以前的确存在过。按照洛克的体系，我在这里做了一个比较，其中一方是对一种感觉的观念，另一方是对过去和当前存在的观念。我一度察觉到对那种感觉的观念与当前存在的观念相一致，但与过去存在的观念不一致。但有时它又与过去存在的观念一致，而与当前存在的观念不一致。这些观念的确在一致和不一致上显得反复无常。此外，我实在想不出来一致或不一致意味着什么。我说一种感觉存在，我认为我清楚地理解了我的意思。但你想把事情弄得更清楚，为此你告诉我，对那种感觉的观念和对存在的观念之间存在着一致。恕我直言，这不仅让我搞不清楚，反倒还弄得我一头雾水。我除了把它看作一种古怪、晦涩的冗词赘语外，别无他法。因此我的结论是，伴随着感觉和记忆的信念是心灵的一种简单行为，不能被定义。以此观之，它就同看和听一样，绝不能通过定义，使不具有此类官能的人理解。而对于具有那些官能的人来说，任何定义也不能使其更明白这些运作。同样地，任何一位怀有信念的人——没有任何信念的人必定是个怪物——完全知道信念是什么，但不可能定义或解释它。我又可以得出结论，即感觉、记忆和想象即使有相同的对象，也是本质完全不同的运作，对于那些健全清醒的人来说，它们是完全可以辨别的。有可能混淆它们的人的确值得被同情，但无论他们能从别的技艺中找到什么灵丹妙药，都不能从逻辑或形而上学中找到。我的下一个结论是，相信我们感觉的当前存在，相信我们记忆对象的过去存在，就如同相信二二得四一样，是人类构造的一部分。感知的证据、记忆的证据和事物之间必然联系的证据都是不同的、原始类型的证据，同样建立在我们的构造之上，它们之间相互独立，彼此不能化归。要反驳任何一种证据类型都是荒谬的；要证明它们同样是荒谬的。它们是第一原理，因此不属于理性的领域，而属于常识的领域。

第六节 为形而上学谬论辩解。无感知主体的感觉，观念理论的一个后果。此怪论的后果

在考察了嗅觉与对它的记忆和想象之间的关系后，我将考虑它与心灵或感知主体之间有何联系。毫无疑问，没有人会认为或相信，没有心灵或是某种有嗅觉（人们称之为一种感觉、运作或感受）能力的东西，嗅觉自身就能存在。不过若有人要求证明，感觉不能缺少一个心灵或一个有感知能力的存在者，我承认我做不到。在我看来，那种要去证明的企图，几乎跟否认它的企图一样，都是荒谬的。

在《人性论》问世之前，我们在说上面的话时大可不必做任何辩解。因为就我所知，此前没有一个人想到去怀疑那条原理，也没想过要为他对此原理的信念提供一条理由。有思考能力的存在者在本质上是像气体还是像火，是物质的还是非物质的，受到了大量争论，不过人们总是理所当然地把下述主张当作不容置疑的原理：思考是某种存在者的一种运作。

然而，上面提到的那位作者无疑是当今甚至是所有时代里最精明的形而上学家之一，他把那一原理当作普通人的偏见。他认为，心灵只是观念或印象的演替，它没有主体。无论与人们的共同理解多么抵触，他的观点还是值得关注的。所以，只此一次，我恳请大家不要贸

然把这种或其他的形而上学概念指责为谬论，或视为人类常识的对立面。不要轻视那种观点的始作俑者或支持者的知性能力。事实上，这些观点的引出，通常不是因为知性有缺陷，而是过于精细。引出观点的推理经常能给这个主题带来新的创见，显示出作者的真正天赋和深刻的洞察力，而且推理前提的作用也不仅仅限定于引出结论。

我们的自然构造使我们相信存在着某些原理，在日常生活中我们也不得不把它们看作自然而然的，不需要提供任何理由。假如真的存在这些原理，它们就是我们称作的常识原理，与之针锋相对的则是被称为谬论的东西。

事实上，如果"感觉和思维可以脱离能思考的存在者"是对的，还作为一条哲学原理被接受，那么它必定会被认同为当今乃至任何时期里最精彩的发现。它就是从已接受的观念学说这条原理之中推导出的，事实上，它似乎是此原理合法的、自然的引申。它很有可能本不应该这么迟才被发现，不过对于人类的共同领悟而言，它太惊世骇俗，太过异常了，因而它的问世需要哲学非同一般的无畏勇气。观念体系的一条基本原理认为，思维的任何对象必定是一种印象，或一种观念，即先行印象的弱模本。该原理已被如此广泛地接受，以至于休谟在没有为它提供一丝证据的情况下，把他的整个体系建基在它之上。正是以这一原理作为固定支点，他建起了他的形而上学引擎，来颠倒天和地、形体和精神。根据我的理解，它的确能充分满足这个目的。如果印象和观念是思维的唯一对象，那么天和地、形体和精神，乃至世间万物，指称的必定只是印象和观念，否则它们只是无意义的词语。因此，无论这一概念显得多么奇怪，它都是与业已接受的观念学说紧密相连的，所以我们要么必须承认结论，要么怀疑前提。

观念似乎有某种与其他存在物相抵触的天性。观念首次被引入哲学的时候，是以对事物的意象或表征为身份，角色谦卑。在扮演此角色的过程中，它们不仅不张牙舞爪，还极好地满足了解释人类知性的运作这个目的。但是人们开始对观念进行清楚明确的推理，把它们改头换面，并且为了它们的存在，铲除了其他任何事物的存在。首先，他们抛弃了形体所有的第二性质。如果遵照他们的意思，我们会发现火不热、雪不冷、蜜不甜，总之一句话，热和冷、声音、颜色、味道和气味只不过是观念或印象。贝克莱主教则更进一步，从同样的原理中进行合法的推理，发现广延、硬度、空间、形状和形体都是观念，除观念和精神外，自然界别无他物。但观念的胜利是由《人性论》实现的，它还抛弃了精神，把观念和印象当作宇宙中的唯一存在。如果最终没有其他的竞争对象，它们彼此攻讦，自然界中任何东西不复存在，会出现什么后果？这必定会造成哲学的危机，因为我们还有什么可谈论或争讨的？

不过迄今为止，这些哲学家尚且承认印象和观念的存在。他们承认某些引力定律，承认不同形式的观念和印象进行排列时依赖的优先规则。但是，认为它们应当隶属于一个心灵，是该心灵的专有财产，则被他们视为一种低级错误。这些观念是自由、独立的，就如同空中的鸟儿，或是如同伊壁鸠鲁的原子，在巨大的虚空中寻找自己的旅程。我们应该把它们想象成伊壁鸠鲁学派中物体的影像吗？

> 首先我说，空气中充斥着轻薄的意象，
> 数不胜数，四处游荡，
> 翩翩起舞，一遇即合。[1]
>
> ——卢克莱修

---

[1] 引自卢克莱修（Lucretius）《物性论》（*De Rerum Natura*, BK IV, 724-727）。原文为：
Principio hoc dico, rerum simulacra vagari,
Multa modis multis, in cunctas undique parteis
Tenuia, quœ facile inter se junguntur in auris,
Obvia cum veniunt。——译者

抑或观念从对象中发射出来之后，在引起被动的理智注意之前，更像是亚里士多德的理性种？但是，既然除了它们之外自然界别无他物，我们还为何要拿它们与其他事物相比较？它们构成了整个宇宙，毫无缘由地在宇宙中出现和消逝，结合成群，就成为大众所谓的心灵。它们还根据固定的规律，无须时间、地点，甚至那些规律的制定者，一个接一个地前后相继。

然而，这些自存的、独立的观念在宇宙中独舞时，赤身裸体，一无所有，极其可怜。从总体上看，它们的境遇比以前还差。笛卡尔、马勒伯朗士和洛克大量使用观念，慷慨地对待它们，给它们提供体面的居所，或者居于松果腺中，或者在纯粹理智中，甚至在神圣的心灵中。他们还委之以重任，使之成为事物的表征，赋予它们某种尊严和身份。《人性论》同样受惠于它们，但是让它们独立存在。这似乎是一种糟糕的退步，因为这样一来，它们就被赶出了居所，满世界游荡，没有朋友和亲戚，没有衣料蔽体。谁料到观念的支持者居然会出于不明智的热情来吹捧它们，而造成整个观念体系的夭折？

无论如何，思想和观念可以脱离任何能思维的存在者，这无疑是最惊人的发现。这一发现导致的重大结果，是那些用常规思路进行思维和推理的受骗大众不可能轻易领会的。我们过去总是倾向于认为，思维假定了思维者，爱假定了爱人，卖国假定了卖国贼。但这似乎都是错误的，现在我们发现，可以没有卖国贼的卖国，没有爱人的爱，没有立法者的法律，没有受罚者的处罚，没有时间的演替，没有运动物体的运动，或是没有运动空间的运动。或者，如果在这些情况中，观念是爱人、受罚者、卖国贼，那么人们就会希望这一发现的作者不厌其烦地进一步让我们知悉，观念是否能在一起交流，是否受相互间义务或恩惠的约束；它们能否许诺并守约，以及兑现诺言或违约，并因违约而受到处分？如果一个观念集合体订下了契约，而另一个违反了它，第三个由于违约而受处罚，那么我们有理由认为，在这一体系中，正义不是一种自然的美德。

人们似乎会自然而然地认为，《人性论》需要一位作者，而且是一个非常有创造力的作者。但现在我们知道，它只是观念的集合，它们聚在一起，通过一定的联结和引力来安排自己。

这一奇特的体系毕竟看来不适合当前的人性状况。它究竟能在多大程度上满足那些从常识的糟粕中升华出来的上等人物，我是没法知道的。我认为，人们承认的是，即便这些人能深入到这一体系之中，也是在他们最思辨的期间，在他们由于追求那些自存的观念以致爬得过高、目空一切的时候。但当他们屈尊降贵再次混入人潮，与朋友、同伴或同胞进行交流时，观念体系就消失了。常识，就像不可阻挡的洪流，他们唯有随波逐流。他们会全然不顾推理和哲学，而相信自己和他物的存在。

事实上值得庆幸的是，他们就是这么做的。如果他们真把自己闭门造车得出的信念带进凡世，那么剩下的人就会认为他们有毛病，会把他们送进医院。因此，就如柏拉图要求进入他学院的那些人必须提前具备一定的资质，我们认为，慎重起见，治疗这种观念哲学的医生也应该做同样的事，对于任何一个太过虚弱，以至于想象他在与世隔绝时和在社会交往时应具有相同信念或是其原理应该影响其实践的人，就应该把他拒之门外：因为他的哲学就像旋转木马，一个人在独处且身体状况糟糕的情况下会骑骑，而无损于他的名声，但如果他要带着它四处转悠，到教堂、交易所或是剧场，他的继承人会马上召集陪审团，并占有他的财产。

第七节　我们的构造暗示了对一个有感知能力的存在者或心灵的构思和信念。联系的概念并不总是通过比较有联系的观念而获得

因此，就把这种哲学留给那些有需要的人，作为一项密室活动，让他们小心翼翼地捣鼓。我们继续探讨一下，其余的人，即便是那些专家，除了在某些独处的场合外，如何会产生如此强烈、不可抗拒的信念，认为思维必定有一个主体，而且思维必定是某一能思考的存在者的行为？每个人如何会相信自己不同于他的观念和印象，相信即使他的所有观念和印象都发生了改变，他自己也会保持同一个自我？我们不可能追溯这种信念的历史起源，因为在所有语言的创立之初，它就已经交织在其中了。所有民族都自始至终地相信它。所有的法律和政治建制，以及生活中的日常事务都支持它。

要记起自己是什么时候产生这种概念的，对任何人来说同样不可能，因为远在我们能记起之前，早就有了它。我们充分相信自己和他物的存在，就如同我们相信一加一等于二一样。因此事实似乎是，这种看法先于所有的推理、经验和教诲。这种情况发生的可能性更大，因为我们不能通过推理、经验和教诲等手段来获得它。于是，一个似乎不可辩驳的事实就是，所有人从反思伊始，都无一例外、自始至终地从思维或感觉推出一种思考的能力或官能，并推出该官能所隶属的一个持久的存在者或心灵。我们还无一例外地把我们意识到的所有不同类型的感觉和思维都归于一个个体的心灵或自我。

不过我们不可能表明我们做出这些推论是依据什么样的逻辑规则。也就是说，我们不可能表明，感觉和思想如何会使我们产生对一个心灵或一种官能的概念和构思。闻的官能完全不同于真实的闻的感

觉，因为我们没有感觉的时候仍有此官能。心灵也完全不同于官能，因为当官能丧失了，心灵仍维持同一。然而，该感觉既向我们暗示了一种官能，又暗示了一个心灵；而且不仅暗示了关于它们的概念，还产生了关于它们存在的信念，尽管我们不可能通过理性发现两者之间有任何纽带或联系。

那我们还有什么可说的？要么从感觉中得来的推论——心灵的存在以及隶属此心灵的能力或官能的存在——只是哲学或教育的偏见，纯粹是心灵的虚构，明智之士会像对待仙女的信念一样把它弃之一边；要么它们是天生的判断，不是通过比较观念、感知到一致和不一致来获得，而是由我们的构造当下激发的。

如果如我所理解的那样，后者才是事实，那么要摆脱那些看法是不可能的，尽管我们竭力消除，但最终必定会接受它们。如果我们冥顽不灵，真要去摆脱我们本性的原理，就不是当哲学家，而是当傻子或疯子了。如果有人认为这些不是自然原理，他们就有责任首先表明，我们如何能用别的方式获得对于心灵及其官能的概念，然后还要表明，我们如何会自欺欺人地认为感觉不能缺少有感知能力的存在者。

已经被接受的哲学教条认为，关于联系的概念唯有通过比较有联系的观念才能获得。但是就现在的例子来看，情况似乎相反。我们不是通过首先拥有心灵和感觉的概念，然后把它们放到一起加以比较，感知到其中一个与某一主体或载体有联系，另一个与一种行为或运作有联系。与之相反，被联系起来的事物之一，即感觉，向我们暗示了关联项和联系。

请允许我使用暗示这个词汇，因为我不知道是否还有其他更合适的词语来表达心灵的一种能力，它似乎完全避开了哲学家的注意，有许多既非印象又非观念的简单概念，以及许多初始的信念原理，都受惠于它。我将通过事例来表明我是怎样理解这个词的。所有人都知道,一种特定的声音立即向心灵暗示有辆马车在穿越街道。此声音不仅产生了想象,还产生了信念:有辆马车经过。该信念的产生,既非来自观念间的比较,也非来自对一致或不一致的知觉。我们听到的声音,我们想象和相信正在经过的马车,这两者之间不存在一丝相似。

这种暗示的确不是自然的、原始的,它是经验和习惯的产物。但我认为,从前面所述,似乎可以推出存在着自然的暗示。具体说,感觉暗示了当前存在的概念,也暗示了我们知觉或感觉的事物现在存在的概念;记忆暗示了过去存在的概念,也暗示了我们记忆中的事物过去存在的概念;感觉和思维都暗示了一个心灵的概念,也暗示了对其存在的信念,以及它与我们的思维之间的联系。正是根据相似的自然原理,存在的开端,或自然中的任何变化,向我们暗示了原因的概念,并促使我们相信它的存在。触觉的情况也是一样。由于我们本性的构造,某些触摸的感觉向我们暗示了广延、硬度和运动,尽管至今它们与感觉被混为一谈,但绝不同于后者。

第八节 形体有种性质或功效,我们称之为气味。在想象中它是如何与感觉关联起来的

我们认为 smell(嗅觉)指称一种感觉、感受,或是施加在心灵上的印象。在该意义上,它只能存在于心灵或有感知能力的存在者之中。但显而易见,人们更常用名称 smell(气味)指称被视为外在的某个东西,认为它是物体的一种性质。他们理解的气味根本不能推出一个心灵。他们可以毫无困难地构思阿拉伯半岛上,或某个无人居住也

从来无人踏足的岛屿上那充盈着芳香的空气。智力健全的平凡人对此都能形成清晰的概念，并充分相信它的可能性，就如同相信自己的存在一样，两者同样不受怀疑。

假设这样的一个人想了解植物的气味，遇到了一位现代哲学家。哲学家告诉他，植物没有气味，别的事物也没有气味，它存在于心中；除了心灵外，别的地方不可能有气味，所有这些都已得到现代哲学的证明。毫无疑问，那个平凡人会以为他在开玩笑。但是当他发现那位哲学家是严肃的，他的下一个结论就是：这个人疯了，或者是那种哲学就像魔术，把人置于一个新的世界，赋予他们不同寻常的官能。这就造成了哲学与常识之间的不和。但这能怪谁？在我看来，这是哲学家的责任。因为，如果他使用气味这个词时，表达的意义就是其他人最常用的意义，那么他必定是疯了。但如果他没有亲自做考察，或者没有提醒他人注意，而去赋予这个词以不同的意义，他就是滥用语言，使哲学蒙羞，没有为真理做出任何贡献，其做法就像一个人把女儿和奶牛这两个词的意义互换，然后试图向他那平凡的邻居证明，他的奶牛就是他的女儿，他的女儿就是他的奶牛。

我相信，观念哲学的谬论中很大一部分没什么智慧可言。对于普通的智力健全之士来说，这些谬论都是荒唐无稽的，却被专家视为深奥的发现。至于我自己，我决定永远重视常识的命令，没有绝对的必要就不背弃它们。我倾向于认为，玫瑰或百合中的确存在某种东西，普通人称之为气味，即使没有被闻到，它仍旧存在。接下来我还要探讨它是什么，我们是怎样获得关于它的概念的，气味这种性质或功效与那种感觉（由于缺少另一名称，我们不得不用同一名字来称呼它）有何联系。

跟前面一样，我们假设，有个人开始练习嗅觉。稍过一会他就发现，鼻子是该感觉的器官，空气或空气中的某种物质是它的介质。时间稍长，他会发现当玫瑰在不远处时，某种感觉产生了；当它被移开时，感觉就消失了。他发现玫瑰和这种感觉之间有种本质的关联。玫瑰被看作感觉的原因、诱因或前提，感觉是玫瑰出现而导致的效果或结果。它们在心灵中建立了关联，在想象中就老是被结合在一起。

这里值得注意的是，尽管感觉看似与其主体心灵之间的关系更加紧密，或是与其器官鼻子之间的关系更加紧密，但是就它们对想象力的影响而言，两种关系都比不上感觉与其伴随物玫瑰之间的关系。其原因似乎在于，它与心灵的联系更普遍，所以无法与别的气味，甚至是与味道、声音和其他类型的感觉区分开来。它与器官之间的联系同样显得普遍，无法与别的气味区别开来。但它与玫瑰的联系就比较特殊和持久，这种联系方式使它们在想象中变得几乎不可分离，就如打雷和闪电、结冰和寒冷一样。

第九节　人性中有种原理，对气味及其他自然功效或原因的概念都源于它

心灵很早就渴望有一些原理，用于指导心灵能力的发挥。注意到这点，有助于我们进一步阐明，我们如何认识到玫瑰中被称为气味的一种性质或功效，以及阐明这种气味是何物。玫瑰的气味是心灵的某种感应或感受，由于它不稳定，忽来忽去，我们就想知道何时何地可以等到它。除非我们找到了某种东西，当它出现的时候，这种感受也随之出现；当它被移开时，此感受随之消失，否则我们会心神不定。当我们找到了它，就称之为此感受的原因。这不是在严格的、哲学意义上的称呼——就好像那种原因真地引起或产生了那种感受，而是在通俗的意义上：如果它们之间有稳定的关联，那么心灵就满足了。在

现实中，这些原因不外乎是自然规律。发现气味与玫瑰稳定地关联在一起，心灵就轻松了，不去理会这种关联是否归因于一种真正的效果；那属于哲学探究，与人类生活无关。但是在生活中，对这类稳定关联的每次发现都确实重要，都给心灵刻下了极深的印象。

我们如此急于发现观察范围内不同事物间的这类关联，以其中一事作为另一事的原因或诱因，以至于我们容易毫无根据地虚构联系。这种缺点最明显地体现在无知的人身上，他们根本不知道自然天成的真正联系。某人在某年的某天发生一件不愉快的事，他不知道有什么别的原因造成了不幸，就容易认为那天的运道不好。如果他下次发现有同样的联系，就会进一步坚定他的迷信。我记得，多年以前，一头白牛被带进了这个地区，它相当庞大，人们都从远地赶来看它。几个月后，一次不同寻常的灾祸降临到孕妇的头上。两件不寻常的事件相继发生，导致人们怀疑两者之间有联系，于是该地区的人产生了一个共同的看法：那头白牛是灾祸的原因。

无论这种看法是多么的愚蠢和好笑，它与所有的自然哲学一样，都起于人性中相同的根源，即急于发现事物间的联系，以及一种自然、原始、莫名其妙的倾向，去相信我们以往观察到的联系将会在适当的时候出现。兆头、不祥之兆、好运和坏运、手相术、占星术、五花八门的占卜、解梦术、错误的假说和体系，以及自然哲学中的正确原理，都是建立在人类构造中相同的基础之上，对它们的区分，或者是依靠从少量的事例中草率地做出的结论，或者是用充分的归纳审慎地得出的结论。

只有通过经验，我们才能发现自然原因与其结果间的联系。不做深究，我们就把某种模糊不清的能力或功效的概念归结为原因，是它引起了结果的产生。在许多情况下，生活目的并不需要我们为原因和结果提供不同的名称。一旦出现这种情况，两者在想象中紧密地关联了起来，尽管它们非常不同，但一个名称就够了。在日常交流中，该名称往往用于两者中最常成为我们关注对象的那一个。这就导致了许多词语的意义不明。这种情况存在于所有的语言中，其发生原因相同，甚至都容易被哲学家忽略。有些例子可以说明和证实上述言论。

吸引力既指铁向磁石靠近的趋势，又指磁石产生那种趋势的能力。如果要问，它是铁的性质还是磁石的性质，人们或许开始会茫然失措，但稍微留心就会发现，我们把磁石中的一种能力或功效视为原因，把铁的运动看作结果。尽管它们完全不同，仍旧在想象中被结合到一起，致使我们把两者都命名为吸引力。重力也是如此，它有时指物体朝向地球的趋势，有时指地球的吸引力，其被看作是那种趋势的原因。我们可以发现，艾萨克·牛顿爵士的一些定义也存在意义含糊的情况，甚至还体现在他自己创造的词语中。在他的三项定义中，他非常清楚地解释了他所理解的向心力的绝对量、加速量和动量。在第一项定义中，向心力被视为原因，也就是我们所认为的处于重心或中心体的某种能力或功效。在后两项定义中，同样的词语被用作此原因导致的结果，或产生速度，或引起向心运动。

热指称一种感觉，冷指一种相反的感觉。但热也表示物体的一种性质或状态，它没有对立面，只有程度上的差异。当某人一只手感到水热，另一只手感到同样的水冷时，这就会促使他对感受和物体的热进行区分。尽管他知道两种感觉是对立的，也不会觉得物体同时能有相反的性质。当他发现，身体在适和不适的时候，同一物体有不同的味道，他就很容易确信，物体中被称作味道的那种性质跟从前一样，尽管他对味道的感觉也许相反。

普通人认为，玫瑰的气味类似于嗅觉，而哲学家指责他们是荒谬的。但我认为这不公平，因为普通人既没有给它们取相同的称呼，也没有用相同的方式从它们做出推理。玫瑰的气味是什么？它是玫瑰的或是来自于玫瑰的某种东西的性质或功效，能通过嗅觉被感知到，这就是在此问题上我们所知的全部。那什么是嗅觉？它是心灵的一种行为，但从不被认为是心灵的一种性质。此外，人们认为，从嗅觉这种感觉必然可以推出一个心灵或是有感知能力的存在者，但不能从玫瑰的气味推出这样的事物。我们说，这个东西闻起来很香，那个闻起来很臭；我们不说，这个心灵闻起来很香，那个很臭。因此，玫瑰的气味以及它产生的感觉，即使是普通人，也不会认为它们是同类型的事物，尽管它们有相同的名称。

　　从上面的论述我们可以了解到，玫瑰的气味指称两种事物。第一，指一种感觉，只有被感知到的时候，它才存在，而且只能存在于一个有感知能力的存在者或心灵那里。第二，它指称玫瑰或玫瑰散发的臭气中的某种能力、性质或效力，独立于心灵而持久地存在着，通过自然构造在我们身上产生感觉。我们初始的自然构造不仅使得我们相信感觉有种持久的原因，还促使我们去找寻该原因，而经验告诉我们，原因在于玫瑰之中。在任何语言中，所有的气味、味道、声音以及冷和热的名称，意义都同样含糊。但是值得注意的是，在大众语言中，这些名称很少被用来指称感觉，大多数情况下，它们指称被感觉指示的外部性质。我认为原因如下。感觉的强烈程度区别很大，一些感觉来得快速和强烈，以至于使我们产生大量的快感或不适。当发生这种情况时，我们被迫去关注感觉本身，把它作为思考和讨论的一个对象。我们给它取个名称，仅仅用于指称感觉。在此情况下，我们很快会承认，该名称所指称的东西只存在于心灵之中，而非外部事物中。不同类型的疼痛、恶心、饥饿和其他胃口的感觉都是这样的。但在感觉不那么有趣、不足以成为思考对象的时候，我们的构造引领我们去把它看作外部事物的一种符号，感觉与该事物之间有稳定的联系；看到了感觉指示的东西，我们就给它取个名称——由于没有专名，感觉误打误撞地成了它所指称的那个事物的附属物，这样就在同一名称下被混淆了。尽管这个名称的确可以用于感觉，但它最适合也最常用于该感觉所指示的事物。气味、味道、声音和颜色的感觉，作为符号或指示要比它们自身的意义重大得多，就像语言中的词汇，我们不关注它们的发音，而关注意义。

第十节 在感觉当中，心灵是能动的还是被动的？

还剩一个问题有待探究：在嗅觉以及其他的感觉中，心灵是能动的还是被动的？这可能被看作一个用词问题，或至少不怎么重要。然而，如果它促使我们比平常更精确地去关注心灵的运作，那么就这点来说，它并非全无作用。我认为现代哲学家的观点是，在感觉当中，心灵完全是被动的。迄今为止，这种观点无疑是正确的。心灵不是想要感觉就能产生感觉的，另一方面，当对象出现时，要避免产生感觉，似乎是不可能的事。然而同样显得正确的是，感觉被感知到或被记起的程度取决于关注或转移注意力的程度。所有人都知道，一件出其不意或完全占据心神的事，可以转移剧痛。当我们在热烈交谈时，可能听不到旁边钟的报时声，至少记不起上次是什么时候听到的。在一个商贸发达的都市，常住居民注意不到城市的嘈杂喧闹声，但这些声音却会让那些幽僻乡下的外地人不胜其扰。因此我不会说是否存在某种感觉，心灵在其中纯粹是被动的，但我认为，我们记得的每种感觉，无论时间相隔多么近，我们都意识到曾给予它们一定的关注。

毫无疑问，在冲动强烈、不同寻常的地方，我们很难控制自己的注意力，就如同在剧痛时很难忍住不哭，在突然受惊吓时很难忍住胆战心惊，不过依靠坚定的决心和练习能控制到什么程度，则不那么容易确定。因此，尽管逍遥学派没有好理由假设一种能动的和被动的理智——因为我们大可以把注意解释为一种意志行为；不过他们主张，在感觉中心灵部分是被动的，部分是能动的。现代人则坚信心灵完全是被动的。我认为在这点上，前者比后者更接近真理。无论哪个年龄段的平常人，都把感觉、想象、记忆和判断看作心灵的行为。它们在所有语言中的表达方式就表明了这点。当心灵大量投入其中时，我们就说心灵很能动。但是如果像观念哲学教导我们的那样，它们只是印象的话，那么在这种情况中，我们就应该说心灵很被动——我想，没有人会因为我写作的这张纸上书写了大量文字，就认为它很有能动性。

嗅觉与对它的记忆和想象之间的关系，以及与一个心灵或主体之间的关系，对于所有的感觉而言都是共同的，事实上，对于所有心灵的运作来说也是共同的。它与意志之间的关系，对于所有的知性能力来说是共同的。它与它指示的物体性质或功效之间的关系，对于味道、听觉、颜色、热和冷等感觉来说是共同的。因此，关于该感官所说的，很容易应用于我们的几种感官以及心灵的其他运作，所以请原谅我在它上面大做文章。

第三章 味觉

关于嗅觉所说的绝大部分内容很容易应用于味觉和听觉,因此我将把这种应用完全留给读者的判断力,以避免陷入冗长的赘述。

影响味道的每种物质都可能在唾液中有一定的溶解度。令人无法想象的是,各种物质如何能轻而易举地,可以说是主动地进入舌头、腭和咽喉那总是充满着唾液的细孔,除非该物质对那种液体有一定的化学亲和力。因此,味觉器官总是用液体来使自己保持湿润状态,这真是值得赞叹的自然设计。那种液体是一种非常普遍的溶剂,相对于迄今为止的研究状况来说,它值得做更多的研究,比如研究那种效果,再比如当作医用药膏。自然教导狗和其他动物把它当作药膏来使用,而它对味觉和消化的作用则表现出前面那种效果。

此感觉器官守卫着消化道,就如同嗅觉的器官守卫着呼吸道一样,是一种明显的设计,也各得其所。进入胃部的每种物质都必定经受两种感觉的检查,从两个器官的设置我们明显可以看出,自然有意利用它们来区分卫生的和不卫生的食品。动物没有别的方式挑选食物,人类在其早期阶段也没有。嗅觉和味觉绝不可能因奢侈的或坏的习惯而败坏,即便有过,它们也很可能极少导致我们从自然物品中挑选错误的食物——尽管精致奢侈的烹调或是化学和配药的人工成分经常会给嗅觉和味觉造成影响,并制造出一些合口味但不利于健康的食物。此外,人们通常在社会中过着不自然的生活方式,这有可能导致嗅觉和味觉的败坏,使它们变得不那么适合于发挥其天然功能。

两种感官在分辨不能用其他感官进行区分的物体方面同样显得非常有用，在觉察身体的变化方面也极其有用。在很多情况下，味觉和嗅觉要比任何其他方式更早地知觉到这些变化。市集、饭厅、酒菜馆，以及药剂师的药房中，我们靠给出的名称认识它们，但有多少东西的好坏只能靠味觉和嗅觉方能察知？而对味觉、嗅觉以及其他感性性质的细微区别的精确关注，能在多大程度上提升我们凭感官对事物所做的判断，则不容易确定。艾萨克·牛顿爵士尽展其卓越天赋，试图从不透明体的颜色中发现构成该物体的细微透明部分，谁又知道从其他受到充分考察的第二性质中，自然哲学会得到什么样的新启发？

某些味道和气味刺激神经，提振精神，但根据自然规律，对精神的这种人为提振会带来压抑，只能靠时间或是靠类似刺激物的重复使用来减轻。由于这类物品的使用，我们产生了对它们的欲望，这很像天然的欲望，也具有天然欲望的所有效力。正是通过这种方式，人们产生了对鼻粉、烟草、烈酒、鸦片酊等物品的欲望。

自然似乎故意要给我们靠这两种感官获得的快乐和痛苦设置界限，把它们限定在非常狭窄的范围之内，以至于我们无法寄望于它们来获得任何幸福。很少有极差的气味或味道，在闻和尝的时候令人无法忍受，最后却能接受。也很少有极好的气味和味道，在不断体验之后，还不失其吸引力的。这些感官带来的任何快乐和痛苦，之前或之后必定有某种程度的相反感受，几乎可与之相抵。所以，在这里用得上天才苏格拉底那绝妙的寓言：尽管快乐和痛苦在本质上是对立的，表现截然不同，然而朱庇特把两者紧紧系在一起，让它们形影不离。

由于嗅觉的种类繁多，似乎都是简单未加混合的，不仅彼此完全不同，某些嗅觉还相反。味觉也是如此。味觉之间的差别并不逊于一种味觉与一种嗅觉之间的差别。因此，为何把所有嗅觉看作一个属，而把所有味觉看作另一个属，或许还是个问题。属与属之间的区别在哪里？是否只是鼻子是嗅觉的器官而腭是味觉的器官？或者撇开器官不谈，还是说嗅觉没有共性，味觉也没有共性，因此两者无法区分？后者似乎最有可能是实情。另外，尽管这些感觉表现得极其简单，但仍可能有组合成分。

一旦抽象地考虑这个问题，我们就会发现，一些感觉或非常简单且未经混合的任何其他个体事物似乎都不能纳入属或种，因为属于一个种的个体必定具有自己的独特之处，只有这样方能得到区分；此外它还必须具备整个种所具有的共性。这同样也适用于隶属于一个属的种。这是否意味着并不存在某种类型的组合，我们留待形而上学学家去确定。

毫无疑问，嗅觉和味觉有大量调节的余地，但任何语言也无法言状。让一个人去检查五百种不同的酒，他很难发现有两种酒的味道完全相同。乳酪及其他很多东西也是如此。然而，要描述出五百种不同的乳酪或酒的味道中的二十种，给没尝过的人提供一个清楚的概念，是很难做到的。

尼希米·格瑞（Nehemiah Grew）博士是位非常有见识、非常勤奋的博物学家，他于1675年在皇家学院的一次论文宣读中试图表明至少有十六种不同的简单味道，并逐一列举。这些简单的味道通过两两组合甚至更多的不同组合，可以获得多少混合的味道，那些熟悉组合理论的人能轻易地计算出来。所有混合味道都有不同的强弱程度，其中许多味道具有多样性。物品滋味很好时，味道很快就被感知到，否则可能较慢被感知到。有时候感觉比较持久，而有时候感觉较短暂。有时候感觉显得起伏不定，或是经过一段时间后又恢复了，而有时候却经久不变。味觉器官的各个部分,如嘴唇、舌尖、舌根、咽喉、小舌以及喉咙,有的主要受一种美食的影响,而其他部分则受另一种美食的影响。那位讲究精确性的作者已经用一些例子表明了味道的所有这些及其他的多样性。毫无疑问,如果受到同样精确的考察,气味也会有等量的多样性。

第四章　听觉

第一节　声音的多样性。其位置和距离是靠习惯，无须推理就把握到的

声音可能跟味道或气味一样，有大量调节的余地。首先，声音在音调上有差别。耳朵能感知到声音中四五百个不同的音调，在强度上可能也有类似数量的差别。假定每个音调都是完整的，把它们加以组合，就会得到超过两万种在音调或强度上有差别的简单声音。但需加注意的是，要发出一个完整的音调，需要大量弹性气流的波动，它们必须在持续时间和波长上相等，并且要极有规则地前后衔接，每个波动必须由弹性气流那不可胜数的微粒的涨退来实现，而微粒的运动在方向、强度和时间上是统一的。因此，我们能轻而易举地想到，同一个音调有惊人的多样性，或起源于音调的不规则性，由敲击发声体时的结构、形状、方位或方式造成的，或起源于弹性介质的结构或它受到的其他运动的干扰，或起源于接受刺激的耳朵本身的构造。

长笛、小提琴、双簧管、法国号可以发出同一个音调，但也容易区分。同样，即使二十种人声的调子和强度都相同，仍然存在某种区别。同一种声音，即便保持独有特征，在患病与健康、年轻与年长、

瘦与胖、情绪好与坏的人那里仍然有差异。相同的单词在外国人和本地人,甚至同一国家不同省份的人那里发音也有区别。

气味、味道和声音的感觉表现出来的巨大多样性并非全然无用。它们是符号,我们可以用于了解和区分没接触到的事物。要是在某种程度上,符号的多样性对应于它们表征的事物的多样性,那该多好。

我们似乎是依靠习惯学会从事物的声音中分辨其位置和本质。这个声音来自街道,那个声音来自楼上的房间;这是敲门声,那是上楼声,这些可能都是通过经验学会的。我记得有次躺在床上,当时受了惊吓,我听到自己的心跳声,但我以为是有人敲门,就不止一次地起身开门,直到发现原来声音发自于我本人的胸腔。可能在获得经验之前,我们对声音是来自于右边还是左边、上边或下边、距离远或近的地方的了解,与对它是敲门声、钟声还是马车声音的了解一样的少。自然在其运作中显得很节俭,我们能靠一种普遍的人性原理、通过经验很快得来的知识,她是不会赋予我们特殊本能,让我们直接获得的。

依靠人性的构造,稍许一点儿经验,不仅在我们的想象中,也在我们的信念中,把本质上无关的事物联系在一起。当我听到某种声音,无需推理就可以立即断定有辆马车经过。这里并不存在着某些前提,根据某种逻辑规则可以从中推出该结论。它是我们本性的一条原理的结果,为人兽共有。

尽管我们是靠听觉才能感知到音乐的和声、旋律以及所有美妙之处,然而这些东西似乎还需要一种更高的官能,即所谓的音乐之耳。只有听力的人,尽管同样能完整地听见声音,但那种官能在他们之中有非常明显的高下之分,因此不应与外部感官归为一类,其层次更高。

第二节　自然语言

语言无疑是声音最高贵的目标之一。没有语言，人类很难获得超越牲畜的任何改进。语言通常被视为十足的人类发明。原本人类跟牲畜一样是不通言语的，但在发明力和理性上有优越性，能够为其思想和目的发明人工符号，并通过共识予以固定。但语言的起源值得更仔细地探究，因为这不仅对于语言的改良来说意义重大，而且还关系到我们眼下的主题，有助于揭示某些第一人性原理。因此我将就此主题谈一些想法。

我所理解的语言是指人类所有那些用于交流思想和意图、目的和欲望的符号。这类符号可以分为两类：第一，没有意义，但被使用它们的人通过约定或协定附加了意义，这些是人工符号；第二，在所有的约定或协定之前就有意义的符号，任何人靠其本性的原理就可以理解该意义。由人工符号组成的语言可以被称为人工语言；由自然符号组成的语言，我称之为自然语言。

有了这些定义，我认为可以证明：假如人类连一种自然语言都没有，就绝不可能靠自己的理性和才华设计出一种人工语言。任何人工语言都预设了某种约定或协定，赋予某些符号以意义，因而在使用人工符号之前，必定存在着约定或协定。但是没有符号，没有语言，就不可能有约定或协定。因此，在任何有待解释的人工语言被发明之前，必定存在一种自然语言。

要是语言从整体上说跟书法、印刷术一样都是人类的发明，我们应该会发现，所有的民族跟牲畜一样是不通言语的。事实上，即使牲畜也有一些自然符号，用于表达它们自己的想法、感受和欲望，用于理解其他牲畜。小鸡刚孵出来就理解一些不同的声音，它的母亲就是靠这些声音来唤它进食或是报警。狗或马天生就知道人的声音什么时候是在表示宠爱，什么时候是在威胁。但就我们所知，牲畜没有协定或契约的概念，也没有履行协定或契约的道德义务的概念。如果自然赋予它们这些概念，也很可能会赋予它们一些自然符号来表达概念。假如自然没有赋予这些概念，它们就不可能通过技艺获得，就如同一位盲人不可能获得颜色的概念一样。某些牲畜对荣誉和耻辱很敏感，它们有憎恨和喜爱之情，但据我们所知，它们中没有任何一个能够许诺或下保证：它们的构造中产生不了这样的概念。假如人类生来没有协定或契约的概念，也无表达它们的自然符号，即使倾尽其智慧和才华，人类也绝不可能发明语言。

我认为，人类的自然语言元素，或天生就能表达思想的符号，可以被划分为三类：声音的变调、手势和面部表情。两个没有共同人工语言的原始人，能利用它们进行交谈，能以尚可接受的方式交流思想，能要求和拒绝、肯定和否定、威胁和哀求，能订立契约和做出保证。如果有必要的话，一些毋庸置疑的历史事实可以证实这点。

因此人类生来就有一种共同语言，尽管有瑕疵，只能满足天然需要，但是要发明人工符号，以补其不足，并不需要多大的独创性。这些人工符号必定随着生活技术以及知识的改进而成倍增加。在所有符号中，人工语言似乎最讲究声音表达。由于人类普遍使用符号就是以此为目的，因此我们有理由认为，自然有意用声音表达人工符号。但是自然很可能并没有打算让我们把自然符号束之高阁，我们只需要用人工符号来弥补自然符号的缺陷就够了。一个老是坐马车的人在某种程度上丧失了腿的功能；一个只用人工符号的人既失去了对自然符号的知识，也浪费了它的功用。哑巴比其他人保留了更多的自然语言，因为他们不得不使用它。出于同样的理由，原始人比文明人有更多的自然语言。我们主要用自然符号来给语言注入力量和活力，语言中的自然符号越少，就越缺乏表达力和说服力。因此，写的表达力不如读，读的表达力不如脱离书本的言谈；声音没有抑扬顿挫，说出来的话就索然无味、死气沉沉；如果加上眼睛和面部表情的语言，表达力就更强了；如果再加上行动的力量，那么它就处于完美、自然的状态，就能释放全部的能量。

只要言语是自然的，它就不仅仅是声音和肺部的活动，还是身体所有肌肉的活动，就像哑巴和原始人的言语，他们的语言有更多的天然成分，更有表达力，更容易学会。

文明化的生活对语言的提炼不是去弥补自然语言的不足，而是要去根除它，用单调、死气沉沉的无意义的声音表达来代替它，或是用没有意义的涂鸦来代替它，这不悲哀吗？人们通常认为，语言的完善体现在用这些沉闷的符号来清楚地表达思想和感情。但如果这就是人工语言的完善所在，那它必定是对自然语言的败坏。

人工符号有所指，但不表达。它们说话的对象是知性，有如代数符号。但人工符号不能用于激情、感受和意志，除非我们用自然语言表达它们，否则它们继续处于休眠闲置状态，它们是自然语言全部的着眼点和服务对象。

我们很容易就能表明，音乐家、画家、演员和雄辩家的精巧艺术，只要有表达力，就必定是自然语言，尽管要获得对它们的知识，需要不俗的品位、良好的判断力以及大量的学习和实践。自然语言是我们与生俱来的，但因废弃不用而变得陌生，要恢复它是极其困难的。

如果人类在一个世纪中不使用声音表达和书写，每个人都会成为画家、演员和雄辩家。我们不是要肯定这种权宜之计是可行的，否则即便可行也是得失相抵。我们是要肯定，由于本性和需要，人们不得不在一起进行交流，尽其所能地使自己得到理解。当人工符号不能满足需要时，他们就会尽可能地使用自然语言。完全理解自然符号用法的人，必定在任何表达艺术中都是最好的鉴赏家。

第五章 触觉

第一节 热和冷

迄今我们所考虑的感官都非常简单、单一,各自只展现一种类型的感觉,因此只表征物体的一种性质。我们用耳朵感知到声音,而感知不到其他东西,用腭只能感知到味道,用鼻子只能感知到气味。这些性质都属于同一种类,都是第二性质。但是通过触摸,我们不只感知到一种而是许多性质,而且它们属于不同类别。它们主要有热和冷、硬和软、粗糙和光滑、形状、硬度、运动和广延。我们依次考察。

关于热和冷,人们很容易接受它们是第二性质的看法,它们跟气味、味道和声音一样属于同一种类型的性质。因此,先前有关气味的论述很容易应用于它们,即词语热和冷各有两层含义,有时指称心灵的若干感觉,没被感受到时就不存在,而且只能存在于心灵或有感知能力的存在者之中。但它们更多的是指称物体中的一种性质,该性质根据自然规律引起热和冷的感觉。我们习惯把它与热和冷的感觉紧紧关联在一起,以至于不容易把两者区分开来,但是热和冷丝毫不相似于对它们的感觉,即便完全没有感觉的时候,热和冷也依旧存在。

我们完全了解热和冷的感觉，因为它们是什么，依我们的感受而定。除了感受，它们不是、也不可能是任何别的东西。但是物体之中所谓的热和冷的性质却不为人知，它们只是被我们看作与其名称相同的感觉的未知原因或诱因。常识虽然没有谈到这些性质的本质，但还是清楚地宣示了它们的存在。拒绝承认热和冷未被感觉到时仍旧存在则是一种极其低劣荒谬的做法，不值得驳斥。假如有人说，只有人在场时温度计才能升或降，或是说，没有居民的几内亚海岸将会和新地岛[1]一样冷，试想还有什么言论能比这更加荒谬？

用恰当的实验和归纳研究什么是物体的热和冷，这是哲学家的事务。热是弥漫于自然界、聚集在受热物体中的特殊元素，还是受热物体组成部分的某种振动？热和冷是像热和冷的感觉那样的相反性质（热和冷的感觉毫无疑问是相反的），或者热是一种性质，冷是热的缺乏？这些问题都属于哲学的范围，因为常识不站在任何一方说三道四。

然而，无论物体中所谓的性质热的本质如何，我们有一点可以肯定的是，它不可能与热的感觉有任何相似之处。认为此感觉和此性质之间有相同之处，跟认为痛风引起的疼痛类似于一个正方形或三角形一样，都显得荒谬。即便头脑最简单但稍有常识的人也不会认为热的感觉或任何类似于该感觉的东西会存在于火中。他最多会认为，火中存在某种东西，使他和其他有感知能力的存在者感到热。而在日常语言中，名称"热"更多也更适合指称火里面这种未知的东西，而非它引起的感觉，因此他就有理由嘲讽那个否认火中有热的哲学家，认为他的说法与常识相悖。

1　几内亚（Guinea），西非沿大西洋的一个广大地区，热带雨林气候，终年高温多雨；新地岛（Nova Zembla 或 Novaya Zemlya），俄罗斯北冰洋沿岸岛屿，气候寒冷。——译者

第二节 硬和软

下面我们来讨论硬和软。我们所理解的硬和软，总是指物体的真实属性或性质，对此我们有清楚的构思。

当物体的组成部分结合得相当紧密，以至于其形状不容易改变时，我们称之为硬；当它的部分可以轻易替换时，我们称之为软。这是所有人对硬和软的概念。它们既非感觉，也不同于任何感觉。它们是真实的性质，在被触摸而感知到之前就存在，并且在没被感知到时也依然存在。若有人断言说，钻石只有在被触摸后才是硬的，谁会把他的话当一回事？

毫无疑问存在着一种感觉，我们靠它来感知到物体的硬或软。用手紧压桌子，留心产生的感觉，尽量排除有关桌子及其性质或任何外部事物的想法，就可以轻松地获得硬的感觉。但有感觉是一回事，而留心此感觉并把它当作反思的明确对象则是另一回事。前者非常容易，而后者在大多数情况下极其困难。

我们太习惯于把此感觉当作一种符号使用，直接把它看作它所指示的硬，以至于只要它出现，就从没被当作思维的对象，无论是平常人还是哲学家都是如此。它在任何语言中也没有名称。没有比这更清楚、更常见的感觉了，但它从来没受到关注，只是在心灵中一晃而过，只是起引荐物体中那种性质的作用，我们的构造规律决定了它暗示那种性质。

我们有时不难关注到物体的硬所引起的感觉，比如说，当硬度很大而造成剧烈的疼痛时，就不得不予以关注，于是我们承认，它纯粹是一种感觉，只能存在于一个有感觉能力的存在者之中。如果某人的头猛地撞到柱子上了，请他回答一下，他所感觉到的疼痛是否类似于石头的硬，或他能否把任何类似的感受构思成一种无生命的物质。

在这里，心灵的关注完全转向了疼痛的感受。用常言说，他并没有感到石头中有什么东西，只是感到剧烈的疼痛。当把头轻轻地靠在柱子上时，情况就会完全不同，因为那时他会告诉你他没感到脑袋里有什么，只是感到石头的硬。难道在这种情况中，他没有像上种情况那样产生一种感觉？他无疑有种感觉，但它只是被自然用作石头中某种东西的符号，因而他会直接关注被指示的事物，而要充分关注此感觉，使得自己相信存在某种东西，它不同于它所指示的硬，则是相当困难的。

但是，无论多么难以关注这一转瞬即逝的感觉，止住它的快速进展，并把它与硬这种外在性质区分开来——它很容易把自己直接遮蔽在硬这种性质的阴影下——这都是哲学家必须花心思、靠练习做到的事，否则他就不可能对此主题做出合法的推理，甚至不能理解这里所提出的问题。因为在关于此感觉本质的问题上，我们最终求助的对象必定是一个人在自己的心灵中感受到或感知到的东西。

我们每次触摸硬物时都会获得一种感觉，经常还能够随心所欲地控制、延长它，它与别的感觉一样是清楚明确的。但实在令人奇怪的是，就是这样的一种感觉，还如此不为人所知，以至于从没有被当作思维或者反思的对象，也没有在任何语言中荣获一个名称。无论是哲学家还是平常人，居然完全忽略了它，或是把它与物体那所谓硬的性质混为一谈，它与硬压根儿就没有丝毫相似之处。难道我们还不能下结论认为，关于人类官能的知识还处于摇篮期？我们还没有学会去关注我们在生活中每时每刻都意识到的心灵运作？我们很早就养成了一种漫不经心的、跟其他习惯一样难以克服的习惯？我认为很有可能的是，这种感觉的新奇性刚开始会引起孩子们的某些关注，但当它变得熟悉，自身不再有吸引力之后，就会被忽略，全部的注意力就转向了它所指示的东西。比如说,当某人学习一门语言时,他关注的是发音,但是当他精通了此语言后,他只关注他要表达的意义。如果这就是实情,那我们还得变回小孩子。如果要成为哲学家,我们就必须克服这种从开始思考时就逐渐增强的漫不经心的习惯,因为它会阻碍哲学家对人类心灵第一原理的揭示——尽管它对日常生活有作用。

跟发声体的振动不同于听到的声音一样,物体组成部分的紧密结合也不同于感知到的硬那种感觉,我也无法通过理性来察知组成部分的紧密结合与硬的感觉、振动与声音之间有任何关系。没人能提供理由说明,为何物体的震动没有引起嗅觉,物体的臭气没有影响到我们的听觉。毕竟造物主乐意的话,完全可以这样设计。同样,也没有人能提供理由说明,根据我们的构造,硬的感觉表征硬,但为何嗅觉、味觉和听觉不能跟它一样表征硬。实际上,没人认为有哪种感觉会相似于物体任何已知的性质,也没人能用充分的论证表明,我们所有的感觉本来不是现在的样子,不管物体及其性质是否存在过。

于是就出现了一种有待解答的人性现象。物体的硬是一种东西,我们像对待自然中的任何事物一样清楚地构思它、坚定地相信它。我们唯有靠触觉才能获得对它的构思和信念,但触觉与硬没有丝毫相同之处,我们也不能根据任何推理规则从一个推出另一个。那么问题来了:我们是如何获得这种构思和信念的?

首先,就构思来说,我们是应称之为关于感觉的观念,还是关于反思的观念?后者得不到确证,前者也不能,除非我们把与任何感觉没有相似之处的东西称为关于感觉的观念。因此,尽管关于硬的观念是我们最广泛、最清楚的观念之一,但其起源不会存在于我们所有关于心灵的体系中,甚至也不存在于那些尽心竭力地从感觉和反思中推出所有概念的体系中。

第二,假设我们有了对于硬的构思,我们如何获得对它的信念?

只有物体的某种性质存在，才能有与之相应的感觉，这一点是不是通过观念的比较而变得显而易见的呢？不是。它能够靠盖然性论证或确定性论证来证明吗？不，不可能。那么我们是靠传统、教育或经验来获得此信念的吗？不，它不是通过其中任何一种方式获得的。那么是否应该因为此信念没有合理的根据而予以抛却？唉！它不在我们的能力范围之内，它压倒了理性，它嘲讽哲学家的所有论证。即便《人性论》的作者找不到此信念的根据，甚至还找到许多反对它的理由，但即使在他沉思和独居期间也不能克服它，在其他的时间里更是完全服从于它，还承认他发现自己有必要这么做。

那么，对如此不可解释和不可捉摸的构思和信念，我们还能说什么？无他，唯有做出如下结论：由于我们构造的初始原理，某种触觉既向心灵暗示了对硬的构思，也创造了关于它的信念；或者换句话说，该感觉是硬的一种自然符号。对此我将尽力做出更为详细的说明。

第三节 自然符号

在人工符号中，通常不存在符号与其所指之间的相似，就其本质而言，两者也无必然联系。自然符号也是如此。词语"金"跟它所指的物质没有相似点，从其本质来说，它也不是更适合指称该物质而非其他的物质，然而由于习俗和惯例，它暗示了此物而非他物。同样地，一种触觉暗示了硬，尽管它与硬既无相似之处，而且就我们所能感知到的而言，它与硬也没有任何必然联系。人工符号和自然符号的区别只是在于：在人工符号那里，暗示是习俗和惯例产生的效果；在自然符号那里，暗示不是习惯而是心灵的初始构造产生的效果。

从我们关于语言这个主题的看法显然可以得出，既存在自然符号，也存在人工符号。具体说来，心灵的思想、目的和情绪都有它们的自然符号，这些符号存在于面部表情、声音的变调以及身体的运动和姿态之中。没有关于这些符号与其所指事物之间联系的天然知识，人类就不可能发明和固定语言。美术都是建基在这种联系之上，我们可以称之为人类的自然语言。现在我们有必要注意到自然符号具有不同的层次，有必要列出它们可以归入的不同类别，这样就能更清楚地认识到感觉与它们所暗示的事物之间的联系，认识到我们把感觉称为外在事物的符号是什么意思。

　　有些符号与其所指之间的联系是自然天成的，但此联系唯有靠经验才能揭示，这些符号就属于第一类自然符号。全部的真正哲学就在于发现这类联系，把它们化归为一般规则。伟大的维鲁伦[2]男爵对此有很好的理解，他把它称为对自然的一种解释。没有人比他更清楚地理解，或是更恰当地表达了哲学艺术的本质和基础。我们对机械学、天文学和光学所知的全部，除了是由自然建立并通过经验或观察发现的联系及其推论外，还能是什么？我们有关农业、园艺、化学和医药的全部知识都建立在同样的基础之上。假如心灵哲学的发展配得上科学之名——对此我们绝不应丧失信心——那么它就必须靠观察事实，把这些事实化归为一般规则，并从中引出合法的推论来实现。通常所谓的自然原因，可以更贴切地被称为自然符号，而所谓的结果则是符号所指示的事物。就我们所知，原因没有固有的效能或因果性。我们唯一能肯定的是，自然在原因和所谓的结果之间建立了恒常的关联，还给人类注入一种倾向，去发现联系，相信它们会持续下去，以及为促进我们的知识和增强我们的力量而利用它们。

　　2　即培根，《新工具》的作者。——译者

第二类符号有如下特点：它们与其所指之间的联系不仅是由自然建立的，而且无需推理或经验，由一种自然原理揭示给我们。这类符号是人类思想、目的和欲望的自然符号，早前被我们当作人类的自然语言而提到过。婴儿可能被怒容吓着，但会因微笑和哄逗而平静下来。有音乐细胞的儿童可能会因音乐的转调而入眠或起舞、高兴或悲伤。所有美术以及所谓的高级品味原理都可以化归为这种类型的联系。推理和经验可以提升高级品位，但是如果它的第一原理不是被自然植根于心灵之中，它就永远不能被我们获得。不过我们在前面就已清楚表明，这种与生俱来的知识，因为自然符号的弃用和人工符号的取而代之，大部分都丧失了。

尽管我们对某些自然符号的所指没有任何概念或构思，但就如同自然魔力存在一样，它使这些符号的的确确暗示了所指，或是变魔术似地把它变出来，既给我们提供了对所指的一种构思，又同时创造了对它的信念，这样的自然符号是第三类符号。我在前面已经表明，感觉向我们暗示了它所属的一个有感知能力的存在者或心灵，这是一种有持久存在的存在者。感觉易逝且持续时间短暂，但此存在者仍保持同一——尽管其感觉和其他运作变化多端，它与所有千变万化的思想、目的、行为、情感、享受和遭遇这些能被意识、能被记忆的东西有着同样的联系。对一个心灵的构思既非关于感觉的观念，亦非关于反思的观念，因为它既不像我们的任何感觉，也不像我们意识到的任何事物。对它的首次构思和信念，以及对它与所有我们意识到的或记起的事物之间的共同关系的首次构思和信念，被暗示给了每个思维着的存在者，但我们不知道是如何暗示的。

对物体的硬的概念和信念是由相同的方式获得的。通过我们本性的初始原理，这些概念和信念被附加在我们触摸硬物时获得的感觉之上。感觉如此自然而然地传达了硬的概念和信念，以至于到如今即便对人性原理最敏锐的研究者也混淆了它们，尽管通过精确的反思，我们会发现它们不仅不同，而且就如疼痛跟刀尖之间一样，毫无相似之处。

可以看出，我提到的第一类自然符号是真正哲学的基础，第二类自然符号是美术或品味的基础，最后一类是常识的基础，而常识是从来没有得到说明的一部分人性。

我理所当然地认为，对硬的概念和信念首先是靠具体感觉获得的。只要你能想起，就会发现，此感觉毫无例外地暗示了对硬的概念和信念。我还理所当然地认为，要是我们从来没有这种感受，就永远不会有关于硬的任何概念。我认为显而易见的是，我们绝不能以感觉为前提推断物体的存在，更不用说它们的任何性质的存在。克罗尼主教和《人性论》的作者已无可辩驳地证明了这一点。感觉与对外部存在者的构思和信念之间的这种联系，不能通过习惯、经验、教育或哲学家认可的任何人性原理来产生，这似乎同样是显而易见的。同时我们必须承认如下事实：这样的感觉无一例外地与对外部存在者的构思和信念有着联系。因此根据合法的推理规则，我们必定会得出结论：该联系是我们的构造的结果，应被视为一种初始的人性原理，直到我们发现某种更为一般的原理，能把前者化归为后者。

第四节　硬和其他第一性质

我进一步发现，硬是一种性质，就如对其他任何诸如此类的东西一样，我们对此性质有着清楚分明的构思。物体组成部分间或强或弱的结合完全为人们所理解，尽管结合的原因不被理解：我们知道它是什么，也知道它是如何影响触觉的。因此，与我们已经讨论过的第二性质完全不同，它属于另一层次的性质。关于第二性质，我们生而所知的，不过是它们适合于增强我们的某些感觉而已。假如硬是相同类型的性质，那么物体的硬是什么，得由哲学家去研究才合适。关于硬，就像关于颜色和热一样，我们本应该已经提出了各种各样的假说。但是显而易见，任何这样的假说都会是荒诞的。如果有人说，物体的硬是其组成部分的某种振动，或说它是由物体散发出来、在我们触摸时影响触觉的臭气，这样的假说将会大违常理、骇人听闻，因为我们都知道，如果物体的组成部分结合得很紧，它就硬，尽管它既不会发出臭气，亦无振动。不过与此同时，如果能使我们本性的造物主感到满意，有人会说，那种臭气或物体组成部分的振动跟硬的作用一样，可能已经对触觉产生了影响。如果这两条假说中的任何一条被用于说明第二性质，比如气味、味道、声音、颜色或热，那么这种猜想并不会体现出明显的荒谬性。

第一性质和第二性质之间的区分，有几次大变革。德谟克利特（Democritus）、伊壁鸠鲁及其追随者坚持区别。亚里士多德及其逍遥学派取消了区别。笛卡尔、马勒伯朗士和洛克复活了它，据说他们很好地说明了它。但是贝克莱主教再次取消了区别。对于已经被接受的观念学说的持有者来说，贝克莱的证据必定令人信服。然而在我们的本性原理中，似乎确实有它的基础。

关于硬所说的，不仅能轻易地应用于它的对立面，即软，同样也容易用于粗糙和光滑、形状和运动，因此请恕我省掉这种应用，否则就会沦为冗言赘语。所有这些，靠相应的触摸感觉，被作为真实的外在性质呈示给了心灵。人性的一种初始原理无一例外地把对它们的构思及信念同相应的感觉关联了起来。对它们的感觉，在任何语言中都没有名称。它们不仅被常人忽略，而且也被哲学家忽略。否则，假若真地受到了关注，人们就不会把它们混同于它们所暗示的外在性质。

第五节　广延

有待进一步注意的是，硬和软、粗糙和光滑、形状和运动都假定了广延，我们不能在脱离广延的情况下构思它们。然而另一方面，我认为我们必须承认，如果我们从没有感受到物体的硬或软、粗糙或光滑、形状或运动，就永远不会获得关于广延的构思。因此，我们有充分的理由相信，广延的概念不可能先于其他第一性质的概念，但我们也可以肯定的是，广延的概念也不可能后于任何第一性质的概念，它们必然都隐含了广延的概念。

因此，暗示了上述其他性质的同种感觉，似乎向我们暗示了广延是一种性质。当手中抓着一只球的时候，我立即感知到它是硬的，有形状和有广延。感受非常简单，与物体的任何性质毫不相似。然而它向我们暗示了三种彼此完全不同的第一性质，它们也不同于指示它们的感觉。当我的手在桌子上滑动的时候，感受如此简单，以至于我发现很难把它区分成本质不同的东西，然而它直接暗示了硬、光滑、广延和运动这些本质完全不同的东西，我们对它们的理解就如同对暗示了它们的那种感受的理解一样，非常明晰。

哲学家通常告诉我们，我们是通过触摸物体的末端来获得对广延的观念，就好像做这件事毫不费力一样。我试过——我承认自己颇费周章——查明这种观念是如何通过感受获得的，结果一无所获。然而它是我们所具有的最清楚、最分明的概念之一，人类知性在它身上耗费了最多的推理。

我们自小就很熟悉广延的概念，各种观感也在不断加强它，以至于我们容易认为，要了解心灵是如何产生此概念的，并不困难。但是一旦仔细考察，我们就会发现，它完全无法说明。我们的确有触摸的感受，它们每次都向心灵传达了广延，但它们是如何做到这一点的，却是个问题。因为那些感受不同于广延，就如它们不同于正义或勇气一样。我们也不能根据任何推理规则，从那些感受中推出有广延的事物的存在。因此，我们通过触摸获得的感受，既不能说明我们何以获得有广延的事物的概念，也不能说明我们何以获得对它们的信念。

在这个问题上，令哲学家感到棘手的是，暗示了第一性质的那些触摸的感受既没有名称，也从来没有被反思过。它们在心灵中一闪而过，只起引荐关于外部事物的概念和信念的作用，两者之间的联系是由我们的自然构造决定的。它们是自然符号，心灵对此符号不做任何反思，也不去注意这种东西是否存在，就立即过渡到它们所指示的事物。因此人们总是想当然地认为，对广延、形状和运动的观念就是对感觉的观念，它们是通过触觉进入心灵，有如对声音和气味的感觉是通过耳朵和鼻子进入心灵。我们的构造决定了触摸的感觉与广延、形状及运动的概念如此关联到一起，以至于哲学家张冠李戴，从来没有能够察觉到它们不仅是不同的东西，彼此还完全不相像。如果我们要对此主题做清楚的推理，就应该给那些触摸的感受提供名称。我们必须使自己习惯于关注和反思它们，从而把它们与它们所指示或暗示的性质加以区分和比较。

不经过努力和练习是不能培养这种习惯的，而且只有养成了这种习惯，我们才有可能对此主题做清楚的思考，或做正确的判断。

让一个人的手掌紧压桌子，他感受到硬。这是什么意思？意义无疑是，他有某种触摸的感觉。无须任何推理，也不需要比较观念，他就从中得出结论：某个外部物体确实存在着，它的组成部分结合得很紧，不施加相当大的力量，就无法被置换。

这里有一种感受，还有从中得来的结论，或是被此感受以某种方式暗示了的结论。为了比较两者，我们必须分别考察它们，然后再考虑它们是通过什么样的纽带被联系起来，以及在哪点上它们彼此相似。桌子的硬是结论，感受是引导我们得出该结论的媒介。如果我们清楚地关注这个媒介和结论，就会察觉到它们跟自然界的任何两种事物一样不相似。其中一个是心灵的一种感觉，只能存在于有感知能力的存在者之中，也只能在被感受到的那一刻存在。另一个存在于桌子中，而且我们没有任何困难就可以下结论说，它在被感受到之前就已在桌子中了，即使感受消失了，它仍然继续存在于桌子之中。其中一个没有隐含任何类型的广延、成分、结合，而另一个则隐含了所有这些。两者的确都有程度的问题——感受到了一定程度，就是一种疼痛，但坚硬丝毫不隐含疼痛。

感受与硬没有相似之处，因此我们的理性不能感知到两者之间的丝毫纽带或联系。逻辑学家也不可能提供一种理由，说明我们为何会从这种感受得出硬而不是软，或任何其他性质的结论。但在现实中，人类构造决定了所有人都会从该感受引出硬的结论。

热的感觉，以及我们挤压硬物的感觉，同样都是感受，但我们不能通过推理从其中一个引出另一个能引出的结论。构造决定了我们从热的感觉中引出一种隐晦的、难以言说的性质，对此性质我们只有一种相较而言的构思：它是某种在我们身上引起热的感觉的东西。而从第二种感觉中我们引出另一性质，对它我们有清楚分明的构思，即物体的硬。

第六节　广延

用另外一种思路来考察这个主题，也许探讨下述问题比较合适：我们能否仅凭感觉就能推出广延、形状、运动和空间的概念？我理所当然地认为，盲人与视力正常的人对广延、形状和运动的概念是一样的。桑德森博士[3]对锥体、圆柱体、球体以及天体的运动和距离的概念与伊萨克·牛顿爵士的一样。

因此，视力对于获得那些概念来说并非必要，在探究它们的最初起源时，我们将完全不考虑视力。另外我们假设有位盲人，由于某种奇怪的疾病，丧失了所有依靠触摸而获得的经验、习惯和概念，无论是对他自己的身体，还是对任何其他物体的存在、形状、大小和广延都没有一点点构思。但是我们假定他保留了完好的推理能力，能通过感觉和推理能力重新获得关于外部事物的全部知识。

首先，我们假设他的身体被固定在一个地方，不能移动，只能靠别的物体碰他，使他获得触摸的感受。假设用针来刺他，毫无疑问会给他造成一种剧烈的感觉，他感受到疼痛，不过他能从这推出什么？当然不会是针的存在或形状，这个从疼痛中推不出来，就如它不能从痛风或坐骨神经痛之中推出。常识使他认为疼痛有个原因，但它是物体还是精神、有广延还是无广延、有形状还是没形状，从我们推定他拥有的任何原理中，他都不可能形成一点点猜想。先前没有关于物体或广延的概念，针的刺痛就不能给他带来任何这类概念。

其次，假设有个物体不尖，而是很钝，把它贴在那个人的身上，逐渐施加压力直到使他青肿。他从这得到什么，是不是另一种感觉或感觉系列——跟前面的情况一样，他从中能推出的东西少之又少？若身体的某个部位长着一个肿瘤，只要压挤邻近的部分，此肿瘤造成的疼痛感觉在类型上与外部物体挤压时造成的感觉是一样的，除了传达疼痛的概念，不传达任何其他概念——而疼痛的概念当然

---

[3] 尼古拉斯·桑德森（Nicholas Saunderson，1682—1739年），英国科学家、数学家，剑桥大学卢卡斯数学教授，是一位视障人士。——译者

与广延毫不相似。

再次，假设物体接触他身体的部位有大有小，这能否给他带来物体的广延或大小的观念？在我看来是不可能的，除非他之前对自己的身体有大小和形状的概念，可以把自己当作一种衡量尺度。当我两手张开触摸物体边缘的时候，如果我知道两手间的距离是一英尺长，就很容易推断此物体长一英尺；如果我知道两手之间相距五英尺，那么物体长五英尺。但是如果我不知道两手间的距离，就不会知道两手所抓物体的长度。如果我先前对两手或是对两手的间距没有概念，我就永远不能靠触摸获得广延或大小的概念。

再来假设，物体贴着他的手或脸移动，而手脸保持不动。这能给他带来任何空间或运动的概念吗？这无疑会产生一种新的感受，但我想象不出，它如何向一个以前没有空间或运动概念的人传达此类概念。血液沿着动脉和静脉流淌，当流动加剧的时候就会被感受到。不过我想，如果某人先前没有对空间或运动的构思，他就不能通过那种感受来获得它们。这样的运动或许会引起一系列的感受，就像腹痛引起的那样，但无论是任何感受还是感受的组合，都不可能相似于空间或运动。

我们再假设，他本能地试图移动头或手，但或者因为外在的阻力，或者因为瘫痪而没能如愿。此努力能给一个先前从来没有空间和运动概念的人传达这些概念吗？当然不能。

最后我们假设，他之前没有任何空间和运动的概念。他本能地移动一只手或一条腿，伴随着关节的弯曲和肌肉的肿胀，他获得了一种新的感觉。但这种感觉是如何向他的心灵传达空间和运动的观念的，仍旧是完全难以捉摸、不可理解的。心脏和肺的运动都是由肌肉的收缩实现的，然而它们不能提供对空间或运动的构思。子宫里的胎儿有很多这样的运动，还可能有伴随着运动的感受，但他们没有任何空间或运动的观念。

总的看来，情况似乎是，当我们的哲学家自诩他们已从感觉中推出了我们对外部存在、空间、运动、广延以及物体所有第一性质（即那些我们具有最清楚分明的构思的性质）的概念的最初起源时，他们是在自欺欺人。这些性质完全不吻合于任何已提出的与人类官能有关的理论体系。它们完全不同于任何感觉和心灵的任何运作，因此它们既不可能是对感觉的观念，也不可能是对反思的观念。对它们的构思总是与哲学上所有的知性体系原理势同水火。对它们的信念也同样如此。

第七节　物质世界的存在

要说出我们是何时、按照什么样的顺序获得对这些性质的概念的，这超出了我们的能力范围。当通过记忆和反思尽可能地回溯心灵的运作时，我们发现它们早已占据了我们的想象和信念，而且对于心灵来说，它们显得非常熟悉，但它们最初如何与心灵相识，是什么使得它们牢牢地把持着我们的信念，它们应该被授予什么样的地位，这些问题在人性哲学中无疑都非常重要。

我们是否要跟克罗尼主教一样，质问它们的特权地位，在哲学法庭上，用观念体系的条文对它们进行公审？毫无疑问，它们在审判中会一败涂地。因为，尽管它们有精明强干、精通法律的辩护人——笛卡尔、马勒伯朗士和洛克——为它们费尽口舌，但克罗尼主教相信它们是异端邪说和教会分立的帮凶和煽动者，起劲地告发它们，充分地回应了对它们所做的辩护，使其最得力的支持者都哑口无言——半个世纪过去了，这些支持者似乎要去拒绝论证，并且相信陪审团的偏好而非他们的辩护力量。

因此,哲学的智慧被定位在它与人类常识的抗衡上。前者妄图先验地证明不可能存在一个物质世界;太阳、月亮、星星、地球、植物和动物的机体都只是心灵中的感觉,或是那些感觉在记忆和想象中的意象,就如同痛苦和快乐,在没有被想起的时候就不存在。而常识只会把这种观点看作形而上学式的精神错乱,并下结论说,太多的学问会使人癫狂。至于那些严肃地持有该信念的人,则可以被归为相信自己是玻璃制品的人之列——尽管他在别的方面可能做得相当不错。毫无疑问,他的知性中有软肋,由于过多的思考而自食恶果。

哲学与常识之间的这种对立容易对哲学家本人造成非常不幸的影响。他以一种奇怪、不友好和有害的眼光看待人性。他认为,自己及其同类天生就有必要相信数以万计的谬论和悖论——与生俱来的一点理性刚好能做出这个不幸的发现。这就是他深刻思辨的全部成果。这样的人性概念会使灵魂的每根神经都变得麻木,会使各种高尚的目的和情感处于难堪的境地,给事物的整个面貌蒙上令人窒息的阴影。

如果这就是智慧,那还是让我像常人一样轻信吧。我发现,有某种内在于自己的东西与这种智慧背道而驰,而且它还激发了我对人类、对宇宙布局更多的敬意。常识和理性拥有共同的创造者——它是万能的创造者,在它的其他作品中,我们发现了使知性迷醉和愉悦的连贯性、一致性和美。因此,就如同在它的其他作品中一样,在人类官能中必定存在某种秩序和连贯性。一个敬重自己同类、崇尚真正智慧和哲学的人,不仅不会喜欢,还会非常怀疑那样的奇谈怪论。如果它们是错误的,就会使哲学蒙羞;如果它们是正确的,就贬低了人类,使我们有理由对我们的构造感到害臊。

哲学究竟是出于什么目的,决定在这个或其他问题上与常识背道而驰?比起任何哲学原理来说,对物质世界的信念的历史更加悠久,也更有权威。它拒绝理性的裁决，嘲讽逻辑学家的大炮。它毫不顾忌哲学的法令，保持自己的无上权威，而理性自身也必须屈从于它的命令。即使有些哲学家否认我们关于外部物质世界的概念的权威，还是承认他们自己有必要屈从于它们的威力。

因此，在我看来，与其反抗，不如顺从。既然我们不能消除关于外部世界的平常概念和信念，最好就尽可能地使理性符合于它。如果理性在这种重压下苦苦支撑和煎熬，无法摆脱，即使成不了常识的仆人，也必定会是它的奴隶。

为了使理性在这个题材上符合常识，我恳请哲学家在思考过程中注意两点。第一，在对一个物质世界存在的全部讨论中，双方都想当然地认为，同一物质世界假如存在，必定是我们的感觉的直接意象；对于任何与心灵中某种感觉不相像的物质，我们不可能有构思；具体说来，触摸的感觉是广延、硬、形状和运动的意象。无论是克罗尼主教还是《人性论》的作者，提出的任何反对物质世界存在的论证，都假定了这点。如果它是正确的，他们的论证就是判决性的和不可辩驳的。如果它不正确，那么他们的论证就一败涂地。这条假说是那种奇怪体系的全部根基，但那些哲学家有没有为它提供任何有力的证据？没有，他们甚至没打算这么做。由于古代的和现代的哲学家在此观点上达成了一致，他们就把这看作理所当然的。且让我们化身为哲学家，把权威搁在一边。我们当然不需要向亚里士多德或洛克请教疼痛是否像刀尖。我对广延、硬和运动，就像对刀尖一样有着清楚的构思。只需要一些努力和练习，我就能形成对其他触摸感觉的概念，其清晰性不亚于我对疼痛的概念。当我这么做，并把它们进行比较的时候，我觉得非常清楚的是：前者与后者完全不是一种类型，在任何方面都与后者不相像。它们之间的不相似就如疼痛和刀尖的不相似，是确凿的、明显的。最初引导我们认识物质世界的确实可能是那些感觉。物质世界的出现确实可能很少甚至没有脱离过它们的伴随。即便如此，它们之间的不相似，就如愤怒的情绪与伴随着此情绪的那些面部表情的不相似一样。

因此，在那些哲学家对物质世界的判决过程中，存在一个错误的稻草人。他们的证据没有触及物质，或物质的任何性质，而只是直接攻击他们自行想象出的幻象：一个由观念和感觉组成的物质世界，其实它从来就没有也不可能有存在。

第二，由于我们对广延、形状和运动的构思既非对感觉的观念，亦非对反思的观念，所以这些构思的存在推翻了整个的观念体系，物质世界正是因为该体系才受到审判和谴责的。因此，在这场判决中也存在一个司法错误。

洛克有条非常巧妙而又合理的意见，即由于人的技艺不能创造一丝物质，我们对物质世界所能做到的只是把手头的物质进行化合、组合和分解，所以在思维世界里，物质都是自然天成的，我们只能对其做各种组合和分解。因此，理性或偏见、正确或错误的哲学不可能制造出任何一个简单的概念或构思，它不是自然的作品，而是我们构造的结果。对广延、运动和其他物质性质的构思不可能是错误或偏见的产物，而必定是自然的作品。我们获得那些构思的能力或官能，必不同于任何已获得说明的人类心灵的能力，因为它既非感觉，亦非反思。

因此请允许我把这提议为判决性实验，观念体系必定会因它立足或倒塌。它还简化了问题：广延、形状、运动，无论是其中的一种，还是全部，都可以被视为该实验的对象。它们要么是关于感觉的观念，要么不是。如果有人能够表明其中任何一个是关于感觉的观念，或者与任何感觉有一点点相似，我就会堵住嘴巴，在此问题上放弃调和理性与常识的所有企图，我还必定任凭观念怀疑论取得胜利。然而，假如它们不是关于感觉的观念，或不同于任何感觉，那么观念体系就是空架子，不堪一击；怀疑论哲学反对物质世界，反对除印象和观念外各种事物的存在，为此绞尽脑汁地提出论证，但都建基在一条错误的假说之上。

如果我们的心灵哲学在解释那些最清楚、最简单、最熟悉的思维对象的概念起源上，在解释它们赖以产生的能力上，显得如此孱弱，我们难道还指望它能更完善地说明观点和信念的起源吗？我们早就看到它在这方面存在缺陷的某些例证。自然已经赋予我们能力，使我们能构思完全不同于任何感觉或心灵运作的事物，谁又知道，它也许还利用迄今未得到说明的某部分构造，为我们提供了对它们的信念呢。

贝克莱主教不只是做了回应，而且他还证明了，我们不能依靠推理从感觉中推出物质的存在。《人性论》的作者也同样清楚地证明了，我们不能依靠推理从感觉中推出自己或他人的心灵的存在。但是我们只能承认被推理证明的东西吗？果真如此，那我们确实会变得多疑，会什么都不相信。在我看来，《人性论》的作者只能算是半个怀疑论者，没有把他的原理贯彻到底：他以无与伦比的勇气，跟常人的成见殊死搏斗，取得了非凡的成就，但当他准备作最后一击时，却丧失了勇气，明智地放下武器，拜倒在常人最普遍的成见之下——我是指对他自己的印象和观念存在的信念。

因此，请允许我对怀疑论体系做一补充，否则我认为此体系不可能连贯一致。我敢肯定，对印象和观念存在的信念，就如对心灵和形体存在的信念一样，几乎同样没得到理性的支持。没有人为此信念提供过也不可能提供任何理由。笛卡尔理所当然地认为，他思考着，而且还有感觉和观念。他所有的追随者也是这样做的。即使那位怀疑论的勇士也同意这点——插上一句，他只是不够坚定，比较谨慎而已。我之所以这么说，是因为我相信，他的哲学中没有哪条原理迫使他做出这种让步。那么印象和观念中究竟有什么东西如此难以克服,以至于这种所向披靡的哲学在击毁任何其他事物的存在后,却臣服于它们呢?要知道,让步是危险的,因为信念的本性就是,你不根除它,它就会扩枝散叶。更轻松的做法就是把它连根拔起,而不是厉声警告:就此止步,我且让你们这些印象和观念存在,但别妄图更多了。因此,彻底的、一致的怀疑论者绝不会就此打住,当他要坚持怀疑论的时候,你不可能迫使他屈从于任何其他的东西。

对这样的怀疑论者我无话可说,但是对于半吊子怀疑论者,我想知道他们为何会相信印象和观念的存在。我认为,真正的原因是他们不得不这样做,而同样的原因也会促使他们相信许多其他的东西。

所有的推理必须从第一原理开始,而相信第一原理的理由只可能是,我们的本性构造决定了我们不得不赞同它们。这类原理就如同思考能力一样,是我们构造的组成部分,理性既不能制造亦不能摧毁它们,也不能脱离它们自行其是。理性就像一架望远镜,望远镜可以帮助有眼睛的人看得更远,但没有眼睛的话,它就什么也看不到。数学家不可能证明其公理的正确性,除非把这些公理看作理所当然的,否则他不能够证明任何东西。我们不能证明心灵的存在,甚至也不能证明思想和感觉的存在。历史学家或者见证人除非认定记忆和感官是可信的,否则什么都证明不了。自然哲学家除非首先认定自然进程是稳定的、一致的,否则什么都证明不了。

第一原理是所有推理赖以成立的基础,我不清楚自己是以何种方式,或是在什么时候获得它们的,因为在我能记忆之前就已经有了。不过我敢肯定的是,它们是我的构造的组成部分,我无法摆脱它们。因此,我们的思想和感觉必定有个被称作自我的主体,这不是靠推理得来的观点,而是一种自然原理。我们的触觉间接提示了某个外部的、有广延的、有形状的、硬的或软的物体,这不是靠理性演绎推出来的，而是一条自然原理。对它的信念和构思都是我们构造的组成部分。即便我们受骗了，也是被那个创造我们的造物主欺骗的，而且没有任何补救良方。

我不是要断定，触摸的感觉一开始就暗示了关于物体及其性质的不变概念，而是在我们的成长过程中暗示的。也许自然像在她的其他运作中一样，在这种运作中也显得节俭。对异性美的知觉，自然而然地暗示了伴随着情感和欲望的爱的激情。然而同样的知觉没有暗示柔情，除非到了生命中的某一发展阶段。殴打儿童，会致其悲伤和痛哭。但当他长大了，再去打他，会激起他的愤懑，促使他反抗。也许尚在子宫里的婴儿，或是在其存在的一段短暂时期中，只是一个有感知能力的存在者，它感知外部世界、反思自己的思想、存在以及与其他事物之间关系的官能，还有它的推理和道德官能，都是逐渐释放出来的。当时机到来，这些官能一展身手时，它就感悟到各种各样的常识原理以及爱和恨的激情。

第八节 哲学家关于感官的体系

哲学家关于感官及其对象的所有体系都碰到了这块礁石，没有妥当地把感觉（它们被感受到的时候才能存在）同它们所暗示的事物区分开来。亚里士多德尽管在做哲学研究时头脑一贯清晰，但还是混淆了两者，并且把各种感觉视为知觉对象的形式，没有内容。正如印在蜂蜡上的印象有印章的形式而无其内容，他把感觉看作施于心灵上的印象，此印象承载着外部感性对象的意象、形相或形式，但不具备外部事物的质料。按照他的说法，颜色、声音、气味以及广延、形状、硬都是质料的不同形式：我们的感觉是印刻在心灵上的相同形式，被心灵本身的理智知觉到。从这点显然可以看出,亚里士多德并没有对物体的第一性质和第二性质进行区分,不过德谟克利特、伊壁鸠鲁和其他古人区分过。

笛卡尔、马勒伯朗士和洛克复兴了第一性质和第二性质之间的区分,但他们把第二性质仅仅看作感觉,而把第一性质看作感觉的相似物。他们主张,颜色、声音和热不是物体中的任何东西,而是心灵的感觉。与此同时,他们把物体中某种特殊的结构或调节看作那些感觉的原因或诱因,但没有为调节提供名称。与之相反,在平常人那里,颜色、热和声音这些名称很少被用于感觉,绝大多数情况下它们被用于引起感觉的未知原因,这我们早就说明过。我们的本性构造促使我们关注感觉所指示的事物而非感觉本身,促使我们为前者而非为后者提供名称。因此我们看到,在对待第二性质上,这些哲学家的想法与平常人的想法以及与常识是一致的。他们的荒谬只是在于对词语的滥用,因为他们在主张火中无热(他们把这当作是现代的一项重要发现)时,他们的意思不过是,火感受不到热——而这是每个人早就知道的。

在第一性质方面,这些哲学家更是错得一塌糊涂。他们确实相信那些性质的存在,但完全不留心暗示了它们的那些感觉。后者没有名称,没有受到关注,就好像完全不存在一样。他们意识到,形状、广延和硬都是通过触摸的感觉被感知到的,他们却由此草草地得出结论说,这些感觉必定是形状、广延和硬的意象及相似物。

业已接受的观念假说自然而然地引导他们得出此结论,而且该假说不可能与其他任何假说相容,因为照此假说来看,外部事物必定是通过它们在心灵中的意象被感知到的,而此意象除了是我们用以感知到外部事物的感觉外,还能是什么?

然而,这是从违背事实的假说出发推导出的结论。要知道我们的感觉是什么，或像什么，不需要求助于任何假说。只需适度的反思和注意，我们就可以完全理解它们，可以像肯定牙疼不同于三角形一样，肯定感觉不同于物体的任何性质。我不自诩我理解，感觉如何会直接促使我们想象和相信完全不同于它的外部事物的存在。当我说一个暗示了另一个时，我不是要说明它们的联系方式，而是表述每个人都可以意识到的一个事实，即我们本性的一种规律决定了这样的构思和信念总是伴随着感觉相应而生。

贝克莱主教为此主题提供了新的见解，他表明，无生命的事物（比如物质）的性质不可能跟任何感觉相似；除了其他心灵的感觉外，我们不可能想象出任何一种与我们心灵的感觉相似的事物。每个恰当关注其感觉的人必定会赞同这点。然而，在贝克莱之前的所有哲学家都没有注意到，即使是天才般的洛克，在大量反思过自己心灵的运作后，也没有注意到。哪怕是要恰当地关注我们自己的感受都如此困难，它们往往在未被注意到的情况下在心灵之中一闪而过，立即让位于自然指使它们要去指示的事物，以至于要拦住它们以便对其进行审视，是极其困难的。当我们自认为获得了这种能力时，也许心灵仍在感觉和与之关联的性质之间摇摆不定，因此它们就混杂在一起，呈现给想象的就是两者的混合物。比如，你站在一个对面颜色完全不同的球或圆柱中，在它们慢慢地转动时，颜色很好区分，不同之处很明显；但如果把它们快速转动，颜色之间的差别就没有了，看上去就好像是同一种颜色。

自然把作为触觉对象的性质与对它们的感觉关联在一起，从感觉过渡到性质，其速度之快，简直无与伦比。但是，一旦某人获得了把这些感觉作为独立的、明晰的思维对象的技巧，他就可以清楚地认识到贝克莱主教的上述公理是自明的，认识到触摸的感觉不同于物体的第一性质，就如面部表情不同于被它们指示的心灵激情一样。

不过我们且看看这位主教大人拿他的重要发现派上了什么用场。他下结论说，我们对无生命的实体（如物质）及其性质不可能有任何构思，还说我们有最可靠的根据相信自然界中除了心灵、感觉和观念之外别无他物存在——即便有其他类型的存在物，我们对它们必定没有也不可能有任何构思。这是如何得来的？为什么除了那些相似于我们心灵的感觉或观念的事物外，我们不可能对任何别的事物进行构思？但我们心灵中的感觉和观念除了跟其他心灵中的感觉和观念相像外，不可能与任何别的东西相像了，因此结论是明显的。我们看到，这种论证立足于两个命题。那位聪明的作者确实向所有那些理解他的推理且能关注自己感觉的人证明过后面一条命题，但却从来没有试图证明前面那条命题，它来自于已被哲学家广泛接受的观念学说，所以被认为不需要证据。

我们在这里再次可以看到，这位敏锐的作者是从一条违反事实、违背人类常识的假说开始进行论证的。我们不能对任何事物形成构思，除非心灵中的某种印象、感觉或观念与此事物相似——这的确是已经被哲学家广泛接受的观点，但它既不是自明的，也没有得到清楚的证明。因此，相较于抛弃物质世界，使哲学遭受那些拒绝把常识献祭给形而上学的人的嘲讽而言，更合理的做法是质疑哲学家的这种学说。

然而，我们应该公正地对待克罗尼主教和《人性论》的作者，承认他们的结论是从已被广泛接受的观念学说中合法地推出的。另一方面，从贝克莱主教及其先行者笛卡尔、洛克和马勒伯朗士的性格来看，我们可以大胆地说，如果他们像前面提到的那位作者那样，清楚地看到了这一学说的全部后果，就会对它产生强烈的怀疑，就会检查得更加细致。

关于观念的理论，就像特洛伊木马一样，有着华而不实的外表：

无知却华丽。如果那些哲学家知道，它肚子里装的是对所有科学和常识的扼杀及毁灭，他们就不会开门揖盗了。

我们对广延、形状、运动和物体的其他性质有着清楚分明的概念。这些性质既非感觉，也不类似于任何感觉，这是我们可以肯定的事实，就如我们可以肯定我们有感觉一样。同样毋庸置疑的是，所有人对外部物质世界有着坚定的信念，该信念不是靠推理或教育得来的，即使在我们有强烈的理由反对它且没有一丝理由支持它的时候，也摆脱不掉这种信念。这些事实都是人性现象，可以帮助我们合法地反驳任何假说——不管它被多么广泛地接受。但要用假说反驳事实，就违背了真正哲学的规则。

第六章 视觉

第一节 此官能的优越性和显贵性

上个时代和当代在光学知识方面取得的进展,以及主要是艾萨克·牛顿爵士的发现,既给哲学,也为人性增添了光彩。在现代怀疑论者的笔下,人类官能不干好事,只会把我们引入谬论和矛盾。这贬低了人类的知性,打击了人们对真理的追求。但上面提到的发现应该会永远使怀疑论者的卑下做法蒙羞受辱。

在被称作五种感官的官能之中,视觉无疑是最显贵的。没有这种感官,我们永远不会获得对光线的任何构思,但它也需要光线的帮助。光线是无生命的创造物中最精彩、最令人惊讶的部分。想想它们的精细之处,那不可思议的速度,有规则的各种色彩,在反射、屈曲(inflection)和折射过程中受其他物体作用时遵循的不变规律(受作用后也丝毫不改变它们的原始性质),以及它们在密度高、结构紧的物体中传播时遇不到任何阻力、不拥挤、不互相干扰、不给那些最轻的物体带来一丝可感觉到的推动力的特性,就知道我们所言非虚。

眼睛及其所有组成部分的结构真是令人赞叹的自然设计,用于实现它各种各样的外部和内部运动。不同动物的眼睛适合它们自身的若干本性和生活方式。眼睛及其组成部分的结构和动物眼睛的多样性，都清楚地证明了这个器官是大自然的杰作。如果某个人具有绝顶的智慧和高超的光学技巧，却严肃地怀疑光线与眼睛是否互为目的，那么他必定完全不了解与眼睛有关的发现，或是必定有着奇特的知性构造。

如果我们构想一个存在者序列，赋予它们视力以外的各种人类官能。习惯靠触觉慢慢获得信息的这些存在者，只要加上由一个球和直径一英寸的窝组成的器官，就可以在不改变自己位置的情况下，立即看到整个军队的部署或是战争状况、豪华宫殿的轮廓和各种各样的景致，这对他们来说将会是多么的不可思议啊！如果有个人要靠感受来把握特内里费岛岬角的形状，甚至是罗马圣彼得教堂的形状，这将耗尽其毕生精力。

如果有人告诉那些假想的存在者，这个小小的器官能发现其他任何感官不能发现的东西：我们用它能够在没有路径的海洋中找到自己的道路；我们能横跨地球，确定它的形状和面积，还能描绘它的各个区域；我们甚至能测量行星的轨道，对恒星的球体做些发现，这将更令他们觉得不可思议。

如果还有人告诉这些存在者，即使在我们的同类刻意隐瞒的时候，我们还能用这个器官看出他们的情绪和性格、激情和感受，这是不是会令他们更加震惊？当训练口才主要用来撒谎掩饰的时候，一只有识别力的眼睛就可以从相貌上观察出虚伪，这是不是更令那些存在者震惊？我们还经常能用这个器官察觉心灵和身体中的是非曲直，这是不是更使那些存在者震惊？如果一位盲人信任视力正常的人所讲的故事，他得相信多少不可思议的事情？当然，就如优秀的基督教徒一样，他需要一种坚定的信仰。

因此，人们看重视觉的官能，认为它比其他感官更加显贵，认为其本质中有某种优越于感觉的东西，是不无道理的。理性的证据被称作"看见"(seeing),而不是"感受""闻"或"尝"。我们习惯把通过"看见"而获得的神圣知识视为我们拥有的最完美知识。

第二节 视力所见几乎都能被盲人理解。其原因

无论我们对这种官能的显贵性和优越性说过什么,值得注意的一点是,视力获得的知识很少有不能传达给天生不能视物的盲人的。一个从来没看过光的人可以精通各种科学甚至光学,也可以在哲学的各个分支中做出发现。他不仅对天体的层次、距离和运动,而且对光的本质、对光线的反射和折射规律的理解,可以做到跟正常人一样。他可以清楚地理解那些规律如何产生了彩虹、棱镜、暗箱、幻灯等现象,如何使显微镜和望远镜具有其所有的功能。这是被经验充分证明了的事实。

要知道个中原因,我们必须把对象呈现给眼睛的表象与此表象所暗示的事物区分开来,而且在对象的视觉表象中,我们必须把颜色的表象与广延、形状和运动的表象区分开来。如此一来,首先我认为,一个天生不能视物的盲人可以对物体的形状、运动和广延(即使不是它们本身,至少也是与之极为相像的东西)的视觉表象形成一种清晰的概念。难道我们不能使盲人想象,一个物体按水平方向渐渐远离眼睛或靠近眼睛时会显得静止不动吗?不能使他想象,同样的运动,根据它离眼睛的近和远、笔直或偏斜,可以显得更快或更慢吗?不能使他想象,处于某种排布[1]下的一个平面看上去像条直线,而当它的排布变动了,或是眼睛的位置变动了,它的视觉形状也随之发生变化?

---

1 position,包含方位、姿势、摆放方式等意思,统一译为"排布"。——译者

不能使他想象，斜着看的圆可以显得像个椭圆，斜着看的正方形可以显得像个菱形或长方形？桑德森博士理解球体投影和透视的一般规则。假如他真的理解，他必定能够理解我说的内容。如果你怀疑桑德森博士究竟能否理解这些事情，那我告诉你，在一次交谈中他说过，哈雷（Halley）博士证明了一条命题：球体上的圆所形成的角度等于它们在球面投影的角度。但他理解起来感到非常困难。不过桑德森说，当他不理会那个证明，而按照自己的方式思考这个命题时，他清楚地知道它必定是对的。另外一位绅士[2]也参与了这次交谈，这件事他记得很清楚——在这些事情上我们大可相信这位绅士的可靠性和判断力。

至于颜色的表象，盲人必定更多的是感到茫然，因为他没有任何类似于它的知觉。然而他可以通过类比来在一定程度上弥补这种缺陷。对于那些能视物的人来说，鲜红色指示了物体中一种未知的性质，此性质把他们非常熟悉、经常看到的表象呈现给眼睛。对于盲人来说，它指示了一种未知的性质，此性质呈现给眼睛的表象是他不熟悉的。但是他能想象出不同的颜色对眼睛的影响不同，就如不同的气味对鼻子，或是不同的声音对耳朵产生的影响不同。比如，他能想象出鲜红色不同于天蓝色，就如号角声不同于鼓声，或是橙子的气味不同于苹果的气味。但是要知道一种鲜红色呈现给我的表象与呈现给另一个人的表象是否相同，则是不可能的。即使它呈现给不同人的表象差别巨大，就如颜色与声音之间的差别，这些人也许永远不能发现这种差别。因此显而易见的是，一位盲人可以表达清晰、言语中肯地大谈特谈颜色；而且如果你是在黑暗中考察他对颜色的本质、构成和美

2　指约翰·斯图尔特（John Stewart）。1736 年，里德和他一道拜访了桑德森。——译者

感的看法，他可能对答如流，暴露不出他的缺陷。

我们已经看出，盲人可以对事物呈示给眼睛的表象了解到什么程度。虽然他自己永远也观察不到那些表象所暗示的或从中推出的事物，然而他可以通过别人提供的信息来很好地理解它们。通过眼睛进入我们心灵的每种事物，都可以通过耳朵进入盲人的心灵。举个例子来说，如果他仅仅凭借自己的官能，就永远不能够想象光之类的事物，但是他能了解我们所知的各种事物。他能像我们一样清楚地想象光线的精细和速度、不同程度的折射性和反射性，以及光这种奇妙物质的所有不可思议的力量和功效。他自己永远也不可能发现存在着太阳、月亮和星星这类天体，但他可以了解天文学家对天体运动做出的所有伟大发现以及天体运行的自然规律。因此，通过眼睛获得的知识，似乎绝大多数都能用语言传达给那些没有视觉的人。

我们且假定，视力正常的人跟天生的盲人一样少见，那么有这种罕见天赋的少数人不就成了多数人的先知和启迪者？我们不认为启迪能给人带来一种新的官能，但可以用一种新的途径、一种特别的方式向他传达一些东西——它们能被人类的共同官能领悟，而且能以正常的方式传达给别人。就我们所做的假定而言，视觉对于盲人来说必定与这种情况非常相似，因为有这种天赋的少数人能够把靠它所得到的知识传达给那些没有此天赋的人。至于获得这种知识的方式，他们实在无法向盲人灌输任何清晰的概念。在这种情况下，对于盲人来说，一个球和一个窝就像睡梦或幻觉一样，并不是获得大量这些知识的合适工具。人用眼睛观察大千世界的方式，对于盲人来说是不可理解的，就如同我们不能理解人类获得天启知识的方式。那么盲人是否应该不加考察就认为，人们自诩有视力天赋，这是一种欺骗？要是他还够坦率，能听取别人的意见，难道他看不出，合理的证据证明了这种天赋在别人那里的实在性吗？看不出他自己不也从这一天赋中受益良多吗?

　　自然赋予我们眼睛是有意图的,对该意图的正当概念,需要我们在视觉对象的视觉表象与其暗示的事物之间做出区分。如果充分关注心灵在使用该官能时的运作,我们就会察觉到,我们几乎没有留意过对象的视觉表象。它根本就没有被当作思维或反思的对象,只是被用作符号,给心灵引荐能被从未看过的人清晰地想象的其他事物。

　　比如说,我房间里物体的视觉表象依天的阴晴,太阳的东、南、西,以及眼睛在房间里方位的改变,几乎每小时都发生变化。但我从来没有想过这些变化,只不过把它们当作早晨、中午或晚上,以及晴天或阴天的符号。对于眼睛来说,一本书或一把椅子在不同的距离和不同的排布下,呈现出不同的表象,然而我们还是认为此表象没有变化。而且我们忽略了表象,而直接构思物体的真实形状、距离和排布,物体的视觉或透视表象只是一个符号和指示。

　　我先在十码远的地方看一个人,然后到百码远的地方看他。在后一种情况下,他的视觉表象的长、宽和所有线条比例,都是前一种情况中的十分之一。然而,我不会由于他视觉形状的缩小,就认为他缩小了,哪怕是一点点。而且我丝毫也没留心到这种缩小,即使当我由此推出他距离更远的时候。因为这就是心灵的运作在此情况下的微妙之处:我们还没有感知到前提已经进入心灵,就已经引出结论。我们可以举出成千上万个这样的例子,表明自然只是把对象的视觉表象当作符号或指示,心灵当下就过渡到被指示的事物,而不对符号做半点反思,甚至没有感知到它的存在。与此类似的是,当我们熟悉了一种语言后,发音就被忽视了,我们只关注发音所指示的事物。

　　因此,对象的视觉表象是自然使用的语言,用于告诉我们对象的距离、大小和形状,这是克罗尼主教的一项有根据的、重要的观察。幸运的是,那位睿智的作者用这项观察解答了某些光学现象。要知道，这些现象以前曾使这门科学中最伟大的专家都感到困惑。史密斯[3]博士是个有见地的人，他在《光学》中推进了这项观察，用它来说明天空的表面形状，说明用镜片或肉眼观察到的对象的表面距离和大小。

这些优秀的作者已经表明，自然用于视觉语言的符号不同于它们的所指。为尽量避免重复，我们就采用这种区分，而在关于视力还有待言说的东西中，我们将首先考察符号。

第三节　对象的视觉表象

在这一节里，我们必须提提那些从来不被当作反思对象的东西——尽管它们几乎时时刻刻都在心灵中呈现。自然只是把它们用作符号，而且在它们的整个存在过程中都没被当作别的用途使用。心灵已经形成了忽视它们的根深蒂固的习惯，因为它们一出现，被它们指示的事物就像闪电一样快速地随之出现，并吸引了我们的全部注意。它们在语言中没有名称。它们在穿越心灵的时候能被我们意识到，然而这种穿越实在太快，而且我们非常熟悉，以至于完全没被留心到。无论是在记忆还是在想象中，它们都没留下自己的任何踪迹。触摸的感觉就是这种情况，我们在上一章中已经表明过。对象的视觉表象也同样如此。

只有通过努力和训练，才能养成一种习惯，把对象呈现给眼睛的表象，与我们根据其颜色、距离、大小和形状的视觉所做的判断区分

3　罗伯特·史密斯（Robert Smith，1689—1768 年），英国数学家，1738 年出版了 *A Compleat System of Opticks*。——译者

出来。因此，没有养成这一习惯的读者要理解以上所述，我是不抱希望的。有必要做此区分的唯一职业是画师。画家有时候需要提取视觉对象，这就有点类似于我们在此提到的要求——这也是最难的技术。显而易见，如果他能在想象中固定对象的视觉表象，不把它混同于它所指示的事物，那么他描绘实物、赋予每种形状以合适的明暗、凸现以及透视比例，就会跟临摹一样简单。透视、明暗、凸现处理和上色，不过是临摹事物呈现给眼睛的表象。因此，在说明视觉表象这个主题上，绘画艺术能带给我们些许启发。

把一个对象，比如书本，放在不同的距离，以不同的方式摆放，然后让一个熟悉该对象的人来看。难道视觉提供的明证不能使他坚信，无论他是从一英尺远还是从十英尺远的距离，不管是这种排布还是那种排布，它们是同一本书，同一个对象吗？不能使他坚信，只要眼睛还能做判断，颜色就是相同的，尺寸是相同的，形状是相同的吗？这显然必须得到承认。呈现给心灵的是同一个个体对象，只不过被放置在不同的距离，有不同的排布。试问，把该对象放在另一个地方，以不同的距离呈现给眼睛，其表象是否相同？无疑是不同的，因为：

首先，无论我们多么确定我们的判断——颜色是相同的，我们同样可以确定的是，在不同的距离它呈现出不同的表象。颜色在某种程度上变淡了，细节在一定程度上变得模糊不清了，这是把对象移远导致的自然结果。如果不是画家或绘画方面的评论家，就会忽略这点，而且不能轻易被劝服，相信同一对象在距眼睛一英尺和十英尺、在暗处和亮处时，其颜色具有不同的表象。但画家知道如何用降色、细节模糊化来使同一张油画上离眼睛距离相同的形状来表示距离非常不等的对象。他们知道如何根据对象的距离和明暗来给它们的画像描上不同的色彩，以使它们呈现出相同的颜色。

其次，了解透视法的人都知道，同一本书的排布不同时，其形状的表象不同。然而，如果你问一个没有透视概念的人，书本以不同方式摆放时，呈现给他眼睛的形状是否相同，他会坦然地断定形状是相同的。他学会考虑因方位不同引起的视觉形状的变化，并学会了从变化中引出恰当的结论。但他太轻率、太习以为常地引出这些结论，以至于没有注意到前提，因此，只要得出的结论相同，他就会认为视觉表象必定相同。

第三，且让我们考虑一下书本的表面大小或尺寸。不管是在距离一英尺还是十英尺的地方，它看上去大概是七英寸长、五英寸宽和一英寸厚。我能用眼睛非常近似地判断出尺寸，还能断定在那两个距离观看时其尺寸保持不变。但仍可以确定的是，在距离一英尺远时，其视觉长度和宽度大约是它在十英尺远时的十倍，因而在前面的情况中其表面积是后面的一百倍。外观上如此巨大的变化完全被忽略了，而且每个人都倾向于认为，无论是一英尺远还是十英尺远，它呈现给眼睛的尺寸一样。此外，当我看书的时候，它似乎明明白白地显示出长、宽、厚这三种维度，但可以肯定的是，视觉表象其实不可能有两种以上的维度，而且能在只有长和宽的画布上得到精确描绘。

最后，不是每个人都能通过视觉感知到书本离眼睛的距离吗？他能否确切地断定在一种情况下距离没超过一英尺，另一种情况下距离是十英尺？不过似乎可以肯定的是，离眼睛的距离并不是视觉的直接对象。视觉表象中的某些东西是物体与眼睛之间的距离的符号。我们将会表明，利用符号判断一定范围内的距离，靠的是经验。似乎毫无疑问的是，假如有位天生的盲人突然能够视物了，刚开始他不可能对他看到的物体的距离做出判断。被切斯尔登[4]治疗了白内障的年轻人，

4　威廉·切斯尔登（William Cheselden，1688—1752年），英国外科医生。此处所讲的案例见其著作 The Anatomy of the Human Body。——译者

刚开始认为他看到的每个东西都触到了他的眼睛，后来仅凭经验他才学会判断视觉对象的距离。

我在这方面已经花了很大的篇幅，一是为了表明对象的视觉表象完全不同于视觉经验帮助我们形成的对它的概念，二是为了引导读者关注视觉物体的颜色、形状和广延的视觉表象——它通常不是思维的对象，但对于要从事此感官的哲学研究，或要理解有关看法的那些人来说，他们必须仔细地关注视觉表象。对象的视觉形状，不管是对于重新获得视力的人来说，还是对于我们来说，都是一样的。但跟我们不同的是，他完全无法看到它们的真实大小。仅凭视觉，他猜测不出它们的长、宽、高有多少英寸或英尺。他不能或很少能感知它们的真实形状，也不能察觉到这是个方形，那是个圆形，这是圆锥体，那是圆柱体。他的眼睛不能告知他这个对象近，那个对象远。在我们看来具有单一颜色但在褶皱和明暗度上不同的男装或女装，向那个新获得视力的人展示它时，其眼睛里既不会有褶皱也不会有明暗，而只有各种各样的颜色。总之，他的眼睛尽管如此完善了，刚开始也几乎不会给他提供任何他没接触到的事物的信息。这些事物呈现给他的表象与呈现给我们的相同，而且使用的是相同的语言。对于他来说，这是种未知的语言，因此他只关注符号，而不知道这些符号的所指。对于我们来说，它是一种非常熟悉的语言，因此我们不关注符号，而只关注它们所指示的事物。

第四节　颜色是物体的性质，而非心灵的感觉

没受过现代哲学教导的人，都知道颜色不是心灵的一种感觉，不会因为没被感知到而不存在。颜色是物体的一种性质或修饰，无论是

否被看到，它都是一样的。我面前的红玫瑰，在我闭上眼时仍是一朵红玫瑰，午夜没有任何眼睛看它时仍旧是一朵红玫瑰。当表象消失时颜色继续存在，在表象改变时它仍保持不变。当我透过一副绿色眼镜观看它时，表象发生了变化，但我并不认为玫瑰的颜色改变了。对于一个得了黄疸病的人来说，它又是另一种表象。但是我们很容易使他相信，变化在于他的眼睛，而非对象的颜色。不同强度的光线使它产生不同的表象，漆黑则带走了所有的表象，但丝毫改变不了物体的颜色。我们可以利用各种光学实验来改变物体的形状、大小以及颜色的表象。我们可以使一个物体看起来是十个物体。但所有的人都相信，就如放大镜不可能真正把一个基尼[5]变成十个，显微镜也不可能把一个基尼变成十个英镑。同样，变色镜在改变了透过它所看到的物体颜色的表象时，并不能改变它本来的颜色。

人类的日常语言清楚地表明，我们应该区分物体的颜色和它呈现给眼睛的表象。前者被看作物体中固定的、持久的性质，后者可以因光线、介质或眼睛本身的改变而千变万化。物体持久的颜色是因介质类型、光线强弱或被插入的透明物体的不同而产生各种表象的原因。当有色物体出现，眼睛或心灵会产生某种影像，我们称之为颜色的表象。洛克先生称之为观念，它的确可以这样称呼，再贴切不过了。这种观念只有在它被感知到的时候才能存在。它是一种类型的思维，而且只可能是有感知能力或有思维能力的存在者的行为。我们的本性构造促使我们把此观念当作外部事物的一种符号，除非我们了解了它的意义，否则会感到焦躁不安。为此目的，儿童在学会使用理性之前，每天练习成千上万次。他们观察事物，把弄它们，把它们置于不同的排布中、不同的距离上和不同的光线中。通过这些方式，视觉的观念

5　基尼（guinea），英国旧时金币名称，1 基尼 =1.05 英镑。——译者

就与完全不同于它们的外在事物关联了起来，并变得毫无困难地暗示它们。具体说来，所谓的颜色表象这个观念暗示了对物体某种未知性质的构思和信念，正是此性质诱发了那一观念；而且是这种性质，而非那一观念，被称为颜色。尽管各种颜色的本质都不为人所知，但当我们想起或提起它们时，由于它们与其引起的观念相关联，因此很容易得到区分。同样，重力、磁力和电力尽管都是未知的性质，但可以通过它们引起的不同结果来得到区分。随着我们的成长，心灵养成了一种习惯，从视觉的观念快速地过渡到它们指示的外部事物，速度如此之快，以至于观念完全没被留意到，日常语言也没有为它们提供名称。

当我们想起或提起任何具体的颜色时，无论呈现给想象的概念多么简单，它确确实实在某种意义上可以说是复合的。它牵涉一种未知的原因和一个已知的结果。事实上，颜色这个名称只属于原因，而非结果。但是原因不为所知，我们唯有凭借它与已知结果的联系来对它形成清楚的构思。因此，原因和结果在想象中相伴而行，并且结合得如此紧密，以至于它们被误会成思维的一个单一对象。当我构思物体中被称作鲜红和天蓝的颜色时，如果只是把它们看作未知的性质，我就感知不到两者之间的任何区别。为了区分，我必须在想象中把某种结果或某种独特的联系跟它们中的每一个结合起来。最明显的区别就在于它们呈现给眼睛的表象。于是，表象与被称作鲜红色的性质在想象中如此紧密地结合在一起，所以容易被当作同一个东西，尽管在现实中它们既不相同也不相似，一个是心灵中的一种观念，另一个是物体的一种性质。

因此，我的结论是，颜色不是一种感觉，从我们已经说明过的意义上来说，它是物体的第二性质，是物体的某种能力或效力，在光线充足下呈现给眼睛的一种表象。尽管此表象没有名称，但我们非常熟悉它。颜色不同于其他第二性质的是，性质的名称有时被赋予指示它、由它引起的感觉，而就我所知，我们从来没有把颜色这个名称赋予感觉，而只是赋予性质。其原因或许是，同一颜色的表象因光线、介质以及眼睛的调节而如此变化多端，以至于语言不能为它们提供名称。事实上，它们引不起人们的兴趣，因此从来没被注意过，只是用作符号，引荐被它们指示的事物。出现得如此频繁、如此熟悉的表象居然没有名称，也没被当作过思维的对象，对此我们不应感到不可思议，因为我们在前面已经表明过，许多触摸的感觉也是这种情况，而它们出现的频率和熟悉的程度与之相比并不逊色。

第五节　前述内容的推论

从我们关于颜色所说的，可以推出两点。第一，如果我们从头到尾仔细检查，就会看出，现代哲学中被广泛地尊崇为伟大发现的最大谬论之一，实际上纯属词语的滥用。我所说的谬论是指，颜色不是物体的一种性质，而只是心灵中的一个观念。我们表明过，常人所使用的词语颜色绝不会指示心灵中的一种观念，而是指物体中一种持久的性质。我们表明过，物体确实有一种持久的性质，与此词语的通常用法严格相符。我们还能要求什么更有力的证据，证明它就是常人称之为颜色的性质？如果有人说，被我们称作颜色的那种性质不为常人所知，因此他们叫不出名字来，我就答复，对它的了解，确实是通过它引起的结果，也就是说，通过它在我们身上激发的一种观念，但是物体数不清的性质不都是靠自己引起的结果（尽管我们认为有必要给它们取名）才被了解到的吗？仅医学就可以提供数以百计的这种例子。收敛剂、麻醉剂、起泡剂、腐蚀剂，以及不计其数的其他词语所指称的物体性质，不是只能通过它们对动物机体产生的作用才被了解到的吗？那么常人为什么不能给一种时刻引起自己眼睛知觉到其效果的性质取个名字？因此我们完全有理由认为，常人把颜色这个名称用于物体中的一种性质，此性质引起了哲学家所谓的颜色观念。所有承认物体存在的哲学家，其实都承认物体中这种性质的存在。哲学家宁愿不给常人称为颜色的物体性质取个名字，却把观念或表象称为颜色，而我们已经表明过，常人并没有为这一观念或表象提供名称，因为他们从来就没有把它们当作思维或反思的对象。因此情况似乎是，当哲学家断定颜色不在物体之内而在心灵之中时，常人却断定颜色不在心灵之中，而是物体的一种性质。他们之间并无实质分歧，其分歧只是在于词语的意义。

常人无疑有权给他们每天都熟悉的事物取个名称，而哲学家在未做提醒的情况下，就改变一个公共词语的意义，当然应负滥用语言的责任。

如果"同哲学家一道思考，同常人一起交谈"是一条好规则，那么当我们循着常人的思维时，妥当的做法是跟他们进行交谈，别用哲学谬论把他们吓着。当哲学家的谬论用日常语言诠释时，它们表达的只不过是人类的常识。

如果你要问一个除哲学家以外的人，颜色是什么，或者什么使得一个物体表现出白，而另一个物体表现出红？他回答不出来。他把那种问题留给哲学家。除了那些断言颜色不在物体之内而只存在于心灵之中的现代哲学家提出的假说外，他可以接受关于此问题的任何假说。

对他的领悟力来说，没有什么比下面的话更显得骇人听闻的了：视觉对象没有颜色，颜色应该存在于他认为看不见的东西之中。然而这种奇谈怪论不仅被广泛接受了，还被视为现代哲学最卓越的发现之一。睿智的艾迪生[6]在《旁观者》（The Spectator）第413节中就这样说过："在此我假定，我的读者了解如今已被自然哲学的探究者广泛承认的现代伟大发现，即光和颜色，如我们所想象的，只是心灵之中的观念，而不是存在于物质中的性质。这是一条真理，已被许多现代哲学家无可辩驳地证明过了；事实上，它是那一科学领域最值得推崇的思辨成果之一。如果英国的读者要了解详细情况，可以参考洛克的《人类知性论》下卷的第八章。"

洛克先生和艾迪生先生都是作家，对人类贡献甚多，以至于任何跟他们有分歧的人必定会感到不安。而被他们高度评价的发现当然会被人们视为价值连城。此外，我们的确应该公正地承认，洛克先生和其他以第二性质为研究主题的现代哲学家，比其先行者更精确地区分了心灵中的感觉和引起感觉的物体构造或性质，在这点上他们是有功劳的。他们清楚地表明了，这两种东西不仅有区别，而且完全不相似：有气味物体的臭气与臭气引起的气味没有相似之处，发声体的振动与听觉没有相似之处，热的感觉与引起它的发热体的构造之间不可能相似，有色体给眼睛带来的表象不可能相似于引起此表象的物体的质地。

对这些东西进行精确的区分并不是小事一件。无论它们的本质如何不同，如何不相似，它们老是在想象中被联结起来，有点像一体两面。其双重性导致我们无法顺理成章地把它划为形体的还是心灵的。而只有恰如其分地把它划分成不同的组成部分，我们才可能把这些部分适当地进行归类。古代没有一位哲学家做出这种区分。德谟克利特和伊壁鸠鲁的追随者认为，热、声音和颜色的形式只在于心灵之中，而我们的感官则错误地把它们表征为物体之中的东西。逍遥学派的人

---

6 约瑟夫·艾迪生（Joseph Addison，1672—1719年），英国散文家、诗人、剧作家和政治家。——译者

认为，那些形式事实上存在于物体之中，它们的意象通过我们的感官传达给了心灵。

一个体系认为感官在本质上是靠不住、带欺骗性的，另一体系认为物体的性质相似于心灵的感觉。假如不做出上面我们提到的那种区分，就不可能找到能够真正避免前两个古代体系错误之处的第三个体系。有了它，一方面我们不是很有必要去相信感觉相似于物体的性质，另一方面我们不是非得认为上帝给了我们一个欺骗自己的官能，又给了我们一个识别欺骗的官能。

因此，我们乐意公正地对待洛克先生及其他现代哲学家关于颜色和其他第二性质的学说，愿意承认它应有的价值，但是请原谅我们指责他们用于表述其学说而使用的语言。由于自然规律，有色体的变化导致了颜色表象的出现。那些现代哲学家说明和确立了这种变化与颜色呈现给眼睛的表象之间的区别。但他们这么做时，是把颜色这个名称赋予原因还是赋予结果？他们把名称赋予了结果，这样就把哲学跟常识明显地对立起来，使哲学遭受常人的嘲笑。他们本该把颜色这个名称赋予那个原因。要是这么做了，他们必定会跟常人一样断言：颜色是物体的一种性质，心灵之中并不存在颜色，也不存在任何类似于它的东西。他们的语言和观点就会完全符合人类的共同知性，而且真正的哲学会与常识携手并进。由于洛克先生不反对常识，因此我们可以推测，在此事以及某些其他的事上，他受到了一些已被接受的假说的蛊惑，下节我会表明情况的确是这样的。

第六节　感觉不相似于物体的任何性质

第二个推论就是，尽管颜色的确是物体的一种性质，然而它不是通过与其相似的一种观念或感觉来呈现给心灵的。相反，它是被与之毫不相似的一种观念暗示的。这一推论不仅适用于颜色，还适用于我们已考察过的物体的所有性质。

迄今为止，我们分析过五种感官的运作以及靠它们发现的物体性质。值得注意的是，在分析过程中，既没有例子表明存在着相似于物体性质的某种感觉；也没有例子表明物体存在某种性质，其意象或形似物被感官传达给了心灵。

自然界没有哪种现象能比心灵与外部世界之间的交互作用更难解释。哲学还没有在探究和解答其他现象上显示过如此大的热情。所有人都同意，这种交互作用是通过感官进行的——但这只满足了平常人的好奇心，而没有满足哲学的好奇心。哲学家必须有某种体系、某条假说，表明感官帮助我们了解外部事物的方式。人类的发明力似乎只炮制了一条满足此目的的假说，因此它得到了广泛的接受。该假说认为，心灵就像一面镜子，通过感官接收外部事物的意象，因此感官的用途必定是向心灵传达这些意象。

我们是像逍遥学派那样，把感性形式或感性种这个名称赋予心灵中那些外部事物的意象，还是像洛克那样，把关于感觉的观念这一名称赋予它们，或者是像后来的哲学家那样，把感觉从关于感觉的观念中区分出来（前者是由感官直接传达的，后者是感觉存留在记忆和想象中的弱模本），这些都只是用词上的差别。尽管这些体系不同，但都包含了我提到的那条假说。

该假说必然引出一条已经被接受的结论，即我们不能构思出任何的物质事物或物质事物的任何性质，也不能把它们当作思维的对象，除非其意象由感官传达到了心灵。我们将在后面具体地检查这一假说，而此刻只是提醒大家注意，由于这条假说，人们自然而然地料想，我们知道或能够构思的各种物体性质或属性应该会有一种对应的感觉，充当那种性质的意象和形似物；与物体或物体的任何性质没有相同或相似之处的感觉，不会使我们产生对一个物质世界或此世界中任何事物的构思。人们也许会把所有这些都看作我们提到的那条假说的自然引申。

迄今为止，我们已在本章和前面的章节中考虑了广延、形状、硬度、运动、硬、粗糙以及颜色、热和冷、声音、味道和气味。我们已尽量表明，我们的本性和构造促使我们把这些东西看作物体的性质——就像所有人一贯认为的那样。我们还非常细心地考察了我们靠五种感官获得的各种感觉，在这些感觉中我们完全不能发现物体或物体的任何性质的一个单一意象。那么物体及其性质的那些意向是如何进入心灵的？让哲学家来解决这个问题吧。我能够说的是，它们不是通过感官进入心灵的。我可以肯定的是，只要给予适当的关注和留意，我可以了解我的感觉，而且能有把握地断定它们像什么，不像什么。我已逐个地考察过它们，并把它们与物质及其性质作了比较，我发现不了有哪种感觉与它们有相似之处。

感觉不是物质或其任何性质的意象，这样一条显而易见的真理不应该屈服于上面提到的那条假说，无论此假说的历史多么悠久，被哲学家多么广泛地接受。两者之间也不可能存在任何友好的联合。这点只要反思一下古代和现代对感觉哲学的态度就可以看出来。

在逍遥学派的哲学占据统治地位的期间，感觉没有经受详细或精确的考察。哲学家和常人把注意力转向了它们指示的事物。由于那一共同的假说，人们想当然地认为，我们从外部事物获得的所有感觉都是它们的形式或意象。如此一来，我们提到的那条真理就完全屈服于这条假说，并且全然被它压制住了。

笛卡尔把注意力转向内部，仔细检查我们的感觉，在这方面他树立了杰出的榜样。现代的哲学家，尤其是马勒伯朗士、洛克、贝克莱和休谟，都很好地学习了这个榜样。仔细检查的结果就是逐渐发现了上面提到的真理，即我们心灵的感觉与无感知能力的惰性实体（如物质）的性质或属性之间没有相似之处。但这项来之不易的有用发现，在不同阶段仍很不幸地与那一古代假说结合了起来。在本质上如此不和、如此冲突的观点之间的不祥搭配，就诞生出悖论和怀疑论那样的怪物。对这些怪物，现代哲学理所当然地同样负有责任。

洛克先生清楚地看出和无可辩驳地证明了，我们通过尝、嗅、听获得的感觉以及对颜色、冷热的感觉，并非物体中任何东西的形似物，在这一点上他与笛卡尔和马勒伯朗士是一致的。该观点和那条假说的结合必然会得出，五种感官中有三种不能为我们提供对物质世界的理解，在这个方面，它们根本派不上用场。气味、味道、声音以及颜色和热，跟愤怒和感激之情一样，与物体没有任何联系，都不应该被称作物体的性质，无论是第一性还是第二性的。因为从那条假说出发，我们可以自然而然地、清楚明白地证明，如果热、颜色和声音是物体的真实性质，那么我们用以感知到这些性质所依赖的感觉必定是它们的形似物。但感觉不是形似物，因此那些东西并不是物体的真实性质。

于是我们看到，洛克先生在发现第二性质的观念并非形似物后，这条被哲学家共同接受的假说迫使他不得不否认它们是物体的真实性质。不过更令人费解的是，他在这样做之后为何还要把它们称作第二性质。如果我没搞错的话，这个名称是他发明的。他当然不是说它们是心灵的第二性质。但我看不出，在发现它们根本不是物体的性质后，他还有什么道理、有什么资格把它们称作物体的第二性质。在这一点上，他似乎把自己奉献给了常识，接受她的权威的指引，甚至与他的假说背道而驰。是常识促使这位哲学家把那些东西称为物体的第二性质——按照他的原理和推理，那根本就不是物体的性质。常识也支配了我们的观点,她不仅引领所有年龄段的常人,还引领了哲学家,甚至引领了洛克的追随者去相信它们是物体的真正性质。她引领他们用实验来研究物体的颜色、声音和热的本质。如果物体没有这些性质,他们的研究必定是徒劳的。不过它并非没有成果,相反,它导致了非常伟大、有益的发现,这些发现构成了自然哲学中相当重要的部分。因此,如果自然哲学不是一场梦,物体之中就存在着我们所谓的颜色、热和声音。果真如此,那么引出相反结论的那条假说就必定是错误的:因为导致错误结论的这个论证违背了作为其前提的那条假说,因此对假说本身是一种反驳。假如我们只能通过相似于物体性质的感觉才能了解它们,那么颜色、声音和热不可能是物体的性质。但这些都是物体的真实性质,因此我们不只是通过相似于物体性质的感觉来了解它们。

继续:洛克先生关于嗅觉、味觉和听觉所证明过的东西,贝克莱主教用其他的感觉也做过同样不可辩驳的证明,即没有哪种感觉丝毫相似于无生命无感知能力的存在者(如物质)的性质。休谟先生靠其权威和推理确认了这个观点。该观点显然对那条旧假说怀有恶意,然而那条假说仍被保留着,并与它结合起来了。这产生了一窝什么样的怪物!

这种结合的第一胎,也许是最无害的一胎就是:物体第二性质只不过是心灵的感觉。经过马勒伯朗士(他是从没融入这个岛的外国人[7])的概念——所有事物都是神圣心灵的观念——来到了贝克莱的体系:广延、形状、硬和运动,陆地、海洋、房屋、我们自己的身体,以及我们的妻子、孩子和朋友的身体,都只是心灵中的观念;自然界除了心灵和观念外,别无他物存在。

---

7 马勒伯朗士是法国人,而此书的作者是苏格兰人。——译者

更为可怕的是下一代，因此令人吃惊的是，居然还会出现一位勇于充当助产士的人，孕育它并把它接生到世上。没有原因也无结果；没有物质实体和精神实体；即使在数学证明中也不存在证据；没有自由也无行动能力；自然界除印象和观念依次更替外，别无他物存在，无时间、位置和主体。毫无疑问，还没有哪个时代产生过这样的一种观点体系，带着高度的敏锐、清晰和简练，从一种被普遍接受的原理中合法地推导出来。我们提到的那条假说正是它们全体的父亲。感觉、感受与外部事物间的不相似性则是它们中大部分的无辜母亲。

在算术运算中，有时会发生这样的情况，错误跟错误相互抵消，因此结论不受或很少受它们的影响。但如果有一个被纠正，而另一个保持不变，比起两个同时为错来说，我们会离真理更远。跟现代哲学比起来，这种情况似乎出现在逍遥学派关于感觉的哲学之中。逍遥学派的人采用了两条谬论，不过把后一条当作前一条的修正意见，使之显得温和些，因此他们的体系没有导致怀疑论的倾向。现代人保留了两条谬论中的第一条，但逐渐甄别和修正了第二条。结果是，我们好不容易发现的一点光芒却制造了黑暗，怀疑论与知识并肩前进，散布令人窒息的阴暗，首先遭殃的是物质世界，最后是整个的自然面貌。即使是那些热爱光辉和知识的人也容易被这种现象动摇。不过它的原因是潜伏着的，一旦被识别，就会诞生希望：这种黑暗不会长存，它将被更持久的光辉接替。

第七节 视觉形状和广延

尽管被称作颜色的物体性质与颜色呈现给眼睛的表象之间没有相

似之处，而且就我们所知，它们之间也没有任何必然的联系，但是物体的形状和大小却完全是另一回事。物体的视觉形状、大小与真实形状、大小之间肯定有相似之处，也有着必然的联系。没有人能提供理由说明鲜红色为何就是那样作用于眼睛，没有人可以肯定它作用于自己眼睛的方式与作用于别人眼睛的方式是相同的，可以肯定它呈现给他的表象与呈现给别人的表象是相同的。不过我们能给出理由说明，为何斜置于眼前的圆会呈现椭圆的形状。视觉形状、大小和排布可以利用数学推理，从真实的形状、大小和排布中推演出来。我们可以证明，能清楚、完美地视物的每只眼睛在相同的条件下必定看到相同的形式。我们还可以大胆地断定，一个受过数学训练的先天的盲人，在物体的真实形状、距离和排布既定的情况下，能够确定它的视觉形状。桑德森博士就理解球的投影和透视法。盲人确定物体的视觉形状所需要的知识量，相当于他把一个既定物体的轮廓投射到以眼睛为球心的空心球的球面。这种投影就是他所要的视觉形状，因为它与投射在眼睛视网膜上的形状是一样的。

盲人能够想象，对象的每一点到眼睛中心的连线会形成一个角度。他能够想象，对象的长度会依它对眼睛的视角而表现得更长或更短。他还能想象，对象的宽度，广泛地说，对象上点与点之间的距离，同样地根据点间距离对眼睛的角度表现得更长或更短。我们很容易就可以使他认为，视觉表象就如球的投影或透视图一样是没有厚度的。我们可以让他知悉，除非有经验的帮助，否则对象在眼睛中的表象没有远近之分。事实上他自己也很可能做出这样的推测，而且很轻松地想象出，无论光线来自远处还是近处，它们对眼睛造成的印象必定是相同的。

我们认为，这些就是盲人数学家具有的全部原理，他肯定可以靠信息和反思来获得。我们同样可以肯定的是，已知物体的真实形状、大小以及它相对于眼睛的排布与距离，他能够从这些原理中推出物体的视觉形状和大小。一般而言，他能从这些原理出发，证明所有物体的视觉形状与物体在以眼睛为球心的空心球表面上的投影形状相同。他还能证明，它们的视觉大小与其投影所占球面的大小成正比。

从另一种角度来考察这个问题。我们区分一下对象相对于眼睛的排布与它距眼睛的距离。无论离眼睛的距离多么不同，处在过眼睛中心一条直线上的物体的排布是相同的，而处在过眼睛中心不同直线上的物体的排布不同，而且排布的差异依上述直线所造成的视角大小成比例。如此定义了物体相对于眼睛的排布，那么显而易见的是，因为物体的真实形状在于其若干部分间的相对方位，所以它的视觉形状在于其若干部分相对于眼睛的排布。此外，如果他对物体部分间的相对方位有着清晰的构思，那么他必定对物体的真实形状也有着清晰的构思。因此，如果他能清楚地构思其若干部分相对于眼睛的排布，就必定能对其视觉形状形成清晰的构思。既然没有什么能够阻止盲人构思一个物体的若干部分相对于眼睛的排布，也就没有什么能够阻止他构思它们之间的相对方位。因此我的结论是，盲人可以获得关于物体视觉形状的清楚构思。

尽管我们认为，已经提出的论证足以证明盲人可以构思物体的视觉广延和形状，但是要根除违背这条真理的某些偏见，行之有效的做法是，把盲人数学家自己可能形成的关于视觉形状的概念与在视觉中呈现给眼睛的东西加以比较，并观察它们的区别在什么地方。

首先，视觉形状总是与颜色结合在一起呈现给眼睛。虽然从其本性来说两者之间没什么联系，然而它们老是相伴而行，甚至在想象中也很难被分离。我们从来就不习惯把视觉形状当作思维的一种对象，这就极大地增加了分离它们的困难性。视觉形状只是用作一种符号，满足了这个目的后就消失了，不留下一丝踪迹。制图员或设计师的工作就是要追踪这个转瞬即逝的存在形式，绘制出它的模本，但在多年的努力和练习后，仍旧发现这个任务无比困难。要是他最终获得了在想象中捕获它的技术，能够对它进行描绘，该是多么的幸福啊！因为到那时，很显然他必定能够像临摹一般，进行精确地写生。但能达到这种完美境地的专业制图师可谓凤毛麟角！因此，如果构思它都是难事一件，要把它与它固定的伴随物分离开来进行构思，其困难该是如何的巨大，对此我们不必感到惊奇。不过盲人关于视觉形状的概念并没有跟颜色关联起来，他对颜色没有构思，但它可能与硬或光滑等通过触觉而了解的性质联结了起来。这些不同的联结容易对我们产生影响，并使现实中相同的事物显得不同。

第二，盲人自己通过思考和从原理出发进行数学推理，形成视觉形状的概念。而有视力的人依靠某种灵感，瞬间把它传给眼睛，既不需要任何努力，也不需要做任何推理。一种人自己就可以从抛物线或旋轮线的数学定义中形成这些形状的概念，尽管他从来没有看过它们被绘制或被画出来。另一种人不知道这些形状的数学定义，但可以看到它们在纸上画出来，或是感受这些形状的木制品。两种人都可以对那些形状形成清楚的构思，一个是靠数学推理，一个是通过感官。盲人以第一种人形成抛物线或旋轮线的概念的方式，获得了他对视觉形状的概念——尽管他从来没看到过。

第三，视觉形状把视力正常的人直接引向他对真实形状的构思，前者是后者的符号。但盲人的思维是逆向的。因为他首先必须知道物体的真实形状、距离和方位，然后利用数学推理慢慢推出它的视觉形状。他的本性不会引领他把这种视觉形状当作符号，它是他自己的理性和想象的产物。

第八节　回答有关视觉形状的某些疑问

有人可能会问，视觉形状究竟是什么？是感觉还是观念？如果它是观念，那么它临摹的是什么样的感觉？如果有人不知道现在的某些哲学家已经建立了一个审判庭，在它面前自然界的任何事物都要受到审判，那么对于他来说，那些问题就显得微不足道或是莫名其妙。审判章程的确很少，但它们的结果却非常可怕。它们就是这样一些问题：疑犯是印象还是观念？如果是观念，那么它临摹的是什么印象？如果疑犯既非印象，亦非从印象临摹而来的观念，那么无需提供终止裁决的理由，就直接宣布它的不存在，而且在其未来的岁月中，它只是一个空洞无意义的发音，或是一个已逝去的实体的幽灵。

在这个可怕的法庭面前，原因和结果、时间和位置、物质和精神都被审判和打倒。而视觉形状这种如此脆弱的存在形式，怎么还能经受住审判呢？它应该直接服罪，承认它既非印象，亦非观念。众所周知，它在长和宽上可以延展，它可长可短，或宽或窄，它可以是三角形、四边形或圆形。因此，除非观念和印象有延展性、有形状，否则视觉形状就不可能与观念和印象归属同一个范畴。

如果还要问：视觉形状究竟属于什么范畴的存在物呢？要回答这个问题，我只能提供一些特征，那些更了解范畴的人可能有机会借此找到它的归宿。就如我们已经说过的，视觉形状是一个有形物体的几个部分相对于眼睛的排布。当把物体几个部分相对于眼睛的不同排布集中起来，就构成了真实形状，它的确在长和宽上有延展性，而且表征了一种在长、宽、厚上有延展性的形状。类似地，有长和宽的球面投影是一种真实形状，但还是表征了三维的球。球的投影或宫殿的透视图是一种表征，在这种意义上它们与视觉形状别无二致；无论它们在什么样的范畴中找到归宿，都会发现视觉形状原来与它们紧邻而居。

有人可能会进一步询问，是否有一种专司视觉形状的感觉，后者在视觉中暗示了前者？或者，此感觉是如何传达给心灵的？这个问题有一定的重要性。要对看的官能有清晰的概念并尽可能地说明它，我们有必要把这种感官与其他感官做比较，并做一些假定，利用假定我们可能区分那些尽管完全不同却容易混淆的事物。

有三种感官为我们提供了对离我们有距离的事物的理解：闻、听和看。在闻和听的过程中，某种感觉或印象作用于心灵，我们的构造决定了我们把它当作某种外部事物的符号。但对于视觉器官来说，该事物的排布却不是与感觉一起传达给心灵的。如果没有经验，当我听到一辆马车的声音时，我不能确定发声体是在上方还是在下方，在右边还是左边。因此，感觉向我暗示了作为其原因或诱因的某个外在对象，但是它暗示的不是那个对象的排布——没暗示它是在这个方向还是那个方向。嗅觉也是如此。但视觉却完全是另外一回事。当我看一个物体时，其颜色显示出来的表象可以称为感觉，它向我暗示了作为其原因的某一外部事物，它还暗示了事物相对于眼睛的特定方向和排布。我知道它就在这个方向，而非其他方向。与此同时，除了颜色的感觉外，我意识不到任何其他能被称作感觉的东西。有色体的排布不是一种感觉，但由于我们的构造规律，无需额外的感觉，它与颜色一起被传达给了心灵。

我们且假设一下，眼睛是另外一种构造：来自对象上每一点的光线，不像在我们眼中的那样在视网膜上汇聚成一点，而是散布在整个视网膜上。显然，对于那些理解眼睛结构的人来说，这只想象的眼睛会跟我们的眼睛一样，显示物体的颜色，但它不能显示物体的形状和排布。这只眼睛的运作非常类似于听觉和嗅觉的运作，提供不了对形状或广延的知觉，提供的只是对颜色的知觉。这种假设也不完全是想象的产物，因为有白内障的大多数人几乎就是如此。像切斯尔登先生所观察的那样，他们的晶状体并非完全排斥光线，但是使它们散布在视网膜上，因此这些人看物时，就像戴着一副碎胶眼镜，他们看到了颜色，但不能感知到对象的形状或大小。

如果我们还假设，物体发出气味和声音时，线路是直的，而且每种听觉和嗅觉都暗示了对象的准确方向或排布，在这种情况下，听觉和嗅觉的运作就类似于视觉的运作。就如我们现在能看到物体的形状一样，我们可以闻到和听到对象的形状。而且在想象中，每种气味和声音将会与一定的形状关联起来，就如颜色现在的情况一样。

我们有理由相信，光线在视网膜上造成了印象。但我们对此印象并没有意识，解剖学家或哲学家也没能发现它的本质和功用。它是引起了神经的振动，还是引起神经中某种微妙的液体的运动，还是不同于前两者、我们无法赋予名称的某种事物的运动？无论它是什么，我们都把它称为物质印象。记清楚，它不是施加在心灵上的印象，而是施于身体上的印象。它不是感觉，也不可能相似于感觉，就如形状或运动不可能相似于思维一样。现在，在视网膜一定点上形成的这种物质印象，由于我们的构造规律，向心灵暗示了两种东西：外部对象的颜色和排布。没有人能提供理由，说明同样的物质印象为何不能在暗示对象排布的同时还暗示声音和气味，或暗示两者之一。它竟然会暗示颜色和排布，而不暗示任何别的东西，我们只能把这归因于我们的构造或造物主的意志。此外，物质印象暗示的两种东西之间没有必然联系，只要创造者愿意，它本可以只暗示两者之一而非同时暗示两者。因此，我们且假设眼睛是这般构造：它向我们暗示了对象的排布，而不暗示颜色或任何其他的性质——这似乎也是有可能的，那么这种假设会导致什么样的结果？结果显然会是，有这种眼睛的人会感知到物体的视觉形状，但没有任何感觉或印象施于他的心灵之上。他感知到的形状完全是外在的，如果不过分地滥用语言，它就不能被称为施于心灵的印象。如果有人说，除非有某种形状的印象被施加在心灵之上，否则我们不可能感知到此形状，我不会承认有这种可能性，除非有证据——但是我找不到一条证据。我也构思不出施于心灵之上的印象究竟是什么意思。我能构思形状施加在蜂蜡上的印象，或是施加在适合于接受印象的物体之上的印象。但在我看来，形状施于心灵之上的印象却完全不可理解。尽管我对形状具有无比清晰的构思，但即便做最严格的考察，我也不能发现心灵上有什么形状的印象。

最后我们假设，眼睛恢复了感知颜色的能力。我认为大家会承认，它现在感知形状的方式跟以前一样，唯一的区别在于，颜色总是与它结合在一起。

因此，从对前面所提问题的回答来看，似乎没有专司视觉形状的感觉或其功用是暗示此视觉形状的感觉。它似乎是由施于眼睛之上、我们没有意识到的物质印象直接暗示的。但为什么施于视网膜上的物质印象不能像手抓球时球对手造成的物质印象暗示真实形状那样暗示视觉形状？在一种情况中，同一个物质印象既暗示了颜色，也暗示了视觉形状；在另一种情况中，同一个物质印象同时暗示了硬、热或冷以及真实形状。

我们以另一个有关此主题的问题来结束这一节。因为物体的视觉形状是眼睛真实的、外在的对象，就如它们的触觉形状是触觉的对象一样，人们可能会问，关注前者怎么会那么困难，而关注后者却那么容易？可以肯定的是，前者呈现给眼睛的频率高于后者呈献给触觉的频率；前者与后者一样是具体的、确定的对象，而且从其本质上说似乎适合于作为思辨的对象。然而它受到的关注如此之少，以至于在任何语言中从来就没个名称，直到贝克莱主教给它取了个名字，我们也就跟着他这样称呼，以把它与作为触觉对象的形状区别开来。

关注物体的视觉形状并把它当作思维对象的困难性，与关注感觉的困难性，显得非常相似，所以两者很可能有相同的原因。自然把视觉形状当作物体的触觉形状和方位的一种符号，而且利用一种本能来教导我们永远把它当作这种用途使用，因此就出现了下面的情况：心灵很快就忽略了它，而关注它所指示的事物。要心灵停留在视觉形状上并关注它，就如同要把球状物停在斜面上一样，是不自然的。一条内在原理促使心灵不断前行，唯有靠一种反作用力，才能抵制。

还存在其他一些被自然当作符号的外部事物，我们发现它们有共同之处：心灵容易忽视它们，只关注它们指示的事物。比如，人的面部有某些变化，它们是心灵当前所处状态的自然符号。每个人都知道这些符号的意义，但百分之九十九的人都没留心过符号本身，对它们没有任何了解。因此你可以发现有很多经验丰富的观相师，他们既不知道面部的比例，也不能勾画或描绘出任何一种激情的表情。

优秀的画家或雕塑家不仅说得出一张漂亮脸蛋的比例，还知道每种激情会给面部带来什么样的变化。这是其技艺的主要秘诀之一，要获得它，需要无数辛勤的工作、关注以及幸运的天赋。但是当他把技艺用于实践，用专门符号来巧妙地表达一种激情时，无需技巧和反思，每个人都理解这些符号的意义。

有关绘画所说的能轻易地应用于各种美术。它们的困难统统在于了解和关注那些每个人都理解其意义的自然符号。

出于天然的冲动，我们容易从符号过渡到所指，但要从后者返回到前者，则是件难度很大的苦力活。因此，我们直接从被自然当作符号的视觉形状过渡到被指示的事物，而且不容易再回头稍微关注一下那个符号。

这就无比清楚地表明，我们无意于关注视觉形状和外延，尽管用在它们上面的数学推理，并不比用在触觉形状和广延上的少，然而它们完全逃脱了数学家的注意。作为触觉对象的形状和广延，被成千上万的方式折腾了两千多年，从中还诞生了一种非常高贵的科学体系。而关于作为视觉的直接对象的形状和广延，我们还找不到一条简单的命题！

当几何学家极其精确地绘图时，当他把眼神固定在它上面而做长长的推理，并证明所作图形的几个部分间的关系时，他并没有考虑到，呈现给眼睛的视觉形状只是其注意力所关注的触觉形状的表征，他没有考虑到这两种形状有完全不同的性质；对于一种形状证明是正确的东西，对于第二种形状来说则是错误的。

即便对于数学家来说，这似乎也显得太过荒谬。要获得信任，它首先必须得到证明。证明根本不困难，只要读者有耐心，对视觉形状稍微做一点儿数学思考：我们称之为视觉几何。

第九节　视觉几何

在这种几何中，点、线（无论是直线[8]还是曲线）、角（无论是锐角、直角还是钝角）以及圆的定义，跟普通几何学中的定义相同。如果读者了解数学，充分地关注过下列少数自明的原理，就能轻而易举地进入这个神秘的几何世界之中。

1. 假设眼睛处于球的球心，球的每一个大圆[9]都呈现相同的表象，

---

[8] right line，本文出现的"直线"包含了几何学中做严格区分的"直线""线段"和"射线"。——译者

[9] 大圆由经过球心的截面与球面的交线构成，圆心与球心重合，半径与球的半径相等。大圆是球面上最大的圆，与小圆相对。——译者

在眼睛看来，就像一条直线，因为大圆的弯曲是直接对着眼睛的，感知不到。由于同样的原因，球的大圆所处平面上的任何一条线，无论在现实中是直的还是弯的，在眼睛看来都是直的。

2. 每条视觉直线看上去都与球的某一大圆重合。此大圆的圆周即使被延长至与自身重合，看起来也是同一视觉直线的延长物。相对于视觉而言，它上面的所有部分都处在一条准线上。眼睛只能感知到物体相对于它的排布，而感知不到物体的距离。因此，无论物体上的点与眼睛间的距离有多么不同，只要相对于眼睛来说具有相同的排布，那么在眼睛看来，它们就会具有相同的视觉位置。由于通过眼睛的一个平面和既定的一条视觉直线同处于球的某一大圆平面上，视觉直线上的每一点将与大圆上的某一点有着相同的排布，因此它们有着相同的视觉位置，在眼睛看来是重合的；而延长至与自身重合的整个大圆圆周，看上去是同一条视觉直线的延长物。

由此可得：

3. 每条视觉直线，只要可以延长，当它沿着准线被延长时，就可以用以眼睛为球心的球的一个大圆来表征。这样就有：

4. 由两条视觉直线构成的视觉角与表征两条视觉直线的两个大圆构成的球面角相等。这是因为，由于那两条视觉直线似乎与两大圆重合，所以前者构成的视觉角必定等于后者构成的视觉角。数学家就知道，从球心看去，由两个大圆构成的视觉角与它们构成的真实球面角在大小上是相同的。因此任何两视觉线条构成的视觉角与表征它们的两大圆组成的球面角相等。

5. 由此显而易见，每个视觉直线三角形的所有部分都会与某一球面三角形相重合。其中一个三角形的边等于另一个三角形的边，两者的角也相等，是一对一的相等，因此看上去两个三角形是全等三角形。总之，在眼睛看来，它们完全相同，也有着相同的数学性质。据此可得，视觉直线三角形的性质不同于平面三角形的性质，但与球面三角形的性质相同。

6. 我们一直都假定，眼睛处在球心，球的所有小圆都向眼睛呈现出一个圆。另一方面，每个视觉圆看上去都会与球的某一小圆重合。

7. 此外，球的整个表面可以表示整个视觉空间，其原因在于：由于每个视觉点都与球面的某个点重合，而且与之有着相同的视觉位置，因此把球面的所有部分集合起来，就可以表征所有可能的视觉位置，即整个视觉空间。最后我们可以从中推出：

8. 只要眼睛处在球心，每个视觉形状都可由它投射在球面上的那部分来表征。每个这样的视觉形状相对于整个视觉空间的比例与表征它的那一部分球面相对于整个球面的比例是相同的。

我希望了解数学的读者可以轻而易举地领会上述原理，而且还能同样容易发觉，下面一些关于视觉形状和空间的命题，能够从那些原理出发，获得数学上的证明。这些命题只是作为样本，其真理性和自明性，并不逊色于欧几里得（Euclid）关于触觉形状的命题。

命题 1. 被延长的每条直线，最终会与自身重合。

2. 返回与自身重合的直线是可能的最长直线，其他所有直线对它的比例是有限的。

3. 返回与自身重合的直线，把整个视觉空间分割成两个相等的部分，它们都把该直线作为组成部分包含在自身之中。

4. 整个视觉空间对其上面的任何部分都有着一个有限的比例。

5. 任意两条直线被延长后，会相交于两点，相互把对方一分为二。

6. 如果两条线是平行线，即线间距离都是相等的，那么它们不可能都是直的。

7. 给定任一直线，我们都可以找到一点，它与此直线上任意一点的距离相等。

8. 一个圆可以与一条直线平行，也就是说，圆与直线上的所有部分距离相等。

9. 相似的直线三角形，也相等。

10. 直线三角形的三角之和，大于两直角之和。

11. 直线三角形的三个角可以都是直角，也可以都是钝角。

12. 不等圆的面积并不与其直径的平方成比例，其周长也不与其直径成比例。

视觉几何的这点样本，一是用来引导读者对依靠视觉传达给心灵的形状和广延形成清楚明细的构思，其次是用来证明我们前面断言的真理性，此断言是：作为视觉直接对象的形状和广延，并非普通几何学的形状和广延。当几何学家看着他的图形并证明一条命题的时候，有种形状呈现给了他的眼睛，它只是触觉形状的符号和表征。他完全不关注视觉形状，而只关注触觉形状。这两种形状有不同的性质，因此，对一种形状证明是正确的东西，对于另一形状来说则是错误的。

然而值得注意的是，因为一小部分球面与平面的区别并不明显，因此在长和宽上，一小部分视觉广延与作为触觉对象的广延之间的区别非常小。同样还要注意的是，人眼的构造使得一眼看去很清晰的对象只能占据视觉空间的一小部分：因为我们从来没清晰地看到离眼轴非常远的东西。因此，当我们要一眼看到一个大的对象时，眼睛离它的距离必须达到一定程度，以便对象只占据视觉空间的一小部分。从这两点我们可以推出，一眼看去的平面形状，当其平面没有倾斜且直接对着眼睛时，与它们呈现给眼睛的视觉形状的区别很小。若干线条彼此间的比例在触觉形状中与在视觉形状中近乎相等，而且前者的角度近乎等同于后者的角度，尽管不是严格的、数学上的相等。因此，尽管我们看到，在很多例子中，自然符号与其所指之间没有相似之处，但视觉形状则是另一回事。在所有情况下，视觉形状与其所指之间具有相似之处，就如同平面图相似于它所表征的物体一样。此外，在某些情况下，符号与其所指在任何意义上都有着相同的形状和比例。如果我们能找到只有视力而无任何其他外部感官且能对其所见进行反思和推理的存在者，那么他的概念和哲学思考或许可以帮助我们完成一项困难的任务：区分纯粹靠视觉获得的知觉和靠其他感官获得的知觉。假定有这样的一个存在者，我们尽可能想象一下，他对视觉对象会形成什么样的概念，会从这些概念中推出什么结论。我们不能认为，他跟我们一样，其构造决定他把视觉表象当作其他事物的一种符号。对于他来说，它并非符号，因为它不指示任何东西。因此，我们必须认为，在很大程度上，他注定要去关注物体的视觉形状和广延，正如我们注定去关注物体的触觉形状和广延。

如果把不同的形状呈献给他的感官，当它们变得熟悉后，他或许会毫不犹豫地把它们放在一起加以比较，并感知到它们有哪些一致，有哪些不同。他可能会感知到视觉对象有长和宽，但他不能获得第三维的概念，就像我们不能获得第四维的概念一样。所有视觉对象看上去都是以直的或弯曲的线条终结，以相同视觉线条终结的对象处在相同的位置上，并占据相同的视觉空间。他不可能想象一对象处在另一对象之后，或是一对象距离近，另一对象距离远。

对于我们这些能构思三维的人来说，线条可以被想象成直的；或在一个维度上它是弯曲的，在另一维度上是直的；或可以同时在两个维度上是弯曲的。假设上下延长一条线，其长构成一维，我们称之为上下。根据线条的直或弯，它还有两个维度。它可以向左或向右弯曲。如果没有向任何一边弯曲，它在这个维度上就是直的。假设它在左右维度上是直的，仍旧存在另一种维度，它在此维度上可以是弯曲的，因为它可以朝后或向前弯曲。当我们构思一条触觉直线时，排除了这两个维度上的弯曲。我们必须考虑被排除的，还要考虑包括进来的，于是所有三个维度都进入了我们对直线的构思之中。在此构思中，直线的长是一维，在另外两个维度上隐含着它是直的，或排除了它是弯曲的。

我们假想的那个存在者最多只能构思两个维度，其中线条的长是一维，他不可能在更多的维度中把它想象成直的或弯曲的。在他关于直线的构思中，排除了向右或向左的弯曲，但排除不了向前或向后的弯曲，因为他既没有也不可能有对这种弯曲的构思。于是我们看出，在眼睛看来是直的线条，为何可以返回与自身相重合：对于眼睛来说它是直的，这意味着它只是在一个维度上是直的，而在一个维度上是直的线条，在另一个维度上可以是弯曲的，因而能够返回与自身重合。

对于我们这些能构思三维的人来说，面有长和宽，而排除了厚。面在厚这个第三维上可以是平的，也可以是弯曲的，于是第三维的概念进入了我们对于面的构思之中。只有依靠这第三个维度，我们才能把面分为平面和曲面，否则我们就既无法构思平面，也无法构思曲面。

我们假想的那个对第三维没有任何构思的存在者，他的视觉形状确实有长和宽，但既没包括也没排斥厚，他对厚没有构思。尽管视觉形状可以像面一样有长有宽，然而它们既非平面，也非曲面。因为曲面意味着在第三维上的弯曲，而平面则意味着在第三维上缺乏弯曲。不过这样的存在者想象不到这些，因为他对第三维没有形成构思。再者，尽管他对组成一个角的两条线的交角有着清晰的构思，但他既无法构思平面角，也想不出球面角。他关于点的概念，甚至在某种程度上也没有我们的那样确定。在点的概念中，我们排除了长、宽和厚；他排除了长和宽，但既不能包括也不能排除厚，因为他对厚无法形成构思。

这样设定了我们所想象的那个存在者对数学的点、线、角和形状可能形成的概念后，我们可以很容易地看出，如果他把这些放在一起加以比较，并对它们进行推理，就可以发现它们的联系，并形成基于自明原理的几何结论。毫无疑问，他还可以具有跟我们一样的关于数的概念，并构建一种算术体系。至于他做出有关发现的顺序，或在它们上面花费了多少时间和努力，是无关紧要的。重要的是，这样一个仅凭视觉而无任何其他感觉素材的存在者，靠理性和天分可以发现什么。

关注事实的细节——即便事实不一定可靠——比关注可能性的细节要容易得多，因此请允许我摘录一段安庇格拉弗斯[10]的游记。他是玫瑰十字会会员[11]中的一位哲学家，深究过秘术，获得了一项神通，能把自己输送到地球上的各个区域，还能够与不同类型的智灵进行交流。在其探险过程中，他认识了一位如我们想象的那种类型的存在者。

他们是如何向其他智灵表达自己的观点，他通过什么途径了解到他们的语言，靠什么方法了解他们的哲学，以及其他可能满足读者的好奇心并增加故事可信度的细节，他认为不方便告诉我们。这些东西对于内行人来说才有了解的意义。

他对他们的哲学描述如下：

他说："有许多依多梅人非常聪明，善于思考。他们在算术、几何学、形而上学和物理学方面有许多极为精巧的体系。实际上在形而上学和物理学方面，他们进行了颇多细致入微的讨论，还划分了不同

10　英文名 Johannes Rudolphus Anepigraphus，除了出现在本书中，网上无任何其他资料。——译者

11　玫瑰十字会员（Rosicrucian），17世纪早期出现在德国的一个神秘社团，自称有古传秘术。——译者

的派别。不过在算术和几何学方面，他们达成的一致并不比人类的少。他们关于数字及算术的原理，除使用的是他们的记号外，跟我们的并无差别，但是他们的几何学与我们的判若云泥。"

由于这位作者对依多梅人的几何学的描述，与我们前面提供的视觉几何样本完全一致，因此我们略过。他接着说："颜色、广延和形状被视为物体的本质性质。一个影响力颇大的派别认为，颜色是物体的本质。他们说，假如没有颜色，就不会有任何知觉和感觉。颜色是我们感知到的或能够构思的全部，它对于物体来说是独有的。广延和形状是物体和虚空共有的模式。假若要把一个物体消灭，它里面唯一能被消灭掉的东西就是颜色，因为它占据的位置，以及该位置的形状和广延，必定会保留下来：我们不可能想象它们不存在。这些哲学家把空间看成所有物体占据的位置，它不可移动，不可破坏；它没有形状，其所有部分都是相似的，不能增加也不能减少，但并非不可衡量：因为每个最小的空间部分对于整体有一个有限的比例。有了它们，整个空间范围就成了那些有长和宽的各种东西共同的、自然的尺度，而每个物体和每一形状的大小，就是通过它作为此宇宙的这样一个部分来表达的。同样，长度共同的、自然的尺度是一条无限的直线，我们前面已经提到，这条直线可以返回与自身重合，而且没有终点，但它对其他的线条有一个有限的比例。"

"至于自然哲学，现在他们当中最博学的人都承认，这方面长久以来还处于非常低的研究水平。哲学家们注意到，一物体只能在颜色、形状和大小上与另一物体区别开来。他们理所当然地认为，物体的所有具体性质必定产生于这些本质性质的各种结合。因此，他们认为，自然哲学的目的是表明不同物体中这三种性质的各种结合如何产生所有的自然现象。要列举伴随着这种观点所发明出来的各种体系和持续了多年的那些争论，将会没完没了。每一体系的拥护者揭露其他体系的弱点，并用高超的技巧掩饰自身体系的缺陷。"

"最终，一些崇尚自由、爱开玩笑的人厌烦了永无休止的争论，厌倦了修补、支撑有缺陷的体系的工作，就开始抱怨自然的微妙性，抱怨物体在形状、颜色和大小方面发生的无穷无尽的变化，还抱怨说明这些表象的困难性，以此作为放弃探究事物原因的借口，认为这些探究是徒劳无果的。"

"这些智者发现哲学家的体系中有大量可笑荒谬的内容，发现相较于建立或维持一种体系来说，破坏它是件更容易的事，发现各个派别武装自己，相互攻讦，他们开始发展壮大，并且取得了重大的胜利。于是哲学就让位于怀疑论和反讽，而作为多年以来的研究成果和有识之士的赞美对象的那些体系成了常人的笑柄。即使常人也容易击溃一种他们长期以来就怀疑的学识——因为它只能制造争辩和口角。现在智者们获得了巨大的声誉，对取得的成就志得意满后，开始认为自己仍未大获全胜，除非摧毁所有对知识的企图。于是他们开始攻击算术、几何学，甚至还攻击毫无知识的依多梅人的共有概念。伟大的征服者（比如说我们的作者）总是很难知道适可而止。"

"同时，自然哲学在一位伟大的天才人物的指导下从它的废墟中诞生了，据说他有某种高于依多梅人人性的特质。他观察到，依多梅人天生能谋善断。比起体系的谬语或有识之士的错误来说，自然的作品是他们发挥才智的更高贵素材。找到自然事物的原因是件困难的事，出于对此困难性的敏感，他建议通过精确地观察自然现象，找出其发生所遵循的规则，而不需要去探究那些规则的原因。在这方面，他自己取得了很大的进展，还为那些自称为归纳哲学家的追随者规划了大量的工作。怀疑主义者满怀嫉妒地认为，这一新崛起的派别是在压制他们的声誉，威胁他们的控制力，但是他们不知用什么来攻击它。常人开始尊崇它，因为它引导了有用的发现。"

"需要注意的是,每个依多梅人都坚定地相信,同一个位置上可以存在两个或两个以上的物体。因为他们对此有感官提供的明证,不可能去怀疑它,就如他们不可能怀疑自己是否有知觉一样。他们经常看见两个物体在同一位置上相遇、重合,然后分开,而且物体的感性性质不因这种穿插而发生任何改变。当两个物体相遇且占据同一个位置时,通常在那一位置只显现出一个物体,而另一个则消失了。继续显现的物体被说成是压倒性的,而另一个物体则被说成是被压倒了。"

他们为物体的这种性质取了个名称。作者告诉我们,此名称在任何一门人类语言中都没有与之匹配的词语。这样,在做了一长串的道歉(在此略过)后,他姑且把它称为物体的压倒性性质。他向我们保证:"有关物体这一简单性质所形成的推测,以及建构出来用于解释它的假说,足足可以装订成好多卷书。他们的哲学家也没少发明一些假说来说明大小和形状的变化。他们感到,处于运动中的大多数物体,其大小和形状处在持续的变动中。归纳学派的开创人相信,要找出这些现象的真正原因,超出了依多梅人的能力范围。他自己则通过观察和运用那些把它们联系在一起的规律,试图找出原因。他发现了许多有关运动、大小、形状和物体的压倒性性质的数学比例和关系——这些都得到了经验的不断证实。但这一派别的反对者宁愿满足于这些现象被捏造出来的原因,而不愿承认支配它们的真实规律:因为承认这些规律无法说明,就会降低自己的声誉。"

安庇格拉弗斯的描述到此为止。我并不打算去求证,这位作者是不是博里修斯(Borrichius)、法布里修斯(Fabricius)和其他人尚未出版的记录中提到的希腊炼金术士作家中的一位。对他们的名字的确定以及他们的研究的相似性,尽管不是个微不足道的主题,但仍不能完全下定论。我也不打算从这位见多识广的旅行家在可信度上的外部声誉去判断他的叙述。我只关注评论家所称作的那些内在的东西。依多梅人是真实存在，抑或仅仅是观念性的存在，这甚至也不是个重要问题。因为即使与我们关系更加紧密的事物，与其有关的问题也受到了学者们的争论。重要的问题是，上面的描述是不是对他们的几何学和哲学的确切描述？我们具备他们的所有官能，还具备他们不具备的其他官能。因此，我们可以把依靠视觉得来的知觉从其他知觉中分离出来并对它们进行推理，从而对他们的哲学和几何学做出某种判断。按照这种方式进行仔细检查之后，就我的判断而言，他们的几何学必定是安庇格拉弗斯所描述的那样。他对他们哲学的叙述中也没有显示出明显的撒谎迹象，尽管在这里，我们无疑要适当地考虑到旅行者可能具有的自由风气以及他们容易无意犯下的错误。

第十节 双眼的平行转动

我们已经尽可能清楚地说明了视觉形状，表明了它与它所指示的事物之间的联系。下面我们就可以考察有关眼睛和视觉的某些现象了，它们通常被归结为习惯、结构上或机制上的原因。但我认为，这些现象应该被归结为人类心灵的初始能力和原理，因此特别适合这个探究主题。

首先是双眼的平行转动，也就是说，当一只眼睛转向上、下、左、右、前时，另一只眼睛总是跟着它朝同一方向转动。我们清楚地看到，当双眼都睁开时，它们的转动方式总是相同，就好像受到了同一动力的作用。假若一只眼睛闭上，用手捂住，另一只眼睛朝各种方向转动，我们会感到闭上的那只眼睛也在同时转动，不管我们愿不愿意。此现象令人感到惊奇的地方在于，所有解剖学家都承认，转动眼睛的肌肉和辅助这些肌肉的神经是截然不同、毫不相干的。假如有个人从出生开始，在转动一只手臂时，总是以完全相同的方式转动另一只手臂，一直保持它们的平行，对此我们会觉得惊讶和难以解释。但要找出手臂这样转动的物理原因，并不比找出我们极为熟悉的眼睛平行转动的原因困难。

人们认为，眼睛平行转动的唯一原因是习惯。据说，我们靠经验发现，当我们刚开始看对象的时候，要获得清晰的视觉，就必须把两眼朝同一个方向转动。我们一直重复，很快就养成了习惯，并在某种程度上丧失了进行其他做法的能力。

这种说明似乎不够充分，因为习惯不是靠一时养成。习惯需要时间培养和巩固。如果眼睛的平行转动是靠习惯养成，那么我们应该会看到，婴儿出生后，在朝各个方向转动眼睛时，就会像移动手和腿一样，转动方式是不同的。我知道，有些人宣称过他们有这样做的倾向。不过据我观察，我没见过——尽管我已经竭力地试图找到，而且还有过很好的机会。我还向有经验的助产士、母亲和护士咨询过，她们意见一致，说自己从来没有观察到孩子眼睛的这种畸变，除非他们有理由怀疑是惊厥或某种超自然的原因的时候。

因此，看来极有可能的是，先于习惯之前，构造中有某种东西存在，它是自然的本能，支配着我们总是朝同一个方向转动双眼。

我们不知道心灵是如何作用于身体的，也不知道是什么力量使得肌肉收缩和放松。但是我们看到，在某些有意和无意的活动中，这种力量受到控制，使没有什么实质性纽带或关联的许多肌肉行动一致。每块肌肉各司其职，分毫不差。无论是戏剧演出的专业演员团队，还是音乐会上优秀的音乐家组成的乐队，抑或土风舞舞蹈家，他们整齐划一的演出所产生的规则性和齐整性，也不如在动物的许多功能性活动中或许多自愿行为中大片肌肉的运动展示出来的规则性和齐整性。而且我们可以看到，相较于最有技巧的解剖学家和生理学家而言，在儿童以及不知道自己有这种肌肉的人那里，这样一些动作同样完成得非常熟练和有规则性。

是谁教导那些负责吮吸、吞咽食物、呼吸和一些自然代谢的肌肉，以这种有规则的齐整性和严格的分寸来扮演它们的角色？当然不会是习惯。它就是那个强大、英明的存在者。它创造了人体组织，制定了规律，心灵依据这些规律作用于它的各个部分，使它们能实现心灵让它们完成的目的。在很多其他事例中，我们看到互不相干的肌肉构成的系统在其发挥功能的过程中，没有习惯的帮助就可以做到令人惊叹的整齐划一。因此，无需习惯的帮助，双眼的肌肉齐心协力地指导它们转动的方向，以实现它们自身的目的，对此我们不必感到惊奇。

我们可以在收缩双眼瞳孔的肌肉中发现同样整齐划一的动作。另外还有些肌肉根据对象的距离来调节双眼的形态，在这些肌肉中也可以发现同样的动作。

然而，应该注意的是，尽管似乎是自然本能使得眼睛总是朝同一方向转动，不过习惯在此过程中仍旧占据一席之地。

对于我们有关双眼的平行转动所说的，不能死板地理解，就好像自然指挥我们总是去保持双眼视轴严格、精确的平行一样。事实上，尽管它们总是保持大致的平行，但几乎从来没有做到如此精确。当我们看一个对象时，双眼视轴相交于它，构成了一个角度。它总是很小，但会根据对象的远近变得或大或小。自然非常英明地留给我们稍稍改变双眼平行的力量，这样我们就能控制它们朝向同一个点，无论远近。这无疑是靠习惯学会的，因此我们看到，儿童花了很长的时间才完全养成这种习惯。

改变双眼平行转动的力量，本来刚好适合于它要满足的目的，不过大量的训练和强化能提升这种力量。因此我们看到，有些人获得了一种能力，能转动眼睛朝向不自然的方向，就如有些人习得了一种能力，可以把其身体扭曲成非自然的姿势。

一只眼睛失明的人，在对准视力方面，通常也丧失了靠习惯养成的东西，不过还是保留了他们本来就有的东西。也就是说，尽管他们的眼睛总是一起转动，但是当他们看一个物体的时候，失明的那只眼睛经常会稍微偏离物体。疏忽大意的人察觉不到这种偏差，而在这些主题上习惯于做精确观察的人可以察觉到。

第十一节　通过倒像看到直立的物体

使哲学家感到困惑的另一种现象是，我们看到的对象是直立的，而众所周知，它们在视网膜上的意象或像是倒立的。

观察入微的开普勒（Kepler）率先做出了杰出的发现：视觉对象那清晰、倒立的像是靠对象发出的光线在视网膜上形成的。这位同样伟大的哲学家从光学原理出发，表明了这些像是如何形成的：来自对象上任意一点且落在瞳孔不同部分上的光线，通过角膜和晶状体时发生折射，因而再次汇聚到视网膜上的一点，并在那里刷上了发光体上的点的颜色。由于从物体不同点发出的光线在到达视网膜之前彼此相交，因而它们形成的像必定是倒立的，对象的上部被印在了视网膜的下边，右边部分被印在了视网膜的左边，其他部分依此类推。

这位哲学家认为，我们通过这种倒像看到的对象是直立的，原因如下：对象上各个点发出的光线在落到视网膜之前是彼此相交的，所以视网膜下面所受的刺激来自对象的上部，上面受到的刺激则来自下部。

后来笛卡尔对此现象做了同样的解释，他还利用我们对客体的排布所做的判断予以说明，这种排布是我们用交叉的双臂或两根相交的棍棒感受到的。

但我们不能默许这样的解答。首先，它认为，我们把对象看成直立的，是通过演绎推理从若干前提中推出来的，然而它似乎是一种当下的知觉。其次，它认为所有人都是从前提中推出这一结论的，但前提从来就没进入大多数人的心灵之中，他们对此前提完全无知。我们对印在视网膜上的像没有任何感受或知觉，更别提它们的排布了。按照开普勒或笛卡尔的原理，为了看到直立的物体，我们必须事先知道，对象发出的光线是以直线传播到眼睛的；我们必须知道，来自对象上不同点的光线在视网膜上成像之前是彼此相交的；最后我们还必须知道，这些像事实上是倒立的。尽管所有这些都是正确的，哲学家也都知道，然而绝大多数人完全不了解，对其一无所知的人不可能以它们为前提进行推理，并以它们为基础建立结论。既然无论是对于无知的人还是有学问的人来说，视觉对象看上去都是直立的，那么它不可能是无知之人推出来的结论，因为前提从来没进入他们的心灵。我们确实不止一次看到，有人利用初始原理或出于习惯，从那些在心灵中一闪而过、从未被当作反思对象的前提中引出结论。但可以肯定的是，没有人会认为，从那些根本未进入心灵的前提之中引出结论是可能的。

贝克莱主教正确地否决了这一解答，他立足于自己的原理做出了回应。在这方面，有识之士史密斯博士在其《光学》中仿效了他，我们下面予以说明和考察。

那位睿智的作者认为，视觉观念与触觉观念完全不同。我们靠这两种不同感官获得的关于对象的概念没有相似之处。我们只有通过经验才能了解到，以某种方式作用于其中一种感官的东西，会如何作用于另一种感官。触觉对象的形状、排布，甚至数量都是对触觉的观念。尽管触觉观念与视觉观念之间没有相似之处，我们还是依靠经验了解到，三角形是以这种方式刺激视力的，正方形是以那种方式刺激它的，因此我们断定，以前一种方式作用于它的是个三角形，以第二种方式作用于它的是个正方形。我们同样从经验中发现，直立的对象以一种方式作用于眼睛，倒立的同一物体以另一种方式对眼睛产生影响，于是我们学会从眼睛受作用的方式来判定物体是直立还是倒立的。总之，在这位作者看来，视觉观念是触觉观念的符号，心灵从符号过渡到被指示的事物，不是靠两者之间的相似性，也不是出于任何自然原理，而是由于发现它们在经验中老是结合在一起，就如语言的发音与其所指之间的关系一样。因此，如果视网膜上的意象总是直立的，那么它们显示出来的对象就会是直立的，而倒立的意象表明对象是倒立的。如果我们现在从倒立的对象那里获得的视觉观念从一开始就与那一对象的直立排布关联了起来，那么它就会指示直立的排布，就如它现在指示倒立的排布那样自然。如果两枚先令的视觉表象被发现一开始就与一个先令的触觉观念关联了起来，那么该视觉表象指示的就应该是合二为一的对象，就像现在它指示两枚先令那样自然、容易。

　　毫无疑问，这种观点非常有独创性。如果它是正确的，那么它不仅能解答我们目前正考虑的现象，同样也能解答我们将要考虑的现象：双眼看到单一的物体。

　　显而易见，这种解答假定了，我们并非初始地、先于习得的习惯把物体看作直立的或倒立的、这种形状还是那种形状、单还是双，而是从经验学会根据一定的视觉符号来判断它们的触觉排布、形状和数量。

　　事实上，我们必须承认，要把直接的、自然的视觉对象与我们从小开始就习惯于从这些对象之中引出的结论区分开来，是极其困难的。贝克莱主教是第一个试图区分两者并找出分界线的人。如果他在这样做的过程中,稍微左倾或右倾一点,就可预期一项全新且绝妙的课题。这种区分对于我们了解视觉的本质起了非常重要的作用。它还清晰地解答了先前显得完全不可解释的许多光学现象。一个在哲学上做出重要发现的人,稍微越出此发现的界限,把它用于解答完全不在其领域内的现象,是自然而然、几乎不可避免的。即使是伟大的牛顿,当他发现万有引力定律,观察到那么多的自然现象都按照这个规律以及其他的吸引和排斥规律发生的时候,忍不住表达了自己的猜想:物质世界的所有现象都源自物质微粒的吸引力和排斥力。我怀疑,聪明的克罗尼主教在发现如此多的视觉现象可以化归为视觉和触觉观念的稳定联结后,在运用这一原理时也稍微超出了它的合法界限。

为了尽可能准确地判断情况是否如此,我们且假设,像桑德森博士这样的一位盲人——他具有盲人所具备的全部知识和能力——突然完全能够视物了。假设他没有任何机会把他的视觉观念和触觉观念联结起来,除非前者变得些微熟悉了。最初由新的对象引起的惊奇感减弱之后,他就有时间详细检查这些视觉观念,在心灵中把它们与他先前通过触觉获得的概念进行比较,尤其是把眼睛提供的视觉广延与他先前熟悉的有长和宽的广延相比较。

对象的视觉广延、形状与它们的触觉广延、形状之间存在着关系。我们已经尽可能证明,盲人可以靠此关系获得对视觉广延和形状的观念。此外,当视觉广延和形状呈现给他的眼睛时,他还能把它们与触觉广延和形状做比较,并察觉到两者都有长和宽,两者的边都是直的或弯曲的线条。因此,他会察觉到,跟触觉的圆、三角形、四边形和多边形存在一样,它们的视觉图形也可以存在。而且,尽管视觉形状有颜色而触觉形状没有,但它们有着同样的形状,正如一热一冷的两个对象可以有相同的形状。

我们在前面已经表明，视觉形状的性质不同于它们所表征的平面形状的性质。但我们也同样发现，当对象不大，一眼就可以看清楚的时候，如果把它直接放在眼睛前面，那么视觉形状和触觉形状之间的差别会小到无法被感官感知到。比如说，每个视觉三角形的三角之和确实大于两直角之和，而平面三角形的三角之和等于两直角之和，但是当视觉三角形太小，三角之和接近两直角之和时，感官就觉察不出区别。同样，非对称视觉圆的周长与它们的直径不成比例，平面圆的周长与其直径成正比，然而对于小的视觉圆来说，周长与其直径非常接近成正比，它的直径与周长之比非常接近平面圆的直径与周长之比。

因此，小的视觉形状（必须一眼就能被看清楚）不仅与具有相同名称的平面触觉形状之间存在着相似之处，而且它们在所有意义上都是相同的。如果桑德森博士能看见了，用心观察欧几里得的第一本书的形状，他不需要触摸，只需思考斟酌，就可以发现这正是他原先靠触觉了解得非常熟悉的那些形状。

当斜着看平面形状时，它们的视觉形状与触觉形状之间的差别会更大。立体形状传递给眼睛的表征则更不完整，因为视觉广延没有三维而只有两维。不过，由于我们不能说人的精确画像与人自身没有相似之处，或房子的透视画与房子无相似之处，所以我们也不能说，人或房子的视觉形状与其表征的对象之间没有相似之处，否则欠妥。

因此，贝克莱主教在推断我们所看的广延、形状和排布与我们靠触觉感知到的东西之间没有相似之处时，犯了个大错误。

我们可以进一步注意到，贝克莱主教关于物质性事物的体系肯定使他看出了这个问题：他对直立表象的解释与不采纳其体系的人的解释有很大的差别。

在他的视觉理论中，他似乎确实承认存在着一个外部的物质世界。但他相信这个世界只是触觉的，而非视觉的；还相信视觉世界（它是视觉的专有对象）不是外在的，而是存在于心灵之中的。假设真的如此，他断定了他看到的事物是直立的而非倒立的，就会断定心灵中有顶部有底部、有左有右。我承认我不是太了解心灵图谱，不能给用于心灵的那些词汇赋予任何意义。

所以我们应当承认，如果视觉对象不是外在的，而只是存在于心灵之中，那么它们不可能有形状、排布和广延；而且断言它们被看到是直立或倒立的，或断言它们与触觉对象之间有任何相似之处，都将是荒谬的。但是如果有人问，为什么看到的对象是直立的而不是倒立的，我们理所当然地认为，我们不是生活在贝克莱主教的观念世界之中，而是生活在另一个世界——听从常识命令的人相信自己居住在其中的那个世界。我们理所当然地认为，视觉和触觉的对象都是外在的，无论我们是否感知到，它们都有一定的形状，都有着相对于其他物体、相对于我们身体的排布。

当我垂直拿着手杖看它的时候，我理所当然地认为，我看到的和拿着的是相同的个体对象。当我说我感到它是直立的时候，我的意思是指，我感到它的杖柄径直背着水平面，杖脚径直朝着水平面。当我说我看到它是直立的时候，我是指我看到它的杖柄径直背对着水平面，杖脚径直朝着水平面。我把水平面看作一种固定的视觉和触觉对象，根据物体与它之间的关系，物体被看作高或低、直立或倒立。如果你要问我为什么把对象看成直立的而非倒立的，这就相当于问，为什么我看到的那种排布就是它本身的排布，或者，为什么眼睛显示物体真实的排布，而不是像透过普通天文望远镜看到的那样，或者是眼睛裂开时它们在视网膜上的成像那样，显示出物体颠倒的排布。

第十二节　同一主题续

　　我们只有指明出现在视觉中的自然规律，才可能给这个问题提供一个满意的答案，因为视觉现象必定都是受规律支配的。

　　因此我的回答是，首先，由于一种自然规律，从对象上每一点发出的光线以直线传播到眼睛的瞳孔上。其次，由于自然规律，对象上任一点传播到瞳孔各部分上的光线，经过折射再次汇聚于视网膜上的一点；对象上不同点发出的光线开始是相互交错的，然后传播到视网膜的不同点上，对象上的点与视网膜上的点在数目上相同，于是就形成了对象的倒像。

　　光学原理告诉我们，经验也进一步使我们确信，如果视网膜上不存在这样的像，就不会有视觉。在颜色和形状、清晰度或模糊度、明和暗方面，视网膜上的像是什么样的，对象的表象就是什么样的。

　　显而易见，自然规律决定了，印在视网膜上的像是视觉的一种手段。但这些像是如何实现自己的目的的，我们毫不知情。哲学家认为，光线在视网膜上造成的印象被传到了视神经，又经视神经传到大脑中被称为感觉中枢的部位，接着马上就被据说居住在感觉中枢中的心灵感知到。但是我们一点儿也不知道灵魂的所在地，我们也远不能直接感知到头脑中发生的事情，以至于在人类身体的各个部位中，大脑是我们了解最少的。与视网膜一样，视神经也很可能确实是视觉的必要工具。通过在视网膜上成像的方式，印象作用于视神经。至于这是什么类型的印象，我们并不清楚。

　　视神经和大脑里面绝对不可能有对象的像或意象。视网膜上的像是由光线形成的。无论我们是像某些人那样，认为光线对视网膜产生的刺激引起了视神经纤维的某种振动；还是像其他人那样，认为刺激引起了视神经中某种微妙液体的运动；不管是振动，还是运动，都不可能与呈献给心灵的视觉对象有相似之处。心灵同样也不可能感知到印在视网膜上的像。这些像跟大脑、视神经一样，不是我们知觉的对象。从来没有人在自己的眼中看到过这些像，事实上也没有看到过他人眼中的像，除非他把眼睛从头部取出来并做好充分的准备。

令人感到非常奇怪的是，所有时代的哲学家居然都赞同一种看法：外在对象的意象被感知器官传达到大脑，并在那里被心灵感知到。没有什么比这更不像哲学的了。首先因为它没有事实和观察基础。根据我们的发现，在所有感知器官中，唯有眼睛能形成对象的各种意象。眼睛形成的意象不在大脑之中，只在眼睛的末端，完全不是靠心灵感知到或感受到的。其次，心灵如何感知到大脑中的意象，跟它如何感知到更远的事物一样，都是难以想象的。如果有人能表明心灵如何可以感知到大脑中的意象，我就能表明它如何可以感知到最远的对象：如果我们为心灵提供了眼睛，使它们身处暗室都能眼观四路，那我们为什么就不能使这些眼睛看得稍微远一些？这样一来，我们就没有机会搞出经不起推敲的虚构，认为意象存在于大脑中。总而言之，心灵感知的方式和机制完全超出了我们的理解力，而且这种利用大脑中的意象来对它进行说明的方式似乎是建立在关于心灵及其运作的非常笼统的概念之上，就好像大脑中假想的意象，通过一种类型的接触，在心灵上造成了物体的相似印象或意象——据说心灵还能意识到这些印象。

在这种探究过程的始终，我们都已尽力表明，通过五种感官施于心灵之上的印象与感官对象之间没有丝毫相似之处。就如我们找不到一丝证据表明大脑中存在这样的意象，我们也看不出在哲学上这种想象的意象能够满足什么样的目的。由于视网膜上的像既不是被心灵看到的，也不会在大脑或感觉中枢里面产生任何能被心灵看到的印象，也不会在心灵中产生相似于对象的任何印象，那么我们还得追问，视网膜上的这种像何以能产生视觉？

在回答此问题之前，我们需要注意一点：在心灵和身体的运作中，尽管我们不能发现某些事物之间的纽带，但必定常常满足于知道它们是有联系的，知道它们无一例外地一个紧随另一个发生。我们把这样的联系称为自然规律。当我们说一种事物由于自然规律引起另一种事物时，只不过是指前者总是无一例外地引起了后者的产生。在大众语言中我们把前者称为原因，把后者称为结果，但是我们并不知道它们是如何联系起来的。比如下述就被我们当作事实：物体与物体之间有吸引力，此引力与物体间的距离、物体的质量成一定的数学比例。由于我们无力发现引力的原因，猜测它是自然造物主或是我们迄今还不能发现的某种次级原因的直接运作，于是我们称之为自然规律。如果以后有哪位哲学家能幸运地发现引力的原因，那肯定是靠发现某种更普遍的自然规律来实现的，万有引力是此普遍规律的必然结果。在自然的每条因果链条之中，最高层次的链环是基本的自然规律，而我们靠合法归纳发现的最高层次的链环，或者是这一基本的自然规律，或者是它的必然结果。利用归纳法从自然现象中找出自然规律，是真正哲学的全部目标，也是它能达到的光辉顶点。

既存在支配心灵运作的自然规律，也存在支配物质系统的自然规律。在关于形体的哲学中，后者是人类官能所能获得的终极结论，因此前者是心灵哲学中我们所能得到的终极结论。

再回头看看上面提出的问题，我们就会从刚才的评论中看出，它相当于这样一个问题：是什么样的自然规律使视网膜上的像成为一种手段或诱因，让我看到与它有相同形状和颜色、与它有相反排布且相对于眼睛有一定方向的外部对象？

毫无疑问，我们应该承认，我看整个的物体跟看物体上的任何一点，无论是方式还是支配规律，都是相同的。在直视过程中，对象上的每一点都处在它与眼睛中心的直线方向上，我知道这是事实。我同样从光学中知道，传播到眼睛中心的光线以同样的方向传播到视网膜上。因此下述内容似乎也是一个事实：对象上任何一个点在被看到时，都处于从它在视网膜上的像到眼睛中心的一条直线方向上。由于这一事实是普遍的、永远有效的，因此它必定是一条自然规律，或是某种更普遍的自然规律的必然结果。根据合法的哲学研究规则，我们可以把它当作一条自然规律，除非某种更普遍的自然规律被揭示，使那个事实成为它的必然结果——我怀疑我们不可能做到。

因此我们看到，视觉现象把我们引领到自然规律或我们的构造规律上。我们通过倒立的意象看到直立的对象，就是这条规律的一个必然结果。从我们提到的规律中必然会得出，在视网膜最底端成像的对象必定处于视野的最上端，而在视网膜右侧成像的对象必定处于视野的左侧。如果视网膜上的像是直立的，我们看到的那个对象就应该是倒立的。我处理这个问题的主要意图是要指出这一自然规律，因为它是人类心灵构造的一部分，理所当然地属于这一探究主题。出于该原因，我将进一步对它做一些评论，不过我先要公正地对待天才波特费尔德[12]博士。很早以前他在《医学随笔》（*Medical Essays*）中，或是晚些时候在《论眼睛》（*Treatise of the Eye*）中指出了我们本性的一条基本规律：视觉对象出现在垂直于视网膜的一条直线方向上，直线与视网膜相交的点就是对象的意象所占据的那个点。如果从眼睛中心到视网膜各部位的连线都垂直于视网膜（就像它们必定非常近似的那

12　威廉·波特费尔德（William Porterfield，1696—1771年），一位杰出的苏格兰医生，1748—1750年间任爱丁堡皇家内科医学院院长，他因为在眼睛生理学上的开创性研究而被称为"眼科之父"。——译者

样），那么这就与我们已经提过的规律相吻合了，两者是相同的，只不过使用不同的表达方式罢了。为了对我们的这种构造规律获得一个更清晰的概念，我们要注意：

1. 我们无法提供理由说明，为什么在身体的所有构成部分中，光线只在视网膜上成像并制造视觉，因此我们只能把这当作一条构造规律。我们可以利用光学镜片在手上或身体的任何部位形成这样的像，但它们既感受不到，也不可能产生任何像视觉这类的东西。视网膜上的像跟成在手上的像一样，都感受不到，但它产生了视觉。我们不知这是何缘故，只知道它是自然用于此目的的智慧所决定的。空气振动对眼睛、上腭和鼻腔黏膜造成的刺激，与对耳朵的鼓膜造成的刺激，具有相同的力量，但振动对鼓膜的作用产生了声音的感觉，而对于前面那些部位的作用没造成任何感觉。这点可以引申到所有的感官，其中每一个都有自己的特殊规律，它们决定了对某一感知器官的作用在心灵中制造出其他器官无法产生的感觉或知觉。

2. 我们可以注意到，不同感官产生知觉的规律是不同的，这种不同不仅体现在被它们感知到的对象的本质上，而且体现在它们提供有关对象的距离和方位信息上。在所有这些规律中，对象都被看作外在的，独立于知觉而真实地存在着。但是在一条规律中，对象的距离、形状和方位都被传达给了心灵。在第二条规律中，形状和方位传达给了心灵，而距离没有。在第三条规律中，三者都没有。要利用自然哲学或解剖学原理说明不同感官在知觉制造方式上的差异，是白费力气。它们最终必定归结为造物主的意志，他有意让我们的知觉能力受到一些限制，使知觉器官和支配它们运作的自然规律适配于他那英明的目的。

当我们听到异常的声音响起时，感觉确实在于心灵之中，但我们知道此声音是某个外部事物制造的。而与此同时，听觉并没有告诉我们发声体是在附近还是远处,是在这个方向还是在那个方向,因此我们四处张望试图找到它。

如果天空出现了新现象,我们能准确地看到它的颜色、视位置、大小和形状,但看不出它的距离。它可能是在大气中,可能是在行星间,也可能是在恒星上——眼睛能够确定的任何东西上。

触觉提供明证的对象范围是触觉器官能接触的物体,这种明证比其他器官提供的有关明证更精准、更确定。当用手接触一个物体时,我们知道它的形状、距离和排布,知道它是粗糙还是光滑,硬还是软,热还是冷。

触觉、视觉和听觉都在心灵之中,只有被感知到的时候才存在。它们如何会始终如一地暗示对独立于感官而存在的外部对象的构思和信念?哲学家唯一能提供的答案是:这就是我们本性的构造。我们如何知道触觉的对象是在手指尖而不是在别处?如何知道视觉的对象是在眼睛对着的那个方向而不是另一方向,但可以在离眼睛任何距离的地方?如何知道听觉的对象可以处在任何距离、任何方向?这些当然不是靠习惯、推理或对观念进行比较而得知的,而是由我们的本质构造决定的。我们如何感知到视觉对象处在垂直于视网膜上被光线照射的那一部分的直线方向上,却感知不到听觉对象处在垂直于空气振动所作用的鼓膜的直线方向上?因为这些是我们本性的规律。我们如何知道受特殊疼痛影响的是身体的哪个部位?不是靠经验或推理,而是靠本性的构造。疼痛的感觉无疑在于心灵之中,而且从其本质来看,我们不能说它与身体部位有任何联系,但是由于我们的构造,这种感觉使我们感知到身体的某一具体部位,它的异常引起了不适的感觉。若非如此,一个以前没有感到痛风或牙疼的人,当他第一次因脚趾的痛风而龇牙咧嘴时,可能会把它误当成牙疼。

因此,我们本性的构造决定了每种感官都有它的特殊规律和限制。视觉的规律之一是：我们看对象时，其方向总是处在从视网膜上对象所成的意象到眼睛中心的连线上。

3. 也许某些读者会认为，我们更容易构造同样能很好地满足目的的自然规律，根据此规律，我们无需求助视网膜上的意象或眼睛的视觉中心，就把对象看在它们正处在的位置上，看到它们的真实排布。

对此，我的答复是，与事实相反的东西不可能是自然规律。自然规律是我们在自然的运作中能发现的最普遍的事实。如同其他事实一样，它们不是靠运气猜测到的，而是从观察中合法地推导出来的。如同其他普遍事实一样，它们不是从一小部分特殊事例中引出的，而是从大量耐心谨慎的归纳中得出的。我们看到的事物总是处于它们真实的位置和排布，这并非事实，因而它不可能是自然规律。我在平面镜中看到自己和其他事物所处的位置与它们真正占据的位置相差非常大。对象发出的光线在传播到眼睛之前或被反射，或被折射，这类例子随处可见。对光学有些了解的人都知道，在所有这类情况中，对象被看到的方向处在从眼睛中心到光线最后被反射或折射的那个点的连线上：这正是放大镜和显微镜的奥妙所在。

那么我们是否应该说，被看到的对象所处的方向与照射到眼睛上的光线的方向相同或者相反，是一条自然规律呢？不，这是错误的，它不是自然规律。从对象上任何一点发出的光线都会传播到瞳孔的各个部分上，因而它们必定具有不同的方向。但是我们看到的物体只是处于其中的一个方向上，也就是说，处在到达眼睛中心的光线方向上。而且，即使本应穿过中心的光线被阻挡了，我们靠那些离眼睛中心还有一定距离的光线看到物体，这仍旧成立。

有人可能还会想，尽管我们的构造决定了，我们在看物体时，并不总是能看到它们处在它们真实的位置上，不会看到它们所在的方向与落在角膜的光线方向完全相同，然而我们可能会被这么构造：当光线在眼睛中经过所有的折射后，我们还是看到物体处于落在视网膜上的光线方向上，即处于从晶状体传播到视网膜的光线方向上。但这仍旧不正确，因而也不是我们的构造规律。为了让大家明白这一点，我们必须这么去构思：从晶状体传播到视网膜上某一点的所有光线形成了一个小圆锥，其底部在晶状体的背面，其顶点则是视网膜上的一点。显而易见，在这一点成像的光线即使经过了晶状体之后，也有不同的方向；而被看到的对象只能处于其中的一个方向上，即处于来自眼睛中心的光线方向上。这不应归功于中心光线或中心本身的特殊功效，因为中心光线可以被挡住。当它们被挡住的时候，像会跟原来一样成在视网膜的同一点上，它不是靠中心光线，也不是靠与中心光线有相同方向的光线形成的，而是通过别的光线形成的。在这种情况中，被看到的对象的方向与以前是一样的，尽管在那个方向上现在没有了光线。

我们可以从这种归纳中得出结论：我们所看的对象处于我们所看的那个特殊方向上，不是出于任何一条自然规律——它使我们看到的对象处在光线的方向上，无论这些光线在眼睛中发生折射之前还是之后；而是出于我们本性的规律——它使我们看到的对象处在视网膜上对象所成的像到眼睛中心的直线方向上。

这条归纳的事实基础来自于沙勒[13]的《基础光学》(*Fundament Optic*)一书中提到的奇妙实验。波特费尔德引用过它们，还用自己的实验证实过。我也重复过这些实验，发现它们是成功的。由于它们很容易做到，而且有助于说明和证实我提到过的自然规律，所以我将尽可能简要、清楚地列举出来：

13　克里斯托夫·沙勒（Christoph Scheiner，1575—1650年），德国物理学家、天文学家。——译者

实验 1. 把一个非常小的对象，如针头，固定在离眼睛一定距离的地方，此距离大于获得清晰视觉的最小距离，小于其最大距离；使此对象充分受光。假如是没有近视的年轻人，就把对象放在十八英寸的距离开外，然后让视线停在一个地方保持不动，他可以清楚地看到这个对象。根据光学原理我们知道，从对象上各点发出的光线，无论它们是经过眼睛中心，还是离眼睛中心有一定距离（此距离在瞳孔宽度允许的范围内），都会再次汇聚到视网膜上的一点。我们还知道，无论是在传到眼睛之前，还是在经过晶状体之后，这些光线有不同的方向。

现在我们透过一张卡片上的小针孔，利用一小束光线来看到对象，其余的光线则被挡住。在瞳孔不同部位的前方移动针孔，我们首先是靠经过眼睛中心上方的光线看到对象，然后靠中心的光线，再然后靠下方的光线，此外还靠右方、左方的光线看到对象。如此一来，我们是连续地看这个对象，靠中心的光线和非中心的光线，靠那些有不同方向、彼此之间有不同角度（不管是落在角膜上还是落在视网膜上时）的光线，但总是靠落在视网膜同一点上的光线看到对象的。这是怎么回事？那就是，无论是靠所有这些光线，还是其中的任何一束光线，看到的对象都是处在同一个特定的方向上。

实验 2. 现在把上面提到的那个对象放在获得清楚视觉的最小距离以内，也就是说，如果眼睛没有近视，放在距眼睛四五英寸的地方。我们知道，在这种情况下，从对象上一点发出的光线不是在视网膜上汇聚成一点，而是在上面发散为一个小圆斑。中心光线占据了圆心，中心上方传播的光线占据了圆斑的上部，其余的光线依此类推。我们还知道，在这种情况下对象显得模糊，它的每一点都被看到了，但不是处在一个方向上，而是处于多种方向。要矫正模糊，我们透过针孔看着这个对象，当我们在瞳孔不同部位的前方移动针孔时，对象的位置就不是固定不变，而是看上去朝相反的方向移动。

这里要注意的是，当针孔在瞳孔前方往上移动的时候，对象在视网膜上的像也向上移动，而与此同时对象显得是往下移动，因此它总是在从像到眼睛中心的直线上。同样要注意的是，在视网膜上方和下方成像的光线不会像在通常的视觉过程中那样彼此相交，不过上方的像显示的是下方的对象，下方的像显示上方的对象，跟光线彼此相交时的情形是一样的。顺便提一句，我们由此可以看到，所见对象的排布与像在视网膜上的排布表现得相反，这种现象并非像开普勒和笛卡尔所认为的那样，是由于光线的交叉产生的。

实验 3. 上面实验中的其他条件保持不变，做三个孔，使它们排成一条直线，三孔挨得很近，以便对象发出的光线穿孔而过后可以同时进入瞳孔。这种情况下我们看到了一种很奇怪的现象：一只眼睛看到了三个这样的对象！而且，只要不超过瞳孔的宽度，多做几个孔，你看到的对象就会与孔的数目一样多。然而，我们只能假想它们是三个：右边一个，中间一个，左边一个。在此情况下，你看到三个物体从右到左排成了一条线。

这里要注意的是，视网膜上有三个像，左边的像是由经过眼睛中央左侧的光线形成的，中间的像是由中心光线形成的，右边的像是由右侧光线形成的。还要注意到，看上去处在右边的对象，不是透过右孔而是透过左孔看到的，而左边的对象是透过右孔看到的，我们只要把孔依次遮住就能很容易证明这点。因此，无论是形成右侧像还是左侧像的光线其方向如何，总是右边的像显示左边的对象，左边的像显示右边的对象。

实验 4. 只要把对象放在超出获得清晰视觉的最大限制距离的地方，就能轻易地看出最后两个实验会有多么大的差别。为了做这个实验，我戴着眼镜在十英尺远的地方看一根蜡烛，卡片置于眼前。从对象的同一点上发出的光线在到达视网膜之前可以相聚，并彼此交叉。与前面的情况一样，在这个实验中，从三个孔看到三支蜡烛。但是右边的蜡烛是透过右孔看到的，左边的蜡烛是通过左孔看到的。在这个实验中，根据光学原理显然有，在视网膜上形成几个像的光线在快到达视网膜之前彼此相交，左边的像是靠穿过右孔的光线形成的。因此像的排布与成像的孔的排布是相反的，也就与其对象的排布相反，这与前面实验中的情况一样。

这些实验显示了若干不寻常的现象，它们都牵涉视觉对象相对于眼睛表现出来的视位置和方向。这些现象似乎与通常的视觉规则完全背道而驰。当我们透过排成一条直线、彼此之间有一定距离的三个孔同时看的时候，我们料想，透过它们看到的对象彼此之间不仅实际上应该有一定距离，而且还应该显得有一定的距离。但是从第一个实验来看，我们透过三个这样的孔可以看到同一个对象和对象上的同一个点，而且透过所有三个孔看到的对象处于同一个位置和方向上。

当光线以直线从对象传播到眼睛而没发生反射、屈曲和折射时，我们料想，对象应该出现在它相对于眼睛而言真实的、本来的方向上，就如它通常表现出来的那样。但在实验2、3、4中，情况并非如此，尽管光线没有发生任何屈曲、反射和折射。

当对象和眼睛都固定不动，也不改变介质的时候，我们料想，对象看起来是静止的，保持在同一个位置上。然而在实验2和4中，当对象和眼睛都静止不动，也不改变介质时，我们可以使对象看起来上下移动，只要愿意的话，可以使它朝任何方向移动。

当我们用同样的眼睛，同时透过从右到左排成直线的三个孔一起看时，我们料想，透过左边的孔看到的对象出现在左侧，透过右边的孔看到的对象出现在右侧，但是在实验3中，我们发现方向是相反的。

尽管发生了许多用双眼把同一个对象看成两个的事例，我们还是一如既往地料想，如果只用一只眼睛看，就应该只出现一个对象。但是在实验 2 和 4 中，我们看到，不需要多面镜或放大镜的帮助，一只眼睛就能看到两个、三个甚至四个同样的对象。

所有这些关系到视觉对象相对于眼睛的方向的异常现象，以及一些寻常的现象，把我们引向了上面提过的那一条自然规律，这些现象都是它的必然结果。我们无法提供理由说明，为何视网膜上的像使我们能看到外部对象，而印在手上或脸上的像则不能。我们也不可能提供理由说明，我们看到的对象为何处在其像到眼睛中心的直线方向上，而不在其他方向上。因此，我倾向于把这一规律看作我们构造的基本规律。

为避免被误解，我恳请读者注意，我不是要断定视网膜上的像会使我们在上面提到的方向或任何方向上看到对象，除非视神经以及其他更直接的视觉工具被发现了，并发挥着它们的功能。我们不太清楚视神经的功能是什么，也不太清楚它展现功能的方式。但似乎可以确定的是，它在视觉官能中占有一席之地，因为人在黑蒙（据说这是视神经异常的表现）时，视网膜上的像是清楚明晰的，但无视觉。

我们对脉络膜的用途和功能更是知之甚少，但它对于视觉似乎同样是必不可少的。众所周知，在未被脉络膜覆盖的视网膜部分（我是指在视神经的入口处）上成的像，就跟成在手上的像一样，不产生视觉。因此，我们承认，视网膜不是心灵用于视觉的最终、最直接的工具。还有其他的身体器官，即使在像已经成在视网膜上后，它们的运作对于视觉来说也是必要的。如果我们知道了脉络膜、视神经、大脑的结构和用途，知道视网膜上的像给它们造成了什么印象，我们就可以看到一些更多的连接链环，发现更为普遍的视觉规律。但是我们极少知道这些更直接的视觉工具的本质和功能，也就似乎不可能撇开视网膜上的像来找到视觉规律。

我也不假装说，不存在某些眼科疾病或特殊事故，使我们看到对象时的方向不同于上述方向。请允许我举一个与自己有关的这种例子。

在1761年的5月，我忙于绘制一条精确的子午线，为了看到金星凌日，我急急忙忙地把一个小望远镜的十字标线直接对着太阳，用右眼去看。年轻的时候我经常这么干，也没出过什么问题。但这次终究是遭了殃。说这件事是为了给大家提个醒。

我很快注意到那只眼睛有明显的模糊，而且持续了好几个星期。当我在黑暗中，或闭上眼睛的时候，在右眼前方出现一个亮斑，它就像太阳在水中折射而成的意象一样晃个不停。这种情况慢慢减弱，次数也逐渐减少，所以现在几乎没有了。但是损伤造成的一些其他明显后果还依然存在。第一，右眼的视觉一直比左眼的模糊。第二，右眼可以获得清楚视觉的最近距离比左眼的远。而在那之前，我通过许多实验发现它们在这些方面是相同的。第三点是我最想说的：在某些情况下，用右眼看到的直线显得有点弯曲。当我闭上左眼看一篇乐谱，并把右眼对着五线谱第三线上的一个点的时候，那个点的确显得模糊，但线是直的；与此同时，上下两边的两条线显得向外弯曲。跟五线谱上眼睛没有对着的其他部分相比，这四条线彼此之间的距离以及它们离第三线的距离要远些。第四，尽管我在这十六个月中无数次地重复这个实验，我还是没有发现习惯和经验能消除直线表现得弯曲的现象。最后，仅当我用右眼看时才知觉到这种弯曲的现象，同时用两眼看时则知觉不到；并且同时用两眼看，要比只用左眼看的效果好些。

我的描述没有任何掺假，也没有考虑任何假说，因为我认为这件不同寻常的事情值得记录。我留给别人来猜测这种现象发生的原因。在我看来，似乎很有可能的是，对着眼睛中心的一小部分视网膜缩小了，因而相对于以前来说，邻近部位与眼中央的距离以及彼此之间的距离被拉近了。意象落在这些部位上的对象，彼此之间显现出来的距离，不是与现在处于非自然收缩状态中的那些部位之间的间距对应，而是与它们在自然正常状态下彼此之间的间距相对应。

第十三节 用双眼看到单个对象

另一种值得注意的视觉现象是，我们用双眼看到的对象是单个的。对象有两个像，分别在两只眼睛的视网膜上。其中每个像本身就可以使我们看到相对于眼睛有一定方向的对象，但通常是两个像一起让我们只看到一个对象。解剖学家和哲学家为这种现象做出的所有说明或解答似乎都不能令人满意。我将略去盖仑（Galen）、伽森德（Gassendus）、巴普蒂斯塔·波尔塔（Baptista Porta）和罗霍尔特（Rohault）的观点。读者可以看到波特费尔德博士已经考察和反驳了它们。我将对波特费尔德博士自己的、主教贝克莱的以及其他一些人的观点做一番考察。但首先有必要确定一些事实，因为如果我们弄错单视和复视现象，那么这种错误十之八九会导致我们搞错它们的原因。还有一点我们应该多加留意——在理论上它已经被那些在对此本性的探究上有正确判断力或有合适鉴赏力的人承认了，但在实践中容易被忽视，这点就是：在解答自然现象上，我们的能力使我们最多能做到的，是从具体现象中通过归纳找出普遍现象，所有具体现象只是充当它们的必然结果。当我们获得所能获得的最普遍现象时，就必须止步了。如果要问：为什么这个物体受地球吸引？我们能提供的全部答案是，因为所有物体都受地球吸引。这是把具体现象化归为一个普遍现象。如果还要问，为什么所有物体都受地球吸引呢？我们对此现象没有别的解释，只能说，所有物体都相互吸引。这是把一种普遍现象化归为另一种更普遍的现象。如果要问，为什么所有的物体都相互吸引？我们说不出来，即便能够说出来，也只能把物体的万有引力化归为某种更普遍的现象，物体间的引力则是它的一个具体实例。我们能获得的最普遍现象正是所谓的自然规律。因此，自然规律不是别的，就是与自然运作相关的最普遍事实，它们之下涵盖了大量的具体事实。非要用自然规律来命名普遍现象，也无伤大雅，人们以后随之孜孜不倦地找寻更普遍的现象。最普遍的现象被发现的时候，它就担上了自然规律之名，在它之下包括了不那么普遍的现象。假定了这些，我们继续来考虑单视和复视现象，以便发现它们引向的某种普遍原理，而它们则是该原理的必然结果。如果我们能发现这样的一条原理，那么它必定要么是自然规律，要么是某种自然规律的必然结果；无论是前者还是后者，其权威没有区别。

1. 我们发现，当眼睛正常完好时，把双眼的轴线对准一个点，放在该点上的对象看起来是单一的。我们注意到，在这种情况下显示单一对象的两个像处在两视网膜的中心。当一个小对象的两个像分别成在两视网膜上的某点时，如果它们显示出单一的对象，为清楚起见，我们称视网膜上这样的点为相应点；而看到双重对象的地方，我们把视网膜上的成像点称为非相应点。显而易见，在这第一种情况中，视网膜的两个中心是相应点。

2. 其他条件不变，把别的对象放在离双眼同样距离的地方，使它们的视轴依然对着物体，这些物体同样会显得是单一的。比如，如果我把眼睛对着十英尺远的一支蜡烛，把另一支蜡烛放在视觉范围内离眼睛同样远的地方，当我看第一支蜡烛时，我能注意到第二支蜡烛给眼睛造成的表象，而且我发现，在这种情况下它总是表现出是单一的。这里要注意的是，第二支蜡烛的像不是成在视网膜的中心，但它们都在中心的同一边，也就是说，要么都在中心的右边，要么都在左边，而且两者离中心的距离相等。我们很容易利用光学原理证明这一点。因此，在这第二种单视现象中，相应点是两视网膜上的点，它们处在离两中心相似的位置上：都在中心的同一边，离中心的距离一样远。从这种现象我们似乎同样可以得出，一视网膜上的每一点对应于另一视网膜上处于相似位置的点。

3. 仍假定其他情况相同，把对象放在距眼睛比双眼对准的地方要近得多或远得多的地方，以便显示出双重的对象。比如把蜡烛放在十英尺远的地方，把手臂向前伸长，竖起手指，挡在眼睛与蜡烛之间。当我看蜡烛时，我看到了双重的手指。当我看自己的手指时，我看到了双重的蜡烛。把其他对象放在视觉范围内相同距离的地方，也会出现这种情况。那些了解光学原理的人显然知道，在这种现象中被看到双重对象的像在视网膜上不是成在具有相似位置的点上，被看到单一对象的像才是成在具有相似方位的点上。我们可以推出，两个视网膜上离中心具有相似方位的点是对应的，而那些没有相似方位的点是不对应的。

4. 要注意的是，尽管在上一现象发生的那些情况中，我们从小就习惯于把一些我们知道是单一的对象看作双重的，然而把对象单一化的习惯和经验并不能消除这种双重表象。

5. 不过要注意的是，关注视觉表象的习惯有重要影响，它可以使我们或多或少观察到和记忆起复视现象。比如你可以看到，一个人能够坦然地说他一生中从来没看到过双重对象。然而，这个人若处在上面提到的情形下，把手指放在他与蜡烛中间，留心他没有看的那个对象的表象。当他首先试探性地看手指时，他看到了双重蜡烛；当他看蜡烛时，他看到了双重手指。他现在看到的与他以前看到的是否不同？当然不是不同，只是他现在注意到以前忽视的东西罢了。在此之前，对象的双重表象已经无数次地出现在他眼中，但他没注意到，就好像它从来没发生过一样，因此没有成为他反思和记忆的对象。

当我们看一个对象时，可以同时看到周围的对象，尽管有些模糊不清，因为眼睛有一定的视觉范围，在此范围内的东西可以尽收眼底。但我们只注意所看的对象，视野内的其他对象没有被注意到，就跟没有被看到一样。如果其中有任何一个对象引起了我们的注意，它自然会同时吸引我们的视线，因为在通常的生活习惯中，眼睛总是跟着注意力走。或许某次在出神时，两者分开了，我们就很难看到直接对着我们的物体了。因此我们可以明白，上面提到的那个人为何会认为他以前从没看到过双重对象。当他看任何一个对象时，看到的是单一的对象，而没有注意到其他视觉对象是表现出单一的还是双重的。如果有某一对象引起了他的注意，也就会吸引他的视线，眼睛一转向它，它就表现出是单一的。不过，要看到双重的物体——至少要反思、回忆起自己有过这样的经验，他就有必要在看某个对象的同时，注意视野内其他对象给他造成的微弱表象。或许他从来没有实践过或试图去实践，因此他想不起自己曾把一个对象看成双重的。但是一旦这样去关注，他就会跟那些在其大部分生活中习惯于此类关注的人一样，以相同的方式、相同的细节立即看到双重的对象。

有许多本质相似的现象表明，心灵可能不会注意到、因而多少不会感知到作用于感官的对象。在第二章中我就提过几起这样的例子。一些极富音乐才华的人向我保证，他们在听管键琴发出调子的过程中，当注意高音部时，他们听不到低音部；而当留心于低音部时，他们感知不到高音部的曲调。有些人近视得太厉害了，以至于在看书的过程中，只得把书拉近一只眼睛，而另一只眼睛对着别的对象。这种情况下，他们养成了一种习惯，只关注一只眼睛的对象，而完全不注意另一只眼睛的对象。

6. 我们可以观察到，在所有复视情况中，两表象有相对于彼此的排布和一定的视距或角距。在不同条件下，这种角距或大或小；但在相同条件下它总是相同的，不仅对于同一个人来说是相同的，而且对于不同的人来说也是相同的。

比如，在上述实验中，如果双眼可以完好视物的二十个不同的人把他们的手指和蜡烛放在前面所说的那个距离上，并抬头向前看着手指，他们将会看到两个蜡烛，一支在右，一支在左。右边的那支蜡烛是用右眼看到的，左边的是靠左眼看到的。他们看到的两支蜡烛之间的视距是相同的。如果再去看蜡烛，他们会看到两根手指，一根在右，一根在左。所有这些人看到的手指的视距相同，左边的手指是通过右眼看到的，右边的是用左眼看到的。如果保持其他条件不变，把头沿水平线对着一边，看上去是双重对象的表象之一马上盖过了另一表象。总之，任你如何改变条件，对于所有的旁观者来说，表象改变的方式是完全一样的。

7. 为了确定看成双重对象的两个表象间的视距，我做了许多实验。我发现，在所有的情况中，视距与另一种距离成正比：一只眼睛视网膜上的成像点和另一只眼睛上跟它有相似位置的成像点之间的距离。因此，用一只眼睛看到的两个对象，它们之间的视距与它们的像在视网膜上构成的拱形成正比。同样，当用双眼看到双重对象时，两个表象的视距与任一视网膜上的拱形（该视网膜上的像与另一视网膜上成像点的相应点之间的拱形）成正比。

8. 就像在某些情况下我们总是把一个对象看成两个，在其他一些情况下我们老是把两个对象看成一个，而且对象在表象上丧失了它们的双重性。这明显地表现在双筒望远镜上。把两个相同的管子平行对着两只眼睛也会发生同样的事情，因为此情形下我们只看到一根管子。如果把两枚先令放在管子的端口，一个精确地放在一只眼睛的轴线上，另一个放在另一只眼睛的轴线上，我们只会看到一个先令。如果把颜色和形状皆不相同的两块硬币或其他物体适当地放在管子的端口上（还要处在两眼的轴线上），我们看到两个物体占据完全相同的位置，就好像一个覆盖在另一个上，而不是把另一个遮蔽了，而看到的颜色则是两种颜色的混合。

9. 从这些现象以及我能做的所有实验中，可以很明显地看出，人的眼睛完好时，两视网膜的中心是相互对应和一致的，一视网膜上的其他点与另一视网膜上方位相似的点也是对应的、一致的。成在两视网膜相应点上的像只显示出一个对象，即使实际上有两个对象；而成在视网膜非相应点上的像向我们显示出两个视觉表象，尽管只有一个对象。因此，成在两视网膜相应点上的像向心灵呈现出同一个表象，就好像它们落在视网膜的同一点上似的；而成在视网膜非相应点上的像，向心灵呈献出两对象相同的视距和排布，就好像其中的一个像被转移到另一视网膜的相应点上一样。两视网膜相应点的这种联系和共感，我不是作为假说提出的，而是作为视觉的一种普遍事实或现象提出的。我们前面提到的单一或复视现象都归结于它，是它的必然结果。我自己做过无数的不同实验，别人按我的要求也做过许多实验，就我从这些实验中所能断定的来看，对于所有完好的人眼来说，它总是正确的。被建构用来解释单一和复视现象的大部分假说，都假定了这一普遍事实，但其建构者却没有意识到它。艾萨克·牛顿爵士是一位极其明智的哲学家，又是一位极为精确的观察家，没有提出过任何一个与他观察到的事实不相符合的猜测，因此他对上述普遍事实的原因提出了一个疑问，即《光学》中的"问题 15"。睿智的史密斯博士在其《光学》第一部的第 137 节中，从他自己的经验肯定了这一普遍现象的真实性：不仅对于像成在视网膜相应点上的对象的表象合二为一，是真实的，而且对于被看成双重对象的两表象间的视距,也是真实的。

因此,该普遍现象似乎建立在非常充分的归纳之上,归纳就是我们能为这类性质的事实提供的全部证据。在我们结束此主题之前,提出下列问题将会有所帮助:第一,眼睛在头上有着相反的排布并以相反的方式视物的动物,其视网膜上是否有这样的相应点?第二,在有缺陷的人眼(我指的是斜视眼)中,相应点的排布是什么样的?第三,视网膜上相应点的一致是自然的、原初的,还是习惯产生的结果?如果它是原初的,那么它是否能用任何早已发现的自然规律来说明?还是要把它本身就看作一条自然规律和人类构造的一部分?

第十四节　动物的视觉规律

自然有意赋予动物以眼睛,使它们能感知到视觉对象的方位或其所处的方向。因此有可能的是,通常情况下,每只动物,无论它的眼睛有多少,无论是一种结构还是另一种结构,看到的对象都是单一的,而且处在它们真实的、本来的方向上。此外,不同动物和昆虫的眼睛在结构、运动和数量上差异巨大,因而支配视觉的规律可能并不全部相同,它们有着区别,适配于自然赋予它们的眼睛。

人们总是自然而然地把双眼对着同一个方向,因此它们的视轴相交于一点。眼睛自然只关注或只看着处于交点上的对象。无论对象是远是近,眼睛的构型随对象的距离调节,以便形成一个清晰的像。

当我们以这种自然的方式使用眼睛时,对象的两个像成在两视网膜的中心上。周围任一对象的两个像分别成在两视网膜的两点上,这两点相对于两中心而言具有相似的方位。因此,为了使我们两眼看到的对象是单个的,且处于它们本来的方向上,我们的构造要满足下述要求：像成在两视网膜中心，或成在相对于中心来说有着相似方位的点之上的对象，会在相同的视觉位置上被看到。而自然确实已经把这种构造给予了人眼。

仅当我们扭曲眼睛使它们的方向不平行（这是不自然的动作，但可以通过练习来学会）时，或仅当我们把双眼的视轴对着一点，同时把注意力放在距那点近得多或远得多的视觉对象上（这同样是不自然的，但也可以学会）时，我们看到的对象才是双重的，或把两个对象混淆成一个。在这些情况下，同一对象的两个像成在视网膜位置不相似的点之上，因此对象被看成双重的；或者不同对象的两个像成在视网膜方位相似的点之上，因此两个对象被混淆成处在一个位置上。

这样看来，人类构造的视觉规律巧妙地适应于人眼的自然用法，而不适用于非自然的用法。当我们以自然的方式使用眼睛时，看到的对象是真实的；以不自然的方式使用它们时，获得的表象就是虚假的。我们有理由认为其他动物也是如此。但我们是否也有理由认为，一只眼睛自然而然地对准一个对象，而另一只眼睛对着另一个对象的动物，必定跟我们违背自然的做法一样，会获得虚假的表象？

许多动物的眼睛天生就是颠倒的、不动的，两眼的视轴总是对着相反的点。像成在两视网膜中心上的对象，对于这些动物来说，是不是像对于人眼一样，出现在完全相同的视觉位置上？我认为它们很有可能不是这样的，它们显示出来的位置，就如它们真实的位置一样，是彼此相反的。

如果我们以此类推，就会产生这样的想法：这些动物两视网膜上的点有某种对应，但它与我们在人眼中发现的对应属于不同的类型。一视网膜的中心与另一视网膜的中心相对应的方式是：像成在这些相应点上的对象，不像在人眼中的那样显得处于同一个位置上，而是处在相反的位置上。同样，一视网膜的上部分对应于另一视网膜的下部分,一视网膜的前部分对应于另一视网膜的后部分。

就像我们转动手和胳膊一样,有些动物天生就可以同样容易地转动眼睛,使之对着一个方向或对着不同的方向。这些动物是否像人类那样,其视网膜上有相应点和非相应点?我认为它们很可能没有,因为它们的这种构造不可能满足其他的目的,只能显示出虚假的表象。

类比会引导我们认为,由于这些动物转动眼睛的方式类似于我们转动手臂的方式,因此,就如我们对赋予手臂的方向有种直接的、自然的知觉,它们对自己赋予眼睛的方向也有这种知觉。它们用眼睛感知到视觉对象的方位的方式,类似于我们用手感知到触觉对象的方位的方式。

我们不可能教导野兽用一种不同于自然教导它们的方式来使用自己的眼睛,也不能教导它们与我们进行交流,告诉我们在正常或特殊情况下视觉对象呈现给它们的表象。因此,我们不能以揭示自己的视觉规律的方式来发现它们的视觉规律,但是我们可以做些有根据的猜想,这就够了。我们关于此主题所说的内容主要是为了表明,被自然赋予不同数量、不同排布、不同自然运动的眼睛的动物很可能受不同视觉规律的支配,这些规律适应于它们视觉器官的特殊性。

第十五节　斜视假想

那些不自觉斜视的人,其视网膜上是否存在着相应点?如果存在的话,它们坐落的位置是否跟没有斜视的人相同?这不只是出于好奇而提出的问题。对于想治愈斜视的医生和接受治疗的病人来说,它们是具有真正重要性的问题。医学和光学方面的作者已经大量谈论过斜视眼和斜视,有人或许会指望找到充分的事实来判定这些问题。不过我坦白,在我自己费心观察和收集别人所做的观察之后,我已经不抱这种指望了。

判定这些问题需要一些观察。要做出观察,我们必须具备光学原理和视觉规律的知识,以便在碰到难得的机会时能做到得心应手。

绝大部分斜视的人用一只眼睛获得不了清晰的视觉。倘若情况如此,那么确定相应点的方位就不可能了,实际上也没什么重要性。当两眼都完好时,通常它们在方向上差别很大,以致同一个对象不能被两眼同时看到。在这种情况下,相应点的位置将非常难以确定,因为这种人很可能只注意到一只眼睛的对象,另一只眼睛的对象就像没被看到一样,几乎不受关注。

我们在前面提到,当看着一个近处的对象并予以关注时,我们感知不到远处对象的双重表象,即使它们与前者处于同一方向上,并在同一时间呈现给眼睛。当有斜视的人关注一只眼睛的对象时,他有可能会把注意力完全从另一只眼睛的对象上移开,因而很少感知到后者,就如我们以自然方式使用眼睛时,很少感知到对象的双重表象一样。因此,除非这样的一个人是哲学家,养成了极其精确地关注对象的视觉表象的习惯,甚至关注他没看着的对象的习惯,否则他不可能为我们眼下正在考虑的问题提供任何线索。

野兔、兔子、鸟和鱼的眼睛有着相反的排布,它们很可能有种天生的官能,能同时关注处于不同位置甚至方向相反的视觉对象,否则自然做这种安排就没什么意义。但斜视的人不可能有这种天然官能,因为我们没有在其他人那里发现它。我们天生就只会关注处在两眼视轴相交点上的对象。关注其他方向上的对象是不自然的,唯有靠努力和练习才能学会。

对此一条极具说服力的证据或许来自于哲学家们现在非常熟悉的一个事实:当一只眼睛闭上时,视野中有个空间,那里面的东西什么也看不到，此空间正好背对着与视觉神经相连的眼睛底部。所有人的眼睛在一个部位上都有这种视觉缺陷，而且从世界肇始就是如此，然而直到聪敏睿智的马略特[14]在上个世纪[15]发现它之后，才被人们知悉。尽管它现在为人所知，但只有通过特殊的、唯有靠谨慎和细心才能完成的实验方能被感知到。

为何这样一种显著的、为所有人共有的视力缺陷，在那么长时间都不为人知，而且现在还如此难以感知到呢？原因当然是：此缺陷离眼睛的视轴有一定的距离，因而处在视野内我们天生无法留意到的一个部分，没有某些特殊条件的帮助，我们完全不可能关注到它。

从上述内容我们似乎可以得出，如果斜视的人不能用双眼清晰地视物，要确定其眼睛里相应点的方位是不可能的。除非双眼在方向上的差别很小，否则用双眼很难同时看到同一对象。我很少认识这样的患者，至少我有机会遇到的非常少。因此，为了帮助那些可能有好的机会并愿意适当地利用此机会的人，我们将对斜视这种情况做些假想，列出合适的研究条目、需要做出的观察以及从可能推出的结论。

1. 有必要追问：斜视的人用两眼视物的效果是否一样？如果一只眼睛有缺陷，那么此缺陷的本质和程度应该予以关注。证实这类问题的实验太明显了，我没必要提及。但是我建议观察家去做一些适当的实验，不要依赖于患者的证言，因为我看到过许多例子，既有斜视的人，也有其他经试验发现一只眼睛视力缺陷很大的人，尽管他们之前从没有意识到。在下列所有条目中，我们假定患者的双眼都能很好地视物，把一只眼睛合上时，另一只眼睛还能看书。

2. 有必要追问：当一只眼睛合上时，另一只是否会马上转向对

---

14 埃德梅·马略特（Abbé Mariotte，1620—1684年），法国物理学家和植物学家。——译者

15 指17世纪。——译者

象？依次用两个眼睛来试试。我们可以把这种观察作为试金石，来检验海尔[16]硕士提出并被布尔哈夫[17]和许多医学能手采纳的斜视假说。

此假说是：在斜视的人那里，一只眼睛感应力最强、视觉最清晰的地方不像其他人的那样处于视网膜的中心，而是在中心的一侧；而且，为了使对象的像成在视网膜感应力最强的部位，从而获得最清楚的视觉，他会把那只眼睛的视轴从对象上移开。如果这就是斜视的原因，那么无论另一只眼睛是合是开，斜视的那只都会从对象上移开。

如此容易的实验在长达四十多年的时间里从未被开展过，但假说却已经被非常广泛地接受。提出假说容易，用事实检验却难。最后朱林（Jurin）博士做了这个实验。他发现，斜视的人，当另一只眼睛合上时，会把斜视眼的视轴直接对着对象。波特费尔德博士证实了这一事实，而且我在自己的全部观察中也发现它是对的。

3. 有必要追问：双眼的视轴是否彼此相随，所以当此人往左或往右、往上或往下、往前或往后看的时候，它们总有一致的斜度或形成同样的角度？利用这个观察我们可以判定，是否如同某些人设想的那样，斜视是由控制眼睛转动的肌肉的某种缺陷造成的。在下面的条目中，我们假定双眼视轴的斜度总是一样的。

4. 有必要追问：斜视的人看到的对象是单一的还是双重的？

如果他看到的对象是双重的，而且如果两表象间的角距离等于两眼视轴组成的角度，我们可以下结论说，他两眼的视网膜上有相应点，而且其方位跟没有斜视的人的相应点是一样的。如果两表象有保持不变的角距离，但明显大于或小于视轴所构成的角度，这就表明视

---

16 菲利普·德·拉·海尔（Philippe de la Hire, 1640—1718年），法国数学家、天文学家、画家和建筑师。——译者

17 赫尔曼·布尔哈夫（Hermann Boerhaave, 1668—1738年），荷兰医学家、临床医学教育家、化学家和植物学家。——译者

网膜上有相应点，其方位与没有斜视的人的不同，但我们很难精确地判断视轴构成的角度。

程度太轻而觉察不到的斜视可能造成复视现象。严格说来，每个人或多或少有些斜视，其视轴并不是精确地相交于所看对象之上。如果某人双眼的视轴只能平行，而完全不能汇聚，他在看近处的对象时必定稍微有些斜视，会看到双重的对象，但是看很远的对象时则是单一的。如果视轴总是汇聚，最远相交于面前八英尺或十英尺的地方，这个人就会把近处的对象看成单一的。但是当他看非常远的对象时，会有点斜视，看到双重的对象。

达吉隆[18]在《光学》中讲述了一个例子。他说他遇到一个年轻人，他把近处的对象看成单一的，而把远处的对象看成双重的。

布里格斯博士[19]在他的《视觉新论》(*Nava Visionis Theoria*)中，从一些作者那里收集了有关复视的若干例子，还引用了达吉隆的，并把它当作所有案例中最奇妙、最难以说明的一个，他甚至怀疑那位年轻人是在骗人。但是在那些理解支配着单视和复视的规律的人看来，它似乎是轻度斜视的自然结果。

当看到的两个表象之间有一个小的角距离时，尽管斜视没有被观察到，但复视总是可以归结为轻度斜视。我也实在记不起有哪位作者记录过复视的事例，其中为表象的角距离提供了说明。

从伴随情况来看，几乎在所有的复视病例中，我们都有理由怀疑是眼睛的斜视或畸变导致的。复视的出现不外乎以下一种或几种情形：濒临死亡、晕厥、酗酒或其他放纵行为、头痛欲裂、头部疱疹、

18　弗朗索瓦·达吉隆（François d'Aguilon，本书中用的是拉丁文名 Aguilonius，1567—1617年），西属尼德兰数学家、物理学家和建筑师。——译者

19　威廉·布里格斯（William Briggs，1642—1704年），英国物理学家和眼科医生。其著作《视觉新论》探讨了视觉生理学，牛顿大为赞赏，推荐再版并作序。——译者

吸烟以及头部受击或受创。我们有理由怀疑，在所有这些情况中，控制眼睛转动的肌肉由于痉挛或瘫痪造成了眼睛的扭曲。尽管出现复视的地方很可能总是有或重或轻的斜视，然而可以肯定的是，有斜视的地方并不总是产生复视。我还没听说过终身复视，甚至也没听说过复视持续数年的例子。因此在下面的条目中，我们假定斜视的人看到的对象是单一的。

5. 于是，下一个应该提出的问题就是：对象是同时被两眼看到，还是被视轴对着它的那只眼睛看到？在朱林博士之前，以斜视眼为题材的作者想当然地认为，那些斜视的人通常同时用两眼看到单一的对象，但我不知道有哪位作者提供过哪怕一个事实来证明这点。朱林博士的看法与之相反，由于它举足轻重，我们可以用下面这个明显的实验，轻易地在具体情况中对此观点做出判决。当斜视的人盯着对象不动，观察者细心记录他双眼的方向，并观察双眼的转动。把一个不透明的物体连续插入对象和两眼之间。如果患者无论是否有物体插入，在不改变双眼方向的前提下一直能看到对象，那么我们可以下结论说，他是同时用两眼看到它的。但是如果把物体插入一只眼睛和对象之间，导致对象看不见了，那么我们可以确定，它就是被这只眼睛看见的。在下面的两个条目中，我们按照通常的假说，假设前者为真实发生的情况。

6. 根据这一假设，有个问题应该被提出：在有些环境下，没有斜视的人看到了双重对象，那么在同样的环境下，患者是否会看到双重对象？举例说，把一支蜡烛放在距他十英尺的地方，把手伸直竖起指头，使手指处在他跟蜡烛之间，然后让他观察：当看蜡烛的时候，他的两只眼睛是否都看到了手指，他所看到的手指是单一的还是双重的。当他看手指的时候，让他观察：他是否两眼都看到了蜡烛，看到的蜡烛是单一的还是双重的。

我们利用这种观察可以确定,复视和单视现象对于这位患者来说是否跟没有斜视的人相同。如果不同,如果无论对象是向他人呈现出单一的还是双重的,他都用双眼把对象看成单一的,那么从该假设可以推出的结论是,他的单视不是产生于其双眼视网膜上的相应点,而且他的视觉规律与别人的不同。

7. 另一方面,如果别人看到双重对象的情况下,他看到的对象也是双重的,结论必定是,他两眼的视网膜上有相应点,但其方位的布局是不自然的,其方位很可能是这样确定的:

当他看一个对象,把一只眼睛的视轴对着它,另一只眼睛的视轴从它上面移开的时候,我们假设有条直线连着对象和岔开的那只眼睛的中心。为清楚起见,我们把这条直线称为眼睛的自然视轴,它会与真正的视轴构成一个角度,角的大小取决于他斜视的轻重。我们还把自然视轴与视网膜相交的那一点称为视网膜的自然中心,它与真正中心的距离取决于斜视的轻重。

以这些定义为前提,对于那些了解光学原理的人来说显而易见的是,这个人的一个视网膜上的自然中心对应于另一视网膜上的真正中心,就像在完好的眼睛中,两个真正的中心是对应的。如果一点相对于一视网膜真正中心的方位,相似于另一点相对于另一视网膜自然中心的方位,那么这两个点就是对应的,就像在完好的眼睛中,相对于两个真正中心有相似方位的点是对应的一样。

如果就像已被通常肯定的那样,斜视的人同时用两眼看一个对象,而且看到的对象是单个的,那么斜视就很可能是我们在本条目中所描述的这个样子。我们可以进一步下结论:如果一个患上我们所假想的那种斜视的人养成了直视的习惯,那么他的视力会因此而受到很大的损害。因为,当他用双眼同时视物时,他会把每个东西看作双重的,而且远处的对象会被他混为一体。他的眼睛天生适合于斜视,就像其他人的眼睛天生适合于直视一样。他直视时视力的受损程度不低于别人斜视时的受损程度。他不斜视的时候，永远不可能完好地视物，除非他双眼的相应点由于习惯而改变了位置。但大家将会在第十七节看到，这种可能性微乎其微。

试图治愈斜视的医学专家有很好的机会思考，斜视是否会伴随上面描述的症状。当真出现这类症状，那么治疗它将会比治疗疾病还难，因为所有人都会坦承，以丧失完好清晰的视觉为代价来获得治愈，要比斜视造成的畸形更难忍受。

8. 现在再回到朱林博士的假说。我们假设，斜视患者在把对象看成单一的时候，经试验发现，他当时只使用一只眼睛。

我们建议，这位患者多多努力，尽量减少倾斜，使其双眼的视轴方向接近平行。我们本来就具有稍稍改变视轴斜度的能力，还可以通过练习来大大地增强它。

在平常自然地使用眼睛时，我们能使其视轴对着一颗恒星，这种情况下，它们必定是平行的。我们也可以对着离眼睛六英寸远的一个对象上，在这种情况下视轴必定会形成十五度或二十度的角。我们看到年轻人嬉闹时学斜视，只要愿意，他们就能把眼睛大幅度地挤拢或拉开。为什么斜视的人想学直视却那么困难？一旦他靠顽强的意志减轻了斜视，那么频繁练习会使斜视的减轻变得容易，他的掌控能力也会日渐增强。如果他在年轻时就开始练习并坚持下去，一段时间之后，他有可能学会把双眼对着一个对象。

当他获得了这种能力，只要观察充分，就不难确定，他是否与其他人一样，视网膜上的中心彼此对应，相对于两中心具有相似方位的点也是对应的？

9. 我们现在假设，他发现情况果真如此，当双眼的视轴都对着一个对象时，他的双眼把它看成单一的。此时可以说他养成了直视的习惯，他已经获得了这种能力。他这样做不仅消除了畸变，而且提高了视力。我认为，这种习惯像所有其他的习惯一样，可以通过频繁的练习养成。独自一人时，他可以在镜子前面练习。成群结伴时，最好找旁边的人在他斜视时督促和提醒他。

10. 在条目9中所做的假设不纯粹是假想。下一节我们将会看到，对于某些斜视患者来说，情况真的是如此。因而我们应该进一步追问：当这样的一个人两眼都睁着的时候，他却只用一只眼睛看对象，这是如何发生的？为了回答这个问题，我们要注意到：第一，当他看一个对象的时候，那只岔开的眼睛是否没有向鼻子那边挤得太近，以致无法获得清晰的意象？或者，第二，岔开的那只眼睛的瞳孔是否没有被上眼睑完全或部分盖住？朱林博士在斜视的人那里发现了这样的一些情况，并把他们只用一只眼睛看对象的原因归结于它们。第三，我们可以观察到，岔开的那只眼睛是否没有对好，以至于使对象的像落在与视觉神经相连且无视觉的那部分视网膜上？如果一个斜视患者的双眼视轴汇聚并相交于鼻子前大约六英寸的地方，那么上述情况很有可能发生。

11. 最后应该追问：当这样的一个人用另一只眼睛看对象时，他那岔开的眼睛究竟能否获得清晰的视觉？

似乎非常不可能的是：当另一只眼睛闭上时，他居然能用那只岔开的眼睛进行阅读；而当两只眼睛都睁着时，却完全不能获得清晰的视觉。但如果我们充分地考虑到下述情况，这并非显得完全不可能。

我们首先假设，一个视物完好的人，由于头部受击或其他的偶发事件，造成了永久性的、不知不觉的斜视。根据视觉规律，他看到的对象是双重的，还会把彼此相距较远的对象混为一体。不过这样的视觉很不舒服，极其不便，他会想方设法补救。为了缓和这种痛苦，自然经常教人们一些非常巧妙的权宜之计——哲学家的智慧是发现不了它们的。眼睛的各种偶然转动和各种方向或构型，只要能缓解痛苦，都会令人惬意；即使未经考虑或设计，它们也会被重复，直到得心应手，成为习惯。现在在这种情况中，妨碍一只眼睛视力的是另一只眼睛的视力。如果一只眼睛的进光消失了，视觉里所有令人不快的表象将会消失。一只眼睛的视力变得更清晰和看得更舒服的程度，与另一只眼睛的视力变得暗淡和模糊的程度成正比。因此我们可以预料，有害于一只眼睛获得清晰视觉而保持另一只眼睛视觉的清晰性不变的习惯，或多或少地可以养成。如果某人开始时一只眼比另一只眼睛要好，那就很容易养成这些习惯；因为在那种情况下，他总是把好的那只眼睛对着他想看的对象，而每种会阻止他用另一只眼睛视物或妨碍它同时清楚地视物的习惯，都会被养成。

我会提到一两个在这种情况下很可能养成的习惯。也许还存在其他一些我们不那么容易猜测到的习惯。第一，稍微加重或减轻他的斜视就可能使其斜视符合上一条目中提到的某一种情况。第二，改变岔开的眼睛的构型，使之变得高度近视，因而对远处的对象产生不了清晰的视觉。我就知道有个斜视的人是这种情况，但我不知道岔开的那只眼睛的近视是本来如此还是靠习惯养成的。

因此，我们看到，开始由于斜视而看到双重对象的斜视者可以养成这样的习惯：当他看对象时，他可以只用一个眼睛看到它。更有甚者，他还可以形成这样的习惯：当他用较好的那只眼睛看对象时，另一只眼睛完全无法形成清晰的视觉。情况究竟是不是如此，我观察到的事例还确定不了，有待进一步的探究。

在上述几个条目中，我已经尽量对观察斜视现象的恰当进程做了描述。我凭经验清楚地看出，这一进程在理论中要比在实践中更容易实施。为了成功地推动进程，患者必须在心智上具备某些资格，而它们并不总是能够得到满足。不过，如果那些有合适机会且愿意观察这种现象的人能充分地关注这一进程，他们或许能够提供一些事实，比我们碰到的，甚至比有声望的作者们所描述的事实更清楚、更富启发性。有了这些事实，我们就可以戳穿那些空洞的理论，并且在与眼睛这种最显贵的感官有关的自然规律方面扩充自己的知识。

第十六节　与斜视有关的事实

我们已经假说性地考查了斜视现象以及它们与视网膜上相应点的关系。下面我会提到一些事实，能帮助我们理解这个主题。有些事实是我自己观察到的，有的是在一些作者那里发现的。

我检查过不下二十个患有斜视的人，发现他们所有人的一只眼睛有视力缺陷。其中只有四个人，当另一只眼睛闭上时，那只视力弱的眼睛还算清晰，能够看书。其他人用一只眼睛则完全看不清任何东西。波特费尔德博士说，斜视患者普遍都是这个样子，而我怀疑这比大多数人所想象的还要普遍。史密斯博士在《光学》中收录了朱林博士的一篇关于斜视的论文，颇有见地。文中朱林评论说，用双眼视物的斜视者向来不能用双眼同时看到同一个对象；当一只眼睛直接对着对象时，另一只眼睛就会向鼻子挤得很近，以至于完全看不到对象，视网膜上形成的意象太偏斜、太模糊不清，无法影响到这只眼睛。他在一些斜视患者那里观察到，一只眼睛对着对象时，岔开的那只眼睛往上眼睑挤。他从这些观察中得出，眼睛这样变型，"不是为了更好地视物，而是尽可能地使它完全看不到对象"。依靠自己所做的全部观察，他满意地认为，斜视眼的结构没什么特殊的，唯一的缺陷就是它错误的方向，而方向上的错误源自于习惯。他提出了一种治疗方法，我们已经在上一节的第8、9两个条目中描述过。他告诉我们，他对一位年轻先生使用过这种疗法，本来有很大的成功希望，但后者得了天花病逝，计划被打断了。

我们原本指望朱林博士告诉我们，他是否让那位年轻人把双眼的视轴对着同一对象，以及这样做的时候，他看到的对象是不是单一的，是不是同时用两只眼睛看到的；还指望他告诉我们，当那人的斜视减轻时，他看到的对象是不是双重的。但这些事情他都没有说。

长久以来，我就希望有机会试验一下朱林博士治疗斜视的方法，但没有找到一个合适的人选。经检查，我总是发现患者一只眼睛的视力缺陷太大了，从而打消了尝试的勇气。

不过我最近找到了三位年轻的先生，如果他们有耐心坚持这种治疗方法，我认为有希望取得成功。其中两个是兄弟，在我有机会检查之前，他们在一位私人教师的指导下使用过此方法，成果斐然：哥哥在警醒的状况下是直视的，弟弟能使双眼对着一个对象。但他们很快就回到了惯常的斜视。

第三位年轻先生之前从来没有听说过这种方法，经过几天的练习之后，他能使双眼对着一个对象，但不能长时间保持这个方向。三位一致认为，当两眼对着一个对象时，他们看到它及其邻近的对象都是单一的；但当他们斜视的时候，看到的对象有时是单一的，有时是双重的。我对他们都进行了观察，当他们按照习惯斜视得最厉害的时候，双眼的视轴会汇聚，相交于鼻子前五或六英寸的地方。在这种情况下，对象在岔开的那只眼睛里成的像，有可能落在与视神经相接的那部分视网膜上，因此这只眼睛看不到对象。

在我试验前，他们都不知道自己一只眼的视力有缺陷。当他们斜视的时候，好的一只眼睛总是对着对象，差的那只眼睛则从对象上岔开。但是当好的那只闭上时，差的那只就转向了对象。一只眼睛视力的这种缺陷是不是长期不用（斜视的时候肯定没有用到）的结果，或一只眼睛视力的某种原始缺陷是不是造成斜视的原因，或许可以靠时间来找到答案。那对兄弟发现，把另一只眼睛闭上，用视力差的那只看书，就可以提高它的视力。哥哥能用差的那只眼睛阅读寻常的印刷字体，弟弟和第三位先生只能阅读大的字体。我遇到另外一个斜视的人，他也能用差的眼睛看清大字体。他是个年轻人，两只眼睛敏感且弱视，但左眼比右眼弱得多。他看任何对象时，老是把右眼对着它，左眼挤向鼻子，所以不可能用双眼同时看到同一个对象。当右眼合上时，他把左眼对着它，但看得不甚清晰，就好像蒙上了一层薄雾。

我做过一些实验，有些实验是在一位才华横溢的内科医生的陪同和帮助下完成的。我做这些实验是为了观察处于双眼视轴上的对象看起来是不是在一个地方被混成一体，就像在那些非自然斜视的人那里一样。把一支点燃的蜡烛放在八或十英尺远的地方，使其处在视力差的那只眼睛的视轴上。在他能阅读的范围内，把一部印刷本放在另一只眼睛的前面。他说在看书的时候，他看到了蜡烛，但非常模糊。我们从这就能知道，这两个对象不是出现在一个地方，而是呈现出了一个角距离，它与两对象实际的角距离完全一样。

如果这就是事实，那么结论就是：他双眼的相应点与别人的分布不一样；而且，如果他能把双眼对着一个对象，就会看到双重的对象。不过考虑到这位年轻人从来没有习惯于这种类型的观察，而且其中一只眼睛视力太差，所以我不敢保证单单从这个事例中引出的这条结论是可靠的。

从这些事实能推出的全部结论就是：在四个斜视的人中，有三个人的眼睛结构似乎没什么不可思议的地方。他们视网膜的中心和相对于中心具有相似方位的点，在对应方式上，与其他人的别无二致。因此，如果他们能养成把双眼笔直对着对象的习惯，那么他们不仅会消除畸变，还可以提高视力。至于第四个人，没什么把握，可能其双眼的相应点在位置分布上与通常的自然状态有些偏离。

第十七节　习惯在单视中的作用

　　从第十三节描述的单视和复视现象似乎可以得出：我们用双眼把一个对象看成是单一的，取决于两点。第一，我们经常提到的视网膜上某些点的相互对应；第二，双眼严格地对着对象，使对象的两意象落在相应点上。要使双眼看到单一的对象，这两点必须共同起作用。它们依赖于习惯的程度有多大，单视依赖于习惯的程度就会有多大。

　　关于第二点，即使双眼严格地对着对象，我认为大家必须承认它只能靠习惯学到。自然英明地规定了眼睛的转动方式，使它们的视轴总是保持近似平行。但考虑到我们所看对象的距离，自然赋予我们能力来稍微调节它们的斜度。如果没有它，对象只有处在一特定距离才显得是单一的，距离太近或太远则总会出现复视。不管是赋予我们这种能力，还是使其程度恰如其分地满足目的，都明显地体现了自然的智慧。

　　因此，总的说来，双眼的平行是自然的杰作。不过根据对象的距离来调节方向，其准确性和精准度则是习惯的结果。自然留给我们稍微调节视轴斜度的能力，它转化成了一种习惯，使视轴的斜度总是适配对象的距离。

　　不过有人可能会问，是什么造成了这种习惯？我们能提供的唯一答案是，我们发现它对于完好清晰的视觉而言是必不可少的。一只眼睛丧失视力的人往往会丧失使那只眼睛精确地对着他所看对象的习惯，因为该习惯对他来说不再有用。如果他恢复了那只眼睛的视力，就会发现这种习惯的用处，因而会恢复它。人的构造中没有比眼睛更值得赞美的部位了，无须任何设计或意图，我们凭它就获得了有用的习惯。儿童最开始视力必定不甚完好。但是他们在使用眼睛的过程中学会了最好的使用方式，而且无须刻意，就养成了满足那一目的所必须的习惯。能满足个人特殊的职业生涯和生活方式的视觉是极其有用的，每个人在它上面都是最内行的能手。在看非常近的对象时，细密画画家或雕刻师比水手有优势。但在看遥远的对象时，水手比他们有优势。近视的人看远处的对象时，几乎把眼睑合上，形成眯眼睛的习惯。为什么？不为其他，只是因为这能使他更清楚地看到对象。同样地，为何人们会养成把双眼严格地瞄准对象的习惯？其原因必定是：这样做能更好、更清晰地看到它。

仍有待考虑的是，视网膜上某些点的对应（这对于单视而言也是必不可少的）是习惯的结果，还是人眼初始的特质？

对它是初始特质的一个强有力的论证，可以从刚才提到的把双眼严格瞄准对象的习惯中引出。我们发现这种习惯对于完好清晰的视觉是必须的，因此就养成了。但是它为何是必须的？不为其他，只是因为对象的两意象靠它落在相应点上，双眼在视觉上相互辅助对方，看对象就比用一只眼睛好。但是，当双眼没有精确地对准对象时，两意象就落在非相应点上，一只眼睛的视力会影响另一只的，用两眼看对象就会比用一只眼睛模糊。据此我们可以合理地推出如下结论：视网膜上某些点的对应先于我们获得的视觉习惯，因此是天生的、原始的。我们都养成了一种习惯，总是把眼睛以一种制造单视的特殊方式来对准对象。现在，如果自然规定，仅当我们如此瞄准，才能出现单视，那么全体人类都有明显的理由赞同以这种方式对准眼睛的习惯。但是，如果单视是习惯的结果，那么任何其他瞄准眼睛的习惯也可以满足此目的，也就解释不了这种特殊的习惯为什么会如此普遍，有个现象也必定会显得非常奇怪——我们还没有发现有哪个人养成了这样的习惯：当他以其他方式对准双眼时，他看到的对象还是单一的。

睿智的史密斯博士在其卓越的光学体系中持相反的观点，他还提供了某些推理和事实来证明它。他同意贝克莱主教把下面这点完全归因于习惯：我们用双眼看到单一的对象，我们是通过倒立的意象看到直立的对象。我已经在第十一节中考察过贝克莱主教的推理，现在评价一下史密斯博士在此主题上发表的言论。我对这位作者满怀敬意，他自己不仅有许多颇具价值的发现，还耗费巨大的心血，把这个时代最伟大的数学天才的发现从遗忘状态中唤醒[20]。

他注意到，我们为何用双眼看到单一对象，这与我们为何用双耳听到单一声音的问题是相同类型的问题。他还注意到，同样的答案可以回答两者。我们可以从中推出：第二种现象跟第一种一样，也是习惯的结果。

依我浅见，两个问题所属的类型有所不同，无法用同一个答案满足两者，而且我们用双耳听到单一的声音，并非习惯的结果。

两个或更多的视觉对象尽管极其相似且被同时看到，也可以靠它们的视觉位置来区分。但两种极其相似且被同时听到的声音就辨别不出来。因为从声音的本性来说，它们引起的感觉必定被合成了一种，丧失了所有区别。因此，如果要问，为何我们用双耳听到的声音是单一的，我的答案就是，不是源于习惯，而是因为两种极其相似且同时发出的声音没有什么赖以区分的东西。但这个答案能否用来回答另一个问题？我认为不能。

对象向每只眼睛都呈现出了一个表象，就如声音给每只耳朵都造成了一种效果。这就是两种感官一致的地方。但是，当视觉表象在其

---

20 根据《牛津国家人物传记大词典》（*Oxford Dictionary of National Biography*），史密斯推动了牛顿的思想在欧洲的传播。——译者

他方面极其相似的时候，还可以靠位置来予以区分，而声音不能靠这种方式得到区分。这就是两者之间的差别。事实上，如果两个表象的视觉位置相同，那么在上述情况中，它们就会和声音一样不能辨别出来，我们看到的对象就是单一的。但是当它们的视觉位置不同时，就完全可以区分，我们看到的对象也就是双重的。我们只有以一种特殊的方式瞄准眼睛，才会把对象看成是单一的。不过在我们力所能及的范围内，还有很多对准双眼的其他方式，使我们看到双重的对象。

大家都知道存在一种错觉：把相邻的两手指交叉，用它们的背面挤压一个纽扣，会感到有两颗扣子。史密斯博士正确地把这归结于习惯。我跟他一样认为，这种现象的原因在于，手指背面从来就不是用于在同一时间感受同一对象，而是感受两个不同的对象。我还要补充一点，习惯可以制造这种现象，相反的习惯也能消除它。因为我靠经验发现，如果一个人经常使自己习惯于用两根手指交叉来感受纽扣，最终会感到它是单一的。

因一种习惯而产生的东西可以通过废弃此习惯或用相反的习惯来消除或改变。这可以看作一条普遍规则。另一方面，也有一种颇具说服力的论证认为，并非习惯而是本性构造导致的结果，即便长时间维持一种相反的习惯，也不能被改变或削弱。我把这当作最好的规则，靠它能确定眼下考虑的问题。我将提到史密斯博士用来证明视网膜上相应点被习惯改变了的两个事实，接下来还会提到一些事实，它们有助于证明眼睛的视网膜上有初始的相应点，习惯不可能改变它们。

"据马丁·福克斯（Martin Folkes）先生所言，有一个事实是相关的。林恩的赫普本（Hepburn）博士告诉他，住在克林奇华顿的街坊福斯特（Foster）大人由于黑蒙盲了好几年，靠分泌唾液恢复了视力。他刚开始视物时，所有的对象都呈现为双重的。但后来两表象逐渐接近，最后他看到了单一的对象，其清晰度跟他致盲之前一样。"

从这个例子来看，我认为：第一，它没有证明双眼的相应点有任何改变，除非我们假设，福斯特先生刚开始看到双重对象时，用双眼瞄准对象的精确度和方式与他后来看到单一对象时的完全一样，但这未被证实；第二，如果我们非要做出上述假设，那么我们无法提供理由说明，为什么刚开始两表象出现时的角距离是特定的这种而不是那种？为什么此角距离会逐渐减小，直到最后两表象重合？习惯又如何能制造这种结果？不过，第三，这样的各种情况都能被说明，只要我们假设，福斯特先生刚开始视物时，其双眼的视网膜上就有相应点，而且习惯改变不了它们。我们只需进一步假设——也是这类事例的共同之处：由于失明多年，他丧失了把双眼精确地瞄准对象的习惯，当视力恢复时，他逐渐恢复了习惯。

史密斯博士提到的第二个事实来自切斯尔登先生的解剖学论著："一位绅士由于脑部受击，造成一只眼睛畸变。他看到的每个对象都是双重的，不过最熟悉的对象渐渐变得单一；而且在没有对此畸变做出任何修复的情况下，最终所有的对象都变得单一了。"

这里我注意到，他并没有说，在不对畸变做修复的情况下两表象逐渐接近，并且最终统一了起来。这本来确实可以判决性地证明视网膜上的相应点发生了改变，不过此变化不可能用习惯来说明。但这一点没有被提到。而且，如果真的被观察到了，那么切斯尔登先生就会像赫普本博士所提例子中的那样，应该会提到这一如此明显的情况。因此我们可以理所当然地认为，两表象中的一个不是接近另一个，而是逐渐消失了。我认为这可以以几种方式发生。第一，发生畸变的那只眼睛其视力由于受损而慢慢衰退，因此它呈现的表象会渐渐消失。第二，瞄准眼睛的方式发生了微不可察的变化，使畸变的那只眼睛看不到对象——我们已在第十五节条目10中谈到。第三，由于养成了总是用同一只眼睛瞄准对象的习惯，另一只眼睛呈现出的模糊的、方位不正的表象变得熟悉时，可能极少受到关注以至于感知不到。这些原因中的任一个或几个同时发生，就可以产生上面提到的结果，而不会对眼睛的相应点造成任何改变。

出于上述理由，史密斯博士提到的事实尽管奇特，但似乎并非是判决性的。

接下来就是反例了。第一，在切斯尔登先生治愈白内障的著名例子中，那位年青先生双眼都患上了白内障，十三岁才治愈。他一开始用双眼视物时就似乎看到了单一的对象。切斯尔登先生的评论是："现在另一只眼睛的白内障终于治好了。他说，在这只眼睛看起来，对象刚开始显得很大，但不如它刚开始对于另一只眼睛显得的那么大。用双眼看着同一个对象时，他认为对象看起来是只用先前已被治愈的那只眼睛看到的两倍，但不是看到双重的对象。我们不管通过什么方式都能发现这一点。"

第二，就我所知，上一节提到的三位年轻先生从小就有斜视。他们刚学会把双眼对着一个对象，就把它看成单一的。从这四个例子显然可以看出，视网膜中心的对应是原始的，在习惯能产生这样的结果之前就存在，因为切斯尔登先生治好的那位年青人在接受治疗之前从没习惯于视物，另外三位则从来没习惯于把双眼的视轴对准对象。

第三，由第十三节所列的事实可以看出，从我们能够观察到单视和复视现象开始，习惯就改变不了它们。

我从事这类观察三十多年。在我最初把一个对象看成双重的各种情况中，我现今也是这样，尽管经验不断告诉我它是单一的。在另外一些情况中，我知道有两个对象，在数千次的实验后，却只看到了一个。

让一个人在其一生中，每时每刻都用多面体或放大镜看一个熟悉的对象，视觉表象的数量自始至终都是相同的，无论多少次实验和多长时间都产生不了任何变化。

习惯产生的影响必然依养成习惯的行为的频繁度而改变。然而在所有人那里，单视和复视现象总是保持不变和一致，并受严格的数学规则支配，所以我认为我们有很好的理由断定：它们不是习惯的结果，而是固定不变的自然规律的结果。

第十八节　波特费尔德博士对单视和复视的说明

在视觉问题上，贝克莱主教和史密斯博士似乎把太多东西归因于习惯，而波特费尔德博士则很少这么做。

这位天才作家认为，我们本性的初始规律先于习惯和经验而存在。由于此规律，不仅在视觉对象的方向上，而且在它们离眼睛的距离上，我们都感知到其真实的位置。于是他以这种方式来说明双眼看到单一物体的现象：我们有能力用单个眼睛感知到对象的真实位置，就必定能用双眼感知到它处于同样的位置，因此必定感知到它是单一的。

他意识到，尽管此原理说明了单视现象，但完全不能说明复视现象。其他作者在这个主题上认为，拥有双眼是复视的充分原因，但他们却发现很难为单视提供说明。波特费尔德博士与之相反，在对复视的说明上，他的原理遇到了很大的困难。

因此，为了说明复视现象，他提出了另一条原理，但没有明说它是我们本性的初始规律，还是习惯的结果。该原理是：我们对对象离眼睛距离的天然知觉并不延伸到视野内的所有对象，而是限制在我们直接看着的对象上；邻近的对象，无论其真实的距离如何，看到的距离与我们所看对象的距离是相同的，就好像它们都处在以眼睛为球心的球面上。

因此，单视由视觉对象的真实距离得到说明，复视由非直接对象的虚假视距得到说明。

我们赞同这位学识渊博、才华横溢的作者的一条观点：天生的初始原理决定了我们在相对于眼睛一定的方向上看到视觉对象。他作为这条发现的创始人理应值得尊敬。但我们不能赞同他用于说明单视和复视现象的任何一条原理，理由如下：

1. 我们对对象离眼睛的距离有种天然的、初始的知觉，这似乎与铁板钉钉的事实背道而驰，因为被切斯尔登先生治好的那位年青人刚开始认为，他看到的所有东西都触碰到了眼睛，就如他所摸之物触碰到了手一样。

2. 我们对对象离眼睛的距离的知觉，无论是天生如此还是习惯使然，不够精确和确定，无法满足制造单视的要求。按照波特费尔德博士的假说，弄错一个小对象（如一根针）二十分之一或三十分之一的距离，都会使它呈现出双重表象。我们极少能以这样的精确度来判断一个视觉对象的距离。不过我们从没发现由于搞错对象的距离而产生复视的情况。在许多关于视觉的事例中，我们裸眼都把对象的距离弄错一半甚至更多，看到的对象为何还是单一的？当我把眼睛上的眼镜朝两英尺或三英尺远的一个小对象移动时，对象似乎在向我靠近，最后看到的距离大约是其真实距离的一半。但在那一视觉距离上它看上去仍是单一的，就跟我们裸眼看到它处于真实的距离上时一样。此外，当我们把一个双筒望远镜适当地佩戴在眼睛上来看一个对象时，我们看到它是单一的，尽管其显示出的距离比其真实的距离要近十五倍或二十倍。那条假说认为，对象离眼睛的距离必须看得非常精确，才能满足产生单视的要求。但很少有这种情况发生，所以这似乎判决性地反驳了波特费尔德博士对单视的说明。我们同样发现，对对象距离的错误判断或虚假视距并不产生复视,这似乎判决性地反驳了他对复视的说明。

3. 我们对对象直线距离的知觉似乎完全是经验的结果。我认为这已经得到了贝克莱主教和史密斯博士的证明。当我们有意指出通过视觉判断距离的方式时,就会发现这些方式似乎全都是由经验形成的。

4. 假定由于我们本性的一种规律,对象离眼睛的距离和方向被极其精确地感知到了,这也不意味着我们看到的对象必定是单一的。我们考虑一下,这样一种自然规律会给下述问题提供什么样的解答:双眼的对象是否处于同一个地方,因而不是两个,而是一个对象?

假设有两条直线,一条连接一只眼睛的中心与其对象,另一条同样连接另一只眼睛的中心与其对象。这条自然规律给我们提供了每条直线的方向或排布以及长度;而且这就是它提供的全部。这些都是几何数据,我们可以从几何学中了解到它们的意义。那么这些数据能否确定两条直线是不是有共同的端点?准确地说,没有确定。为了确定这一点,我们还必须有其他三项数据。我们必须知道两条直线是否处于同一平面,必须知道它们所构成的角度,还必须知道双眼中心之间的距离。而且知道了这些事情后,我们还必须运用三角学规则,才能解决下述问题:双眼的对象是不是在同一个地方?所以它们是两个还是一个?

5. 复视可以归结为虚假视距。虚假视距不可能是习惯的结果,因为它与一贯的经验相抵触。它也不具备自然规律的特征,因为它满足不了任何善的目的,事实上它也没有任何目的,只是欺骗我们。但是我们为何还要煞费苦心地论证,有什么呈现给了我们,有什么没呈现?我们为何还要追问,我现在眼中所看对象的距离是多少?它们的视距是否一样,就好像都处在以眼睛为球心的凹面上?毫无疑问,每个人都能给予以确认。而且,如果他留心其眼睛提供的明证,就不需要向哲学家询问视觉对象是如何呈现给他的。如果我仰望天空中的一颗星星，同时映入眼帘的其他星星的确是以这种方式出现的。然而这种现象并不支持波特费尔德博士的假说，因为当我们直接仰望星星和天体的时候，有点类似于斜视，它们并不是出现在其真实的距离上。而且，即便此现象支持波特费尔德博士的第二条原理，也必定会摧毁第一条原理。

我们将在后面给出此现象的真正原因，现在姑且把它放在一边，来看另一个事例。我现在坐在房间里，双眼对着房门，门大约在十六英尺远的地方；同时我隐隐约约地看到许多其他的对象：地板、地毯、写字桌、纸张、墨水台、蜡烛等等。是不是所有这些对象都出现在十六英尺远的地方？经过最细致的关注，我发现并非如此。

第十九节　布里格斯博士的理论以及艾萨克·牛顿爵士对此主题所做的猜想

恐怕读者和作者一样，早就厌倦了单视和复视这个主题。颇负盛名的作者们提出的大量理论，在缺乏足够的光学技巧的情况下观察到的大量事实，或没有注意到最实质和最关键性的条件而讲述出来的事实，都使这个主题变得更加复杂。

为了达成某种结论，在第十三节中，关于视力完好的人那里出现的单视和复视现象，我提供了一种迄今为止更全面、更规整的推演，还追溯这些现象的一条普遍原理，它似乎是自然状态下正常人眼的一条视觉规律。

在第十四节中我已表明，尽管这条视觉规律完美匹配人眼的结构，但不能满足一些其他动物的视觉目的。因此，它对于所有动物来说可能并非普遍有效。第十五、十六节旨在探究该视觉规律在斜视的人那里是否有偏差——这个问题不仅在医学艺术上，而且在视觉哲学中有着真正的重要性。但是在看过所有关于此主题的观察和论述之后，我觉得下定论的时机似乎还不成熟，因为缺少恰当的观察。有技巧做出恰当观察的人缺少机会，而有机会的人却缺少技巧和注意力。因此我认为，权宜之计是清楚地描述能确定此问题所必需的观察和从观察到的事实中可以引出的结论。我也从其他作者那里和我自己的观察中，收集了一些判决性的事实，并把它们用一种观点统合起来。

必须承认的是，当这些事实用于解答手边的问题时，就无济于事了。为了职业声誉，为了人类利益，医林的先生们就有必要再增补事实。

关于斜视，我所遇到的医学和光学作者中，除朱林博士外，全都或者断定，或者想当然地认为斜视的人是用双眼看到对象，而且看到的对象是单一的。朱林博士断言，斜视的人从来不是用双眼看到对象的，否则他们就会看到双重的对象。如果那一普遍观点是正确的，那么就如天生无斜视的人出现永久性斜视会有害视力一样，治疗斜视也会有害于患者的视力，所以医生不应该尝试治疗，患者也不应接受治疗。但是，如果朱林博士的观点是正确的，那么大多数斜视的年轻人稍加努力就可以治愈自己，不仅可以消除畸变，同时还能提高视力。如果那一普遍观点是正确的，那么斜视患者两个视网膜上的中心和其他点就不像别人的那样是对应的，自然在他们那里偏离了自己的一般规则。但是，如果朱林博士的观点是正确的，那么我们就有理由认为，在正常人眼中发现的普遍视觉规律同样适用于斜视的人。

我们不可能根据推理来确定这些观点中的哪一种是正确的，或确定是否一种观点对于某些患者来说是不成立的，另一种观点对于其他人来说是不适用的。在这里，经验和观察是我们的唯一向导，从事例进行推演是唯一合理的论证。因此人们本会期待持相反观点的人提供清楚无争议的事例来支持它们。但在我遇到的所有作者那里，我找不到在此问题上支持任何一方的例证。我从自己的观察中找到了三个不容置疑的事例，可以证实朱林博士的观点。有一个例证偏向支持另一种观点，但它有些可疑。在此我必须留待进一步的观察才能做出判断。

我们把所有单视和复视现象都归结于两视网膜上某些点的对应和共感。史密斯博士认为，对应和共感是习惯的结果，能被习惯改变。我在第十七节中已尽力表明并非如此。它们其实是人眼的一种自然原始的性质。在上一节我也已尽力表明，并非如波特费尔德博士想象的那样，对应和共感归功于对对象离眼睛真实距离的一种自然原始的知觉。此处的扼要概述旨在放松读者的注意力，接下来我们进入在此主题上的更多理论。

布里格斯博士的理论首先是在《哲学学报》(*Philosophical Transactions*)上以英文刊登，后来以《视觉新论》为题用拉丁文出版，还附上了牛顿爵士的书信体序言。该理论大致就是认为：连接视网膜的相应点和丘脑神经的视神经纤维如果长度相同，张力一致，方位相似，性能就是一样的，因此，光线作用于它们产生的振动，就会像音乐中的同音，向心灵呈现出同一个意象；但是穿过视网膜上非相应点的纤维有着不同的张力和性能，会产生不谐调的振动，从而向心灵呈现出不同的意象。

我不准备具体考察这种理论。我觉得泛泛点评一下就够了：它是关于我们完全无知的事物的一种猜想体系，哲学中所有这类理论只配受到嘲笑，不值得严肃的反驳。

从哲学诞生到如今，人们一直认为，视神经的用途是把视觉对象的意象从眼睛底部传送到心灵，其他感觉器官的神经也具有相似的功能。但我们如何知道这一点？我们是靠猜想，还把猜想当真理，再来考虑这些神经如何可以最好地满足这种目的。在很长一段时间内，人们把神经系统当作水泵，由一束管子组成，它们来回输送一种被称为动物精气[21]的汁液。大约在布里格斯那个时代，人们认为神经系统更像是由振弦组成的一种弦乐器，每根弦都有自己独特的张力和性能。但有些人认为它也很有可能像一件管乐器，靠神经纤维中弹性以太的振动发挥作用。

我认为，这些都是哲学家用神经系统铸成的引擎，用来把感性事物的意象从器官传达到感觉中枢。不管关于这个题材我们知道什么，每个人都可以自由发挥，挑出他认为最适合满足目的的东西。因为从事实和经验来看，没有一个能够说比另一个更有优势。事实上，它们似乎都不是用来输送意象的好引擎，所以会使人忍不住发明新的引擎。

黑暗中的盲人跟视力正常的人一样，都可以做出猜测，因此请允许我也提出一种有关神经系统的猜想。我希望它不仅能像我们提到的那些猜想一样满足目的，而且由于其简单性而受推崇。为什么视神经——比如说——不可以由空管子组成，它们的开口张得大大的，可以充分接收使意象成在视网膜上的光线，还按照正确的顺序，把它们徐缓、稳妥地输送到灵魂的所在地，直到出现在她面前？对于一位天才哲学家来说，他很容易让这些空管子的内径匹配光粒子的直径，这样就不会接收到其他较粗物质。即便光线有迷路的危险，我们也可以

21　动物精气（animal spirits），人类解剖学和医学生理学领域的概念（不同于英国经济学家凯恩斯在1936年提出并被译为"动物精气"的animal spirits），来自拉丁文spiritus animalis，大约在公元前3世纪由古罗马亚历山大城的两位解剖学家、医生埃拉西斯特拉塔（Erasistratus）和赫罗菲拉斯（Herophilus）提出，指出现在大脑的感官活动和神经末梢中的液体或精神。17世纪哲学家笛卡尔发展了这一概念，用它说明了身体与心灵之间的相互作用。——译者

找到预防对策，因为它只需要把蠕动式运动（就如消化管道的运动）附加到神经系统的管子上。

该假说的独特优势在于，尽管所有哲学家都认为，事物的种或意象是由神经传输到灵魂的，但他们的假说中没有任何一个表明这是如何做到的。声音、味道、气味、颜色、形状以及所有感性性质的意象，如何能由音乐和弦的共鸣、能由动物精气或以太的振动组成？我们不应该构想不足以实现目的的手段。就像胃接收食物，灵魂通过某类型的神经吞咽活动接收意象，这样想象不也很富有哲理，甚至更明白易懂吗？我还补上一句：要说明肌肉的运动，我们只需要继续采纳从感觉中枢到神经（它们是为肌肉服务的）终端的那截神经管道的蠕动式运动就够了。

如此一来，自然就会与其自身一致了。正如感觉向心灵输送理想的养料，肌肉运动则排除养料中的废渣。谁又能否定，由感觉传送的事物意象在充分调制后，会被肌肉运动抛弃？我只为那些有天分的人提供这些事情的线索，希望终有一天这样的假说被建造成一种真正的哲学体系，就如关于动物精气或神经纤维振动的体系一样。

严肃说来，我认为，在关于自然的运作上哲学家不受事实支持的理论，跟男人的酣梦女人的呓语没什么不同。有位印度哲学家为了说明地球受到的支撑，就构造了大象的假说，又用一个大乌龟来支撑那头大象。如果我们草率地承认真理，那么我们对神经运作的了解就会跟那个人对地球受支撑方式的了解一样，少得可怜；我们关于动物精气的假说，或关于神经的张力和振动的假说，就会跟他关于地球所受支撑的假说一样，显得都是真的。他的大象是条假说，而我们的假说是大象。哲学中基于纯粹猜想的每种理论都是大象，而部分受事实支持、部分以猜想为基础的各种理论，犹如尼布甲尼撒二世的形象：其双足一部分是铁，一部分是泥土。

伟大的牛顿率先给哲学家树立了榜样，他应该一直成为学习的对象，但很少如此。他把猜想与结论分开，而且在研究过程中，他对猜想的使用很有分寸。这合理合法，但猜想中所有其他的哲学道道都应被看作违禁的、非法的。事实上，比起大多数其他哲学家的教条化理论来说，他的猜想一般有更多的事实依据和逼真度。因此，关于单视现象的原因，我们不应该遗漏掉他提供的说明，它附在其《光学》的问题 15 中。

　　"两眼所看对象的种，进入大脑之前在视神经相遇的地方是否结合了起来？是否两神经的右侧纤维在那里结合，之后进入头部右侧神经中的大脑，而两神经的左侧纤维也在那里结合，尔后进入头部左侧神经中的大脑；这两根神经在大脑中以这样的方式会合：它们的纤维只造成一个完整的种或像，感觉中枢右侧的一半图像来自两眼的右侧，通过两视神经的右侧到达它们相遇的地方，之后从头部右侧进入大脑；而感觉中枢左侧的一半图像则按同样的方式来自两眼的左侧？如果我没弄错的话，两眼以同样方式视物的动物（如人、狗、羊、牛等）的视神经，在它们进入大脑之前就相遇，而两眼以不同方式视物的那些动物（像鱼和变色龙）的视神经则不会相遇。"

　　请允许我把这个问题一分为二，两者有着非常不同的性质：一个完全属于解剖学的内容，另一个关系到把视觉对象的种或意象输送到感觉中枢。

　　第一个问题是：来自两视网膜上相应点的纤维是否在视神经相遇的地方结合，并一直结合至大脑，以便右边的视神经在两神经会合后由来自两视网膜右边的纤维组成，而左边的视神经由来自两视网膜左边的纤维组成？

　　这无疑是个奇怪而又合理的问题。如果我们能从解剖学上找到支持答案的根据，它就会引领我们进一步发现两视网膜上某些点之间的对应和共感的原因。尽管我们不知道视神经的具体功能，但是施加在视神经上且随它们的纤维而被传送的某种印象，对于视觉来说有可能是必需的。无论这种印象的本质是什么，如果两纤维被结合成了一个，那么施加在两者之一上或同时在两者之上的印象可能会产生相同的效果。解剖学家认为，它充分说明了由同一道神经的分支服务的身体两部位之间的共感。如果真的有人发现同一道神经把分支传送到视网膜的相应点，我们就应该把它看作解剖学上的一项重大发现。

但有没有人做出这样的发现？没有，就我所知，没有哪个主题中有这类发现。不过在若干主题中似乎发现了相反的情况。波特费尔德博士详细地描述了来自维萨里[22]的两个事例以及来自切萨尔皮诺[23]的一个事例。在三个案例中，视神经像通常一样彼此接触之后，似乎又被折回它们出发的那一边，其纤维没有任何结合。这些人中，每一位在去世之前都曾失去过一只眼睛，它的视神经也萎缩了，因此能够在它与另一视神经汇聚的地方被区分出来。波特费尔德博士提供的来自维萨里的另一个事例显得更奇怪，当事人的视神经就根本没有接触。经调查，一生中最熟悉他的那些人说过，他从来没抱怨过视力有任何缺陷，也没抱怨过自己看到的对象是双重的。迪默布鲁克[24]告诉我们，阿奎蓬登斯（Aquapendens）和巴尔韦达（Valverda）同样肯定地说过，他们碰到过视神经没有接触的人。

由于这些观察是在牛顿爵士提出此问题之前做出的，因此我们不能确定他是不是不了解它们，或者是不是怀疑过它们不够准确，所以

22　安德里亚斯·维萨里（Andreas Vesalius，1514—1564年），比利时医生、解剖学家，近代人体解剖学的创始人。——译者

23　安德烈·切萨尔皮诺（Andrea Cesalpino，本文用的拉丁名 Cæsalpinus，1519—1603年），意大利医生、植物学家和哲学家。——译者

24　雅布兰·范·迪默布鲁克（Isbrand Van Diemerbroeck，1609—1674年），荷兰医生和解剖学家。——译者

希望这件事得到更仔细的考察。但从极其讲究准确性的温斯洛[25]的下面一段话可以看出，后来的观察似乎并不怎么支持牛顿的猜想："这些视神经的结合因为角上的小弯曲，在人体中极难展平。这种结合一般很紧密，但在某些人那里它似乎只不过是一种较强的粘连，在另一些人那里部分由纤维的交叉形成。它们被发现彼此完全独立。在其他人那里，其中一根神经在整个通过过程中，其大小和颜色都有很大变化，而另一个保持其自然状态。"

关于这个主题，仅就牛顿爵士的这个猜想本身而言，它的独创性和逼真度要强于任何其他看法。当作者只是把它当作探究的一个主题提出时，我们佩服他的谨慎和谦虚。但是它与解剖学家的观察相矛盾，两者一对比，我们会忍不住忖度：如果我们相信最有天分的人对自然运作所做的猜想，只会以一种聪明的方式步入歧途。

问题的第二个部分是，对象在双眼中形成的心像在视神经相遇处是否结合成了一个种或一个像，其中一半从相遇处传到右边视神经中的感觉中枢，另一半传到左边视神经中的感觉中枢？这两半是否没有在感觉中枢中再次汇合，形成一个种或一个像？

这里似乎会自然而然地出现一个先行问题：我们有什么理由相信对象的像通过视神经或其他神经传到了感觉中枢？不也有可能发生这样的情况：这位伟大的哲学家以及许多水平次之的人，最初由于所受的教育而接受这种观点，从来没想过去置疑它，所以继续坚持？我承认自己一生中的大部分时间就是这样做的。但是有一次，我突然严肃地想到我凭什么相信它，我根本找不到任何理由。它似乎与那位印度哲学家的大象一样，纯粹是假说。我意识不到自己的感觉中枢中有什

---

25 雅格·贝尼格纳斯·温斯洛（Jacob Benignus Winslow，1669—1760年），丹麦出生的法国解剖学家。——译者

么外部对象的像,就像胃中没有像一样。我靠感官感知到的事物似乎都是外在的,不存在于大脑的任何一个部位之中。严格说来,我的感觉与外在对象没有相似之处。

在不少于七节的篇幅中,我谈到了用双眼看到单一对象的现象,从中可以引出下述结论:(1)由于人眼的初始性质,印在两视网膜中心或对于中心有相似位置的点上的对象,显现在相同的视觉位置;(2)对眼睛的这种特性貌似最有理的说明是不成功的;因此(3)它必定或者是我们构造的基本规律,或者是尚未发现的更一般规律的结果。

现在关于事物向眼睛显现的视觉表象,关于那些支配表象显现的构造规律,要说的都说完了。但是在本章的开头,我已经提醒大家注意,对象的视觉表象只是用作其距离、大小、形状和其他触觉性质的符号。自然根据我们说明过的那些构造规律把视觉表象传达给心灵,而表象所指示的事物是靠习惯传达给心灵的。

当某人用熟悉的语言跟我们交谈时,我们听到了某些声音,这就是他的谈话依靠自然带给我们的全部结果。我们依靠习惯理解了声音的意义,从而把注意力放在它们指示的事物上,而非放在声音上。类似地,我们依靠自然只看到对象的视觉表象,但是靠习惯学会解释表象,并理解它们的意义。当视觉语言被学会并变得熟悉之后,我们只留心被指示的事物,不可能在不费劲的情况下关注那些指示事物的符号。心灵从一个转向另一个时速度极快,而且非常熟悉,以至于在记忆中没有留下符号的踪迹,而我们也似乎是直接感知到被指示的事物,好像没有以任何符号为中介。

当我看窗前的苹果树时,第一眼感知到它的距离、大小、树干的粗糙、树枝的布局以及树叶和果实的形状。我似乎是直接感知到这一切的。把它们全部传达给心灵的视觉表象,则完全逃脱了我的注意。要关注视觉表象,肯定颇费周折,还要分神有术,即便它就在我眼前。不过可以肯定的是,视觉表象是靠自然呈现给我的眼睛的,而我是靠习惯才从它推及其余的。如果之前从没看到过,我就不会感知到苹果树的距离和触觉形状。要把自然通过眼睛提供给我们的初始知觉转换成我现在靠习惯获得的知觉,需要经年累月的视物实践。

前面已经说过,我们自然、初始地看到的对象有长和宽,没有厚,也没有它们到眼睛的距离。习惯变戏法似的逐渐撤回了那些初始、原本的视觉对象,而用有长、宽、厚以及相对于眼睛有确定距离的触觉对象来代替它们。下面我们要探究这种改变发生的方式以及其中牵涉人类心灵的哪些原理。

第二十节　知觉泛论

尽管从本质而言,感觉完全不同于通过感官获得的对外部对象的知觉,但它们一般被看成同一种东西。对于日常生活的目的来说,我们没必要区分它们。已被接受的哲学观点也有着混淆它们的倾向。但是,如果不仔细关注它们之间的区别,我们就不可能获得任何关于感官运作的正确构思。心灵最简单的运作是无法在逻辑上定义的,我们能做的全部就是对它们进行描述,以便引导那些意识到它们的人去关注和反思它们。不过要去描述它们以满足此目的,往往非常困难。

我们用同样的表达式来表示感觉和知觉,所以容易认为它们具有相同的本质。例如,"我感受到疼痛""我看到一棵树",前者表示一种感觉,后者表示一种知觉。对两种表达句的语法分析是相同的,它们都由一个主动动词和一个宾语组成。但是,如果我们关注这些表达句所指示的事物,就会发现,在第一个语句中,行为和对象之间的区别并不是真实的,而是语法上的;第二个语句中,区别不仅是语法上的，而且是真实的。

"我感受到疼痛"这个表达形式似乎意味着感受不同于被感受到的疼痛。然而在现实中，它们之间没有区别。就像"思考一个思想"是一个表达句，只可能指示思考，"感到疼痛"只可能指示疼痛。我们关于疼痛所说的适用于任何其他的单一感觉。由于极少的感觉有名称，因此要举例比较困难。即便感觉有名称，此名称也是被感觉和与此感觉关联起来的其他某物共用。但是当我们关注感觉本身，并把它跟在想象中与之结合在一起的其他事物区分开时，就会发现它似乎只能存在于有感知能力的心灵中，与感受到它的心灵行为没有区别。

就如我们这里所理解的，知觉的对象总是不同于感知到它的行为。无论是否被感知到，对象都存在。我感知到窗前的一棵树，这里有一个被感知到的对象，还有赖以感知到它的一种心灵行为。两者之间不仅可以区分，而且在本质上极其不同。对象是由树干、树枝和树叶组成，但是感知到它的心灵行为既没树干和树枝，也没有树叶。我意识到心灵的行为还能对它进行反思，但是它太简单了，无法分析，我也找不到合适的词汇描述它。我发现只有对树的记忆或想象才最像它。然而，这两者都与知觉有本质的区别，就如两者之间同样也有本质区别。如果哲学家要使我确信，除了在生动程度上的区别外，对树的想象、记忆和知觉是一样的，那么他们要失望了。我知道的情况相反。我对这三者就如对自己家的房间一样，了解得一清二楚。我同样还知道，对一个对象的知觉既隐含了对其形式的构思，又隐含了对其当前存在的信念。我还知道，此信念不是论证和推理的结果，而是我的构造的直接结果。

我清楚，我在知觉中拥有的这种信念受到了怀疑论最猛烈的攻击，但影响不大。怀疑论者问我，你为什么相信你感知到的外部对象的存在？先生，这条信念不是我的虚构，而是来自自然的造币厂，它上面刻有她的肖像和题字。即便它不正确，也是错不在我。我甚至不加怀疑地信赖它。怀疑论者说，理性是判断真理的唯一准则，你应该抛却所有不以理性为基础的意见和信念。先生，我为什么要相信理性的官能胜于相信知觉的官能？它们来自同一家店铺，由同一位艺术家制造。如果他塞给我一件劣质产品，还有什么能阻止他塞给我另外一件劣质产品？

也许怀疑论者宁可不相信理性，也不愿意给予知觉一丝信任。他说，既然你自己承认知觉对象完全不同于你用来感知它的心灵行为，那么两者就是互相独立而存在。就如对象在没被感知到的情况下也可以存在一样，知觉也可以在没有对象的情况下存在。对于哲学家来说，没有比被欺骗和受误导更羞耻的事了，因此你应该坚决否定和抛弃对外部对象的信念，外部对象可能全都是假象。至于我，我永不会抛弃这种信念。尽管明智的人不会急于了解我的理由，但如果它们对怀疑论者还有一些作用，那我不妨说一说。

首先，因为它不在我的能力范围内，我何必去白费力气？九天揽月、造访木星和土星是件心旷神怡的事情。但是当我知道自然利用引力规律来把我限制在地球上时，我就只能认命，平心静气地随它在轨道上转动。我的信念随知觉而来，就如身体随地球转动一样不可阻挡。最伟大的怀疑论者会发现自己也处于相同的境地。他可能会苦苦挣扎，不相信其感官提供的信息。这不啻搏击洪流，不过可惜啊，徒劳无功。他绷紧每根神经，与自然抗争，与刺激他感官的各种对象抗争，都无济于事。因为，当他白费力气做无谓的努力时，终究会随着普通信念者一起沿洪流而下。

第二，即便它在我的能力范围内，我认为抛弃那种信念也不是聪明的做法。如果自然有意欺骗我，把虚假的表象硬塞给我，而我通过精巧、深奥的逻辑发现了骗局，在此情况下，出于谨慎，我会尽可能平静地忍受侮辱,不要当着她的面斥责她是骗子,以防她用别的方式来报复我。毕竟我憎恨这种伤害又有什么用?你起码不该相信她说的话!这的确显得合理,如果她有意欺骗我的话。但结果是什么?就是我决定不相信我的感官了。我的鼻子撞破在挡路的柱子上,我走进肮脏的狗窝。经过二十多次这样明智、合理的行为之后,我被当作保护对象,被匆匆送进了疯人院。因此我承认,我宁愿成为受自然欺骗、容易轻信的傻瓜,也不愿成为拒绝相信感官并为此付出代价的明智、理性的哲学家。如果某个人在对待感官提供的信息方面自命是个怀疑论者,却又像其他人那样谨慎地排除有害的行为方式,他必定能宽恕我的猜疑:他或者虚伪,或者自欺。因为,如果他的信念保持中立,不偏不倚,那么其行为不可能接受任何通常的审慎规则的指导。

  第三,尽管两条理由可能已经够了,我还是提供第三条理由。在我生命中的大部分时间内,在我学会逻辑、能够对自然通过感官传达给我的信息进行置疑之前,我默默地相信它们。现在当我反思过往,并未发现自己被这种信念欺骗。我发现,没有它我必定死于上千次的事故中了。我发现,没有它,我会跟刚出生时一样蒙昧无知,甚至还获得不了那种指使我置疑感官的逻辑。因此,我把这种本能的信念看作自然馈赠的最好礼物之一。我感谢创造我的造物主,在我未睁开理性之眼时,他就把此信念赠予我。在理性把我带入黑暗的时候,他仍把此信念赋予我,为我指明前进的方向。现在我服从感官的指引,不仅仅出于本能,而且出于对一位可靠、仁慈的监督者的信心和信任,而信心和信任源于对他父亲般的关心和善意的体验。

  有鉴于此,我用我认为对待父母和老师的合理方式来对待创造我的造物主。早在我持有对谎言的观念或对自己可能受他们欺骗的想法之前,我就本能地相信他们对我说的一切。后来经反思发现,他们扮演的角色是唯愿我好的正直、诚实之士。我发现,假使在我能为信念找到理由之前不相信他们告诉我的话,那么我现在比傻瓜强不到哪儿去。尽管这种本能的信任有时导致我受到欺骗,然而总的来说还是带给我数不清的好处,因此我把它看作自然馈赠的另一件好礼物。反思之前,我本能地信任那些其正直和诚实被我体验过的人,反思使我继续信任他们。

比起通常所想象的来说,感官提供的自然明证,与语言提供的人证之间,有着更多的相似之处。对两者的信任最初只是本能的结果。当我们长大,开始对它们进行推理后,由于体会过上当受骗,因此我们对人证的信任就打了折扣。但是由于自然规律的统一性和恒常性,我们对感官明证的信任得以确立和巩固。

我们的知觉有两种类型:一些是自然的、初始的,另一些是习得的以及经验的产物。我感知到这是苹果酒的味道,那是白兰地的味道;这是苹果的气味,那是橘子的气味;这是雷声,那是铃声;这是马车经过的声音,那是一位朋友的声音。这些以及其他同种类型的知觉都不是初始的,而是习得的。但我通过触觉获得的对物体的硬和软、广延、形状和运动的知觉,不是习得的,而是初始的。

在我们的所有感官中,习得的知觉比初始的要多得多,尤其是在视觉中。我们通过这种感官原本只感知到物体的视觉形状和颜色,以及它们的视觉位置。但是我们学会利用眼睛感知到几乎所有通过触觉能感知到的东西。这种感官的初始知觉只是用作符号,引荐习得的知觉。

对象通过符号在知觉中呈现给我们,这些符号是自然与人进行交流的语言。它在很多方面与人们之间相互交流的语言有很大的相似性,尤其是在视觉上,两种语言均部分是自然、初始的,部分是由习惯获得的。我们已经在第四章中提过,初始、自然的知觉类似于人跟人之间进行交流的自然语言,习得的知觉类似于人造语言。我们母语中的人造语言与习得知觉的获得方式极为相似，对此我们将在后面做出更详尽的说明。

不仅仅是大人，还有小孩、傻子、野兽都靠习惯获得了许多他们原本不具备的知觉。生活中几乎每种职业都有专属的这类知觉。就如我们了解自己的熟人，牧羊人知道他羊群中的每只羊，能把它们一个个地从其他羊群中挑出来。屠夫在屠宰牛羊之前，能靠视觉看出它们的重量和品质。农夫用眼睛非常近似地感知草堆里草的数量或谷堆里谷的数量。水手看得出海上远方船只的吨位、构造和距离。擅长书法的人能像以面辨人一样，靠熟人的书法认出他们。画家能从艺术作品中区分所有伟大名家的风格。总而言之，由于对象的差异，以及在观察对象时对知觉的运用有别，因此在不同的人那里习得知觉是不同的。

我们不仅应该把知觉与感觉区分开来，还应把它与通过推理获得的对感官对象的知识区分开来。前面已经说过知觉中不存在推理，知觉中蕴涵的信念是本能的结果。但是关于感性对象的许多东西都能从知觉中推导出来。这些靠理性得来的推论应该与纯粹靠知觉获得的东西区别开来。赏月时，我感知到月亮有时是圆形的，有时是半月形的，有时是凸月形的。这是简单的知觉，无论在哲学家那里还是在乡下人那里都是相同的。但是从月亮被照明的部分呈现出的各种表象之中，我推测出它实际上是球形的。这个结论不是靠简单的知觉而是靠推理得出的。简单知觉与从知觉中推出的理性结论之间的关系，跟数学中公理与命题之间的关系是一样的。我没法证明与同一个量相等的两个量彼此相等，也证明不了被感知到的树的存在。但是出于本性的构造，我对公理的领悟、对树的知觉都产生了不可抗拒的信念。任何推理都要从原理出发。数学推理的第一原理是数学公理和定义，有关存在的全部推理的第一原理是我们的知觉。各种推理类型的第一原理都由自然提供，且与理性官能在权威上平起平坐——理性本身也是自然馈赠的礼物。理性结论都是建立在第一原理之上，不可能有其他基础。因此，当理性把矛头对准这些原理的时候，它们完全可以不屑于理性的审判，嘲讽逻辑学家的大炮。

当证明一个数学命题需要一系列的长串推理时，我们很容易把推理与公理区分开，它们在本质上似乎大不相同。但是有些命题很接近公理，很难说该把它们当作公理，还是当作要加以证明的命题。知觉以及从知觉推出的结论也是这种情形。有些结论可以轻易地从知觉中得出，两者的联系太直接，以至于难于在它们之间划条分界线。

无论是初始的还是习得的知觉，都不隐含对理性的运用，而且为大人、小孩、傻子和野兽所共有。靠理性从知觉中引出的比较明显的结论构成了我们称作的共同知性，它指导人们在日常生活中待人处事，把他们与傻子区分开来。靠理性从知觉中推出的较为间接的结论，构成了我们通常称作的各种自然部门——农业、医学、机械学或自然哲学的任何部分——中的科学。当我看到一座花园井然有序、百花怒放时，从这些符号我直接推断出园丁的技术和勤奋。当一位农民清晨起来感知到附近的溪流溢进了他的农田时，他推断出夜晚下了大雨。感知到栅栏破了，谷堆被踩塌了，他推断出自家的或邻居的牛脱了缰。感知到马厩的门被砸开，一些马失踪了，他推断出它们被盗贼偷走了。他跟踪马匹在松软的土地上留下的踪迹，靠它们发现了盗贼经过的路线。这些都是共同知性的例子，它非常接近于知觉，我们很难找到把两者区分开来的界线。类似地，自然科学与共同知性如此接近，以至于我们察觉不到前者始于何处，后者终于何处。我感知到比水轻的物体浮在水上，比水重的物体沉入水底。因此我推断，如果一物体放在水中的任何地方，无论是上部还是下部，都保持不动，那么它与水的比重完全一致。如果只有在一部分露出水面的情况下才保持不动，那么它比水轻。此外，相对于整体而言露出水面的部分越大，物体就越轻。如果它根本没有重力，那么它对水没有任何影响，会完全浮在它上面。每个人以这种方式靠共同知性获得了用来判断浮于水中物体的比重规则，再往前进一两步就迈入了流体静力学。

我们可以把对自然或对存在所知的全部比作一棵有根、干、枝的树。在这棵知识树上，知觉是根，共同知性是干，科学是枝。

第二十一节　知觉中的自然进程

尽管知觉中没有推理，但存在一些手段和工具，自然指派它们介入对象和我们对它的知觉之间，用来限制和支配我们的知觉。首先，如果对象没有与感觉器官相接触，就必定存在某种介质在两者之间传递，比如说，在视觉中是光线，在听觉中是弹性气体的振动，在嗅觉中被闻到的臭气必定从对象传播到嗅觉感官，否则我们就没有知觉。第二，必须有某种行为或印象，或通过对象的直接活动，或通过介质在两者之间的转移，作用于感觉器官。第三，从大脑到器官的神经必须接收到作用于器官的印象，而且某种印象必定作用于大脑——可能是通过神经。第四，作用于器官、神经和大脑的印象引起了感觉。最后，此感觉引起了对对象的知觉。

因此，对对象的知觉是一系列运作的结果，有些运作只作用于身体，其他的则影响心灵。我们对其中某些运作的本质了解得很少，我们完全不知道它们如何联系在一起，在知觉制造过程中发挥了什么样的作用，但是构造规律决定了我们以这种方式而不是别的方式感知到对象。

可能存在着其他的存在者，它们不需要光线、空气振动或物体的臭气，不需要作用于身体器官的印象，甚至不需要感觉，就能感知到外部对象。但自然造物主就是如此建构我们的，致使我们即便被外在对象包围，也可能一个也感知不到。我们感知对象的官能处于蛰伏状态，直到被某种相应的感觉唤醒并刺激。这种感觉也不总是唾手可得的，因为它只有靠对象对感觉器官制造一定的、相应的印象才能进入到心灵。

我们且尽可能地探寻印象、感觉和知觉的这种对应。按照顺序从第一步开始，即作用于身体器官的印象。但是可惜啊，我们不知道这些印象的本质，更不了解它们是如何激起心灵的感觉的。

我们知道，通过挤压、敲打、吸引、排斥以及一些未知且无以表达的其他可能方式，一个物体可以作用于另一物体。但是当我们感知到对象时，对象作用于感觉器官，器官作用于神经，神经作用于大脑，究竟是靠其中的哪种方式，我们并不清楚。是否有人能告诉我，视觉中光线如何作用于视网膜，视网膜如何作用于视神经，视神经如何作用于大脑？没有人能。当我感受到脚趾的痛风时，我知道有某种不寻常的印象作用于身体的那一部位。但它是什么类型的东西？小血管因为某种多余的弹性或非弹性液体而扩张了？纤维被不同寻常地拉伸了？它们因为受力而四分五裂，还是被某种酸性体液腐蚀了？这些问题我一个也回答不了。我感受到的全部就是疼痛，它不是作用于身体而是作用于心灵的印象。我通过这种感觉所感知到的全部就是脚趾上某种疾病引起了此疼痛。但是，就如我不知道脚趾无恙时它的自然特性和肌理，我也很少知道其部位的哪种变化或异常引起了这种不适的感觉。类似地，在其他各种感觉中无疑存在着某种印象，它们作用于感觉器官，但我们对此印象的本质一无所知。它太微妙了，不可能被我们的感官发现。我们可以构造上千种猜想，却无法逼近真理。即便我们对感觉器官的结构了解得细致入微，能发现外部对象对它们造成了什么样的影响，这种知识也无助于我们对对象的知觉。毕竟，完全不懂知觉方式的人，跟最厉害的行家里手一样，都能感知得清清楚楚。印象必须作用于器官，但我们不必了解印象。无须我们的意识和协助，自然推动着这部分知觉进程。

但我们不可能意识不到这一进程的下一步：心灵的感觉。感觉总是随着作用于身体的印象而马上产生。感觉的本质就是被感受到，而且它只能是我们所感受到的东西。要是能养成关注感觉的习惯，我们就可以做到知之甚深。但是作用于身体的印象是如何产生心灵的感觉的？对此我们完全无知，我们无法了解身体作用于心灵或心灵作用于身体的方式。当我们考虑两者的本质和属性时，发现它们显得完全不同，也不相似，因此找不到一个控制另一个的把柄。它们之间横亘着一条黑暗深渊，我们的知性无法跨越。它们对应和交互作用的方式，完全不为人所知。

经验告诉我们，作用于身体的某些印象总是引起了心灵的某些感觉，另一方面，心灵的某些决定总是引起了身体的某些活动。但我们看不到把这些事物联系在一起的链条。说不定它们之间的联系是任意的，归功于造物主的意志呢？也许同样的感觉原本可能与其他印象或其他身体器官相联系呢。也许我们本可以被造成另一个样子：用手指尝，用耳朵闻，用鼻子听。也许我们原本还可以被造成另一个样子：不需要任何印象作用于身体器官，我们就拥有现在的全部感觉和知觉。

无论情况可能如何，如果自然只给我们提供了作用于身体的印象，心灵中的感觉与它们对应，我们只会是有感觉能力而不是有知觉能力的存在者，就永远不可能形成对任何外部对象的构思，更不可能形成对其存在的信念。我们的感觉与外部对象没有相似之处，我们也不可能依靠理性发现前者的存在与后者的存在之间有任何必然联系。

我们或许还可能是另外一种构造：目前的知觉与其他的感觉联系在一起。我们或许可以不需要作用于感觉器官的印象或不需要感觉，就拥有对外部对象的知觉。或者最后一种可能性：我们的知觉或许可以不需要感觉的介入，而直接与作用于器官的印象联系起来。最后一种可能似乎确有其事：如本章第八节谈到的对物体视觉形状的知觉。

因此，通过感官获得知觉的自然进程可以被看成一出戏，有些事情是在幕后完成的，其余的则一幕幕地依次呈献给心灵。对象或者通过直接接触，或者通过某种介入的介质，对器官造成印象，对神经和大脑造成印象，这些都是在幕后完成的，心灵看不到它们。但这出戏剧的规律决定了每种这样的印象都引起了一种感觉，此感觉是呈献给心灵的第一幕，而它很快让位给另一幕：对对象的知觉。

在这一出戏中，自然是演员，我们是观众。作用于器官、神经和大脑的各种不同印象如何展示与之对应的感觉，每种感觉如何展示其对应的知觉，我们都不知道。感觉和相应的知觉以一种未知的方式激发我们。就像从符号过渡到符号的所指，心灵以相同的方式直接从感觉过渡到知觉中对对象的构思和信念。我们找不到合适的词汇表达自然在知觉中分配给感觉的功能以及它们与相应对象之间的联系，就把感觉称为外部对象的符号。

符号和它指示的对象之间没有相似的必要，事实上也没有哪种感觉能与外在对象相似。但是有两点对于我们利用符号认识事物是必需的。第一，或者靠自然的进程，或者靠人的意志和安排，符号与所指之间的真实联系被建立了起来。当它们靠自然进程被联系起来时，它就是自然符号；当靠人工安排联系起来时，它就是人工符号。比如，烟是火的自然符号，某些面部表情是发怒的自然符号；而我们的语词，不管是靠声音还是靠书写表达，都是思想和意图的人工符号。

对于我们用符号认知事物必不可少的另一点是，符号呈献给心灵的表象必须引起对被指示事物的构思和信念，否则符号无法理解，也无法解释，无论它在本质上多么适合于那一目的，对于我们来说，它不是符号。

因此，心灵有三条途径从自然符号的表象过渡到对被指示事物的构思和信念：我们构造的初始原理、习惯和推理。

初始知觉是通过第一条途径获得的，习得知觉是靠第二条，理性在自然进程中的全部发现是靠第三条途径获得的。在第一条途径中，自然通过触觉告诉我们物体的硬和软、广延、形状、运动以及它们的运动空间和位置，这我们早在本书的第五章中说明过。在第二条途径中，她利用眼睛告诉我们最初只有通过触觉才能感知到的几乎全部的相同事情。

因此，为了更具体地了解我们如何学会用眼睛感知到如此之多原本只能靠触觉才感知到的事物，不妨按如下方法去做：第一，指出用于把那些事物展示给眼睛的符号，并指出符号与它们的所指之间的联系；第二，考虑一下，对此联系的体验如何产生了一种习惯——有了此习惯，心灵不经任何推理或反思就从符号过渡到对所指的构思和信念。

在我们靠视觉获得的所有习得知觉中，最突出的是对物体离眼睛距离的知觉。我们将具体地考察这一知觉赖以展现的符号，至于其他习得知觉的符号，只做一些泛泛的评论。

第二十二节　我们赖以学会感知视距的符号

我们先前已经笼统地提到，视力的初始知觉是用来引荐习得知觉的符号。但我们不要误以为在实现那一目的的过程中没有其他符号参与。为了获得清晰的视觉，眼睛的一些转动必须依对象的远近加以调节。通过习惯，这些转动与对象相应的距离联系起来，成为后者的符号。转动最初是自发的，不受限制，但是自然有意用它们制造完好、清晰的视觉，因此依靠经验，我们很快学会只按照自然的意图而不经丝毫反思来调节它们。

轮船需要针对每一种风向和风力的变化做出不同的调节。套用这句话，我们可以说，眼睛需要针对各种强度的光线以及对象在一定范围内距离的各种改变做出不同的调节。看具体的对象时，我们靠收缩某些肌肉、放松其他肌肉来调节眼睛，就如水手根据风向和风力拉紧一些纤绳而松开另一些来调节轮船一样。水手靠经验学会调节轮船，我们靠经验学会调节眼睛。尽管轮船是人类工艺最引以为豪的机械，但与眼睛有云泥之别。操纵轮船需要技巧和灵敏，水手必须知道他要拉哪些绳子，松开哪些绳子，以使它适应具体的风向风力。而眼睛的结构以及支配其运动的原理都蕴涵更卓越的智慧：它无须技巧和灵敏就能视物。靠经验获得的那部分视觉，即使傻子也能获得。我们不用知道要收缩哪些肌肉、放松哪些肌肉来使眼睛适应对象的具体距离。

为了使眼睛适应对象的距离，我们转动眼睛。我们没有意识到这种运动，但意识得到产生这些运动所做的努力。我们还可能产生随这些运动一同出现的某种感觉——像对待其他感觉一样，我们很少给予关注。这样，有意做出的努力，或该努力带来的感觉，与导致该感觉的对象距离结合了起来，从而变成了此距离的符号。在考察我们用以学会看出物体视距的方式或符号时，会碰到这样的一些例子。在对它们的解释上，我们同意波特费尔德博士的观点，尽管在他看来，视距是初始地感知到的，而按我们的观点，视距只能通过经验感知到。

总的来说，近处的对象以一种方式影响眼睛，同样的对象放在远处时，以不同的方式影响眼睛，对眼睛不同的影响都成了相应距离的符号。因此,要说明用眼睛感知距离的方式,我们只需要表明对象依远近不同对眼睛产生各种影响的不同途径就可以了。

1. 众所周知,要看清楚处在不同距离上的对象,眼睛的形态必须经历某种变化。自然赋予我们调节眼睛的能力,通过收缩一些肌肉来看到近处的对象,通过收缩另一些肌肉来看到远处的对象。至于调节的方式,以及牵涉的肌肉部位,解剖学家还没达成共识。睿智的朱林博士似乎在他关于清晰视觉和模糊视觉的一篇优秀论文中提供了对这个问题最有根据的说明,读者可以自行评价。

无论眼睛形态的变化是靠什么方式产生的,可以肯定的是,在距对象六七英寸到十五六英尺远的范围内,年轻人通常有调节眼睛适应对象所有距离的能力,因此对该范围内任何距离上的对象都可以获得完好、清晰的视觉。从这可以推断出,我们用于调节眼睛以适应对象具体距离的有意努力都会与那一距离关联起来,并成为它的一个符号。一旦超过制造清晰视觉的最远距离时,对象就会显得模糊,模糊度依照其距离的远近而定。因此,对象的模糊程度可以成为一种符号,指示那些明显超出获得清晰视觉最远限制的距离。

如果除此之外,我们没有别的方式感知到视觉对象的距离,那么最远的距离就不会是在离眼睛二十或三十英尺外,而屋顶或树梢看起来也会直插云霄。因为在那种情况下,所有更远距离的符号都是一样的,它们有相同的指示,提供对距离的相同知觉。

不过更重要的是要注意到,我们年轻时学会利用眼睛感知距离的时候,产生清晰视觉的最近距离大约是六七英寸,少于此距离的对象没有一个能看得清楚。一个小的对象离眼睛实际上不过半英寸远的时候,我们可以靠技巧——或使用单筒显微镜,或透过卡片上的小针孔——来使它显得清晰。当利用这些技巧使一个实际上无论多么近的对象显得清晰时,它似乎被移到了距眼睛至少六七英寸远的地方,也就是说，在获得清晰视觉的范围内。

注意到这点更加重要，因为它提供了唯一理由，可以说明使用单筒显微镜或透过针孔视物时对象为什么被放大了；而且它还提供了唯一方法，能让我们确定对象靠上述技巧被放大的程度。比如说，如果对象本身离眼睛半英寸远，却出现在七英寸远的地方，那么它的直径看上去会以其距离的相同比例放大，即十四倍。

2. 为了把双眼对准一个对象，视轴必须构成一个斜度，其大小依对象的远近而定。尽管我们意识不到这种倾斜，但能意识到倾斜过程中我们所做的努力。通过这种方式我们感知到的细微距离，比单单靠眼睛本身的构型感知到的更为精确。因此我们发现，那些一只眼睛丧失视力的人，即使在一臂远的距离内也容易弄错对象的距离，而用双眼视物的人可以轻松避免。在掐灭蜡烛、穿针引线或往茶杯倒水时往往会出现这样的错误。

当用双眼看不远处的一幅画时，看到的画像不如用单眼看到的自然。绘画的意图是为了欺骗眼睛，使实际上处于同一张画布上的对象表现出不同的距离。欺骗一只眼睛要比欺骗两只容易，双眼比单眼能更精准、更确定地感知到视觉对象的距离。如果将明暗和凸现处理到极致，那么画像呈现给单眼的表象与对象自身呈现出的表象就几乎显得一致了，但它呈现给双眼的表象就不可能相同了。这不是艺术家的缺陷，而是艺术中不可避免的瑕疵。它归因于我们刚刚提到的一点：靠双眼获得的对对象距离的知觉比靠单眼获得的准确、可靠。

这种令人愉悦的视觉欺骗是画家的目标。但它遇到的一大障碍，也是我认为唯一不可克服的障碍，是我们对对象视距的知觉。该知觉部分是靠眼睛的构型，但主要是靠视轴的倾斜获得的。如果能够消除这种知觉，画家就没道理不把画像画得更完美，使其能够真正欺骗眼睛，做到以假乱真。因此，为了判断一幅画的价值，我们应该尽可能地排除这两种感知画像几个部分的距离的方式。

为了消除对距离的这种知觉，绘画方面的鉴赏家采用了一种非常得当的方法：用单眼透过一根管子来看画。那根管子排除了对所有其他对象的观阅。这种做法完全排除了用以感知对象距离的首要途径，即视轴的倾斜。为了改良这种赏画方法，我建议靠近眼睛的管口应尽量小些。假如光线够好，使我们能清楚地看到画像，让管口与针孔一般大小，效果会更佳。该建议的依据是：当我们透过小管口看对象时，无论眼睛的构型是否适应对象的距离，都可以清晰地看到它；我们别无他法判断距离，除了靠光线和着色外——而这是画家力所能及的事。因此，如果艺术家恰当地完成了分内的事，那么在对眼睛造成的效果方面，画像可以媲美被画的对象本身，而这就是此艺术的完美状态。

尽管第二种感知视觉对象距离的方式比第一种确定和精确，但它有自己的限制，一旦突破就失去用场。因为，当对准对象的两视轴近乎平行，以至于在把它们对准一个更远的对象时，我们意识不到新的努力，也就不会获得不同的感觉，我们对距离的知觉就停止了；而且由于所有更远的对象都以相同的方式影响眼睛，因此我们感知到它们处在相同的距离上。这就说明了，当我们不在地平线附近看时，太阳、月亮、行星和恒星为什么都出现在相同的距离上，就好像它们贴在一个大球的曲面上一样。这个天球表面所在的那一距离超过了所有对象以相同方式影响眼睛的距离。为什么此天穹距地平线的距离显得比距天顶的远，这将在后面予以说明。

3. 对象越远，其颜色就越淡，并且越多地染上了周边大气的蔚蓝色。此外它们的细节显得更模糊，轮廓变得不分明。画家主要是利用这些方法使对象在同一张画布上呈现非常不同的距离。没有这种降色、轮廓及细节模糊化，仅缩小对象的大小产生不了使之呈现在很远距离上的效果。如果画家要使一幅画上的某个人形显得是其他人的十分之一，就把它描上亮色，并清楚地描绘其轮廓和细节，那么它显示的就不是远处的一个人，而是一个侏儒或小人国居民。

当一个对象具有多种已知颜色时，通过把其颜色彼此逐渐冲淡，可以比当它只有单一颜色时更清楚地表示它的距离。我站在尖塔前，清楚地感知到石缝，灰色的石头和白色的结合剂显得壁垒分明。当我站在远处，石缝不那么清晰了，石头和结合剂的颜色开始彼此冲淡。从更远的距离看去，石缝完全消失了，颜色的多样性也荡然无存。

大约十二英尺远的一棵苹果树上花满枝头，我能感知到其树叶和花瓣的形状及颜色。有的树叶被太阳照亮，有的被遮挡。透过树叶间的缝隙我能感知到一根根树枝，一些大，另一些小。透过整棵树我感知到了一部分露出来的天空。当我缓缓地从苹果树上移开视线时，其表象，甚至颜色都接连发生变化。首先是较小的部分，然后是大的部分，渐渐混淆、混合了。树叶、花瓣、树枝和天空的颜色逐渐彼此冲淡，整体的颜色变得越来越一致。表象依距离而变，这比对象颜色单一时更确切地标示了距离。

史密斯博士在他的《光学》中提到了贝克莱主教在意大利和西西里岛旅行时做出的一项非常奇妙的观察。他观察到，在那些国家，从很远的地方看到的城市和宫殿离他的距离显得比它们真实的距离要近若干英里。贝克莱非常明断地解释了原因：意大利和西西里岛的空气纯净，为非常远的对象提供了一定的明亮度和清晰度，而他自己的国家空气污浊，只有在较近的对象上才能看到那种明亮度和清晰度。意大利的空气纯净被当做原因，说明了意大利画家为何通常比佛兰德的画家给天空着上更明快的颜色。在描绘非常远的对象时，他们不应该出于同样的原因对细节做更少的降色和模糊化处理吗？

毫无疑问，正如在异常纯净的空气中我们容易把视觉对象看得比它们实际的要近和小，在非同寻常的大雾中，我们容易把它们看得比真实的要远和大。走在雾气浓浓的海边，我看到了一个对象，它似乎是一个骑在马背上的人，距离我们大约半英里。同伴的视力要好些，或者是更习惯于在这种环境下看到这样的对象，他向我保证，它是一只海鸥，而不是骑在马背上的人。看了第二眼后，我马上同意他的看法。现在它向我显示出的是一只海鸥，其距离只有七八十码。在这种情况下犯错误和纠正错误都显得如此突然，以至于我们茫然不知是称它们为判断，还是简单知觉。

名称之争没什么价值。但显而易见的是，我最初和最终的信念是通过符号而非论证产生的，而且在两种情况中，心灵得出结论不是靠推理而是靠习惯。心灵的进程似乎如下：第一，我不知道或没有注意到雾气对对象视觉表象的影响，对象在我看来似乎与半英里外的对象具有相同程度的减色和轮廓模糊度，因此，从视觉表象这一符号，我立即产生了对象在半英里外的信念。然后，这一距离以及视觉大小向我指示了对象的真实大小。假定距离是半英里，那么真实的大小必定等于马背上人的大小。由于轮廓的模糊，那个形状与马背上的人形一致。这样就产生了欺骗。但是当我确定它是只海鸥时，海鸥真实的大小以及呈现给眼睛的视觉大小立即暗示了距离：在这种情况下不会超过七八十码。形状的模糊同样暗示了作为原因的雾气。现在符号与所指事物之间的整个链条似乎比以前更结实，连接得更好了。半英里变成了八十码，马背上的人变成了海鸥。我获得了一种新的知觉，还奇怪原先的知觉是如何产生、从何而来的——因为它现在消失得如此彻底，以至于我都记不起来了。

应该注意的是，为了利用空气的纯净或朦胧来制造这样的欺骗，空气要么必须异常纯净，要么必须异常朦胧。我们依靠经验学会考虑我们经常观察和意识到的空气形态的多样性。因此，贝克莱主教把处于地平线上的月亮的大表象归因于其光线的模糊——它是由于穿越较大的大气层造成的,其实他犯了个错误。因为我们经常看到各种模糊度、明暗度的月亮,从最高到最低,所以我们学会为它们留下余地,不会认为月亮由于其表象的模糊而增大了。此外可以肯定的是,如果我们透过一根管子(避免我们看到中间地面以及所有地面物体)去看,那么水平线上的月亮就会失去它在大小方面所有不寻常的表象。

4. 我们经常通过中间物体或邻近物体(其距离及大小靠其他方式获悉)感知对象的距离。当我感知到处在我和一个对象之间的场地或地段时,它们显然可以变成此对象距离的符号。尽管我们没有场地或地段大小的具体信息,但它们与我们所知其他事物的相似性暗示了它们的大小。

我们特别习惯于用眼睛衡量我们经过的地面,把靠视觉形成的对距离的判断与我们的经验或信息做比较,逐渐学会判断地面对象的距离,其精确程度胜于依靠前面提及的任何其他方式所获得的判断。放在高层建筑顶部的一个对象,比把它放在地面同样的距离时看上去小得多。当它处在地上时,中间的地段可以被看作其距离的符号。但是当此对象被放于高处时,这种距离符号就消失了。剩余的符号让我们以为它处在较近的距离上,这个更近的距离和视觉大小一道变成了一种符号,指示不太真实的大小。

我们提到过的前两种方式,本来不可能使视觉对象显现在一百五十或两百英尺开外的地方,因为一旦超过这个距离,眼睛的构形或其视轴的倾斜都不会产生可以感觉到的变化。当距离超过两百或三百英尺时,第三种方式只是一种模糊、不确定的符号,除非我们知道对象的真实颜色和形状。第五种方式将会在后面提到,它只能用于我们熟悉的或其真实大小已知的对象。据此可得,当地面上或地面附近的未知对象被感知到处在几英里的距离时,这总是靠第四种方式引出的结论。

史密斯博士非常正确地观察到，视野尽头地面物体的已知距离，使对着地平线的那部分天空显得比对着天顶的那部分天空要远。因此天空的表面形状不是半球，而是更小的球面部分。类似地，我们在看太阳、月亮或恒星时，如果视野里同时出现了与它们相衔接的一座山或任何遥远的地面对象，相比没有这样的对象同时作用于眼睛而言，太阳、月亮的直径或两恒星之间的距离看起来要大得多。

史密斯博士充分地说明和证实了这些观察。我还补充一句，当远处的对象处于视觉地平线的终端时，天穹似乎在各个纬度上都被放大了。当我在狭窄的街道中或巷子里看它时，它与我周围的建筑物构成了一定的比例。但是当我站在广阔的平原上，二十英里外环绕着连绵起伏的群山，此时我放眼望去，我想我看到了新的天空，它的壮观昭示了造物主的伟大，令所有人类的建筑物相形见绌。在它面前，高耸的尖塔和华丽的宫殿皆可忽略不计，与天穹构不成比例，就如它们的创造者跟它的造物主之间的差距不可计数。

5. 还有一种感知视觉对象距离的方式，即它们视觉大小或表面大小的缩减。我靠经验知道十英尺远的人或任何其他已知对象向我的眼睛呈现出的形状。当对象处在二十、四十、一百英尺以及更远的距离，直至完全消逝时，我感知到视觉形状在按比例逐渐缩减。因此，一个已知对象特定的视觉大小成为一种符号，指示一段特定的有限距离，还携带着对它的构思和信念。

在心灵的这一进程中，符号不是感觉，而是一种初始知觉。我们靠视觉的原初能力感知到对象的视觉形状和视觉大小。但是视觉形状只是用作真实形状的符号，而视觉大小用作对象的距离或真实大小的符号。因此这些初始知觉就如其他的纯粹符号一样，在没有受到任何关注或反思的情况下，就从心灵中一闪而过。

感知已知对象距离的最后一种方式能用来说明光学中的一些惊人现象，如果缺少这种方式，它们就会显得神秘莫测。当我们透过光学镜片看大小已知的对象时，除了第五种外，没有其他的方式可以确定它们的距离。因此我们可以得出，透过镜片看到的已知对象必定与它的放大或缩小能力成比例地拉近或移远了。

如果告诉一个从没有用过望远镜的人，他要使用的望远镜能十倍地放大对象的直径，那么当他透过此镜看一个六英尺高的人时，他会料想看到什么？他自然会料想自己将看到一个六十英尺高的巨人。但是他没有看到。这个人看上去不过六英尺高，因此不比他实际的高，但似乎比他真实的距离近了十倍。望远镜的确以十倍的直径放大了此人在视网膜上的意象，因此必定以相同的比例放大了他的视觉形状。他站在比现在近十倍的地方时，视觉大小就是这样的，我们已经习惯了。因此，这一视觉大小暗示了对对象那一距离的构思和信念，它们三者总是相伴而行。我们已经习惯于把已知对象视觉形状的放大仅仅看作它被拉近的结果或符号，我们还给对象的各种视觉大小配上一特定的有限距离，因此任一具体的视觉大小，无论是用肉眼还是镜片看到的，都带来对相应的距离的构思和信念。这就是为何望远镜似乎没有放大已知对象，而只是把它们拉得离眼睛更近的原因。

当我们透过针孔或单筒显微镜看离眼睛半英寸的一个对象时，它在视网膜上的像没有被放大，只是变得清晰了。视觉形状也没有被放大，但对象离眼睛的距离显得比真实的要远十二或十四倍，其直径看起来也比实际的大十二或十四倍。我们提到的那种望远镜以十倍直径放大了视网膜上的意象以及对象的视觉形状，但似乎并没有使它显得更大，只是十倍地拉近了它。光学作者们早就注意到了这些表象，他们异想天开、煞费苦心地从光学原理中寻找它们的原因，但一无所获。它们必定归结为靠习惯养成的知觉习性，但容易被误会成初始知觉。克罗尼主教第一个为世人配制了开启这些神秘表象的钥匙，但是他在使用它时犯下大错。史密斯博士在他精心写作、颇有见地的论文《光学》中，把它用于说明透过镜片看到的对象表现出的距离，还解释了天空表现出的形状，取得了令人满意的成功，使我们无法再去怀疑此类现象的原因了。

第二十三节　其他习得知觉中采用的符号

对象离眼睛的距离是最重要的视觉课题。一旦掌握，许多其他的问题就能迎刃而解。对象的距离与其视觉大小结合成为其真实大小的符号，而对象几个部位的距离与其视觉形状结合成其真实形状的符号。比如，当我看面前的地球仪时，利用视觉的初始能力我只感知到某个着上了不同颜色的圆形物。视觉形状没有视距离、凸面，也没有三维，甚至它的长和宽也不能用英寸、英尺或其他长度单位来衡量。但是当我学会了感知此对象各部位离眼睛的距离时，这一知觉就赋予它凸面和球形形状，还在原来两维的基础上增加了第三维。整个对象的距离又使我感知到它的真实大小；因为我已经习惯于留心一英寸或一英尺长的距离会对眼睛产生什么样的影响，所以我能靠眼睛清楚地感知到地球仪的尺寸，还能有把握地肯定其直径大约是一英尺三英寸。

在本章的第七节中我已经表明，我们可以依靠数学推理，从物体的真实形状、相对于眼睛的距离和排布中推出物体的视觉形状。同样，我们可以依靠数学推理（reasoning），从物体的视觉形状和几个部位离眼睛的距离推出（infer）它的真实形状和排布。但是后面的这个结论往往不是通过数学推理，也不是靠任何类型的推理推出的，而是靠习惯引出的。

对象的颜色呈现给眼睛的初始表象是一种感觉，我们还没有用来称呼它的名称，因为它仅仅被当作符号使用，在日常生活中从来没被当作关注的对象。但是这一表象在不同的环境下指示不同的事物。把一块单色布料部分放在阳光下，部分放在阴暗处，不同部分的颜色表象会非常不像，然而我们还是感知到相同的颜色。我们把表象的差异解释成亮和暗的符号，而不是真实的颜色差别的符号。但是，如果能欺骗眼睛到一定的地步，使它感知不到两部分布料在亮度上的差异，我们就会把表象的差异解释成两部分布料的颜色差异的符号。

我们假定继续放置一块布料，不过阴暗处的那部分颜色更鲜亮，使它与被光线照亮的部分呈现给眼睛的表象相同。这里我们会把表象的相同解释成颜色差异的符号，因为我们要把明和暗产生的影响考虑进来。

当对象的真实颜色已经知道时，其表象在某些环境下指示明或暗的程度，在另外一些环境中指示其光线被该对象反射的周边物体的颜色，在其他某些环境中指示对象的距离或接近程度，这已在上一节中提到了。通过这些方式，许多别的事物也被暗示给了心灵。比如说，熟悉的对象在颜色上显示出的不寻常表象可能是观察者患有疾病的征兆。我房间里事物的表象可以指示晴天或阴天，指示大雪覆盖或雨水横流的地面。我们已经注意到，画中天空的颜色可能指示那位画家的国家，因为意大利天空的颜色确实与佛兰德的不同。

我们早就提到过，靠感官获得的初始知觉和习得知觉是自然与人之间进行交流的语言。在很多方面，它与人类语言高度相似。关于习得知觉，我们提供了一些例子，它们暗示了此相似性：人类语言中经常可以发现的含糊性，习得知觉中的自然语言也不能免除。我们已经看到，尤其是在视觉中，呈现给眼睛的相同表象在不同环境下可以指示不同的事物。因此，当符号解释所依赖的环境不为所知时，它们的意义必然是含糊的;当环境被弄错时,符号的意义必定也被弄错。

这就是所谓的感官欺骗现象,尤其是被称作视觉欺骗的真相。事物呈现给眼睛的表象总是符合固定的自然规律。因此严格地说,感官上的欺骗并不存在。在相同的环境下,自然总是说同样的语言,使用相同的符号。但我们或者出于对自然规律的无知,或者由于对相关环境的无知,有时候弄错了符号的意义。

对于一个不熟悉光学原理的人来说,用棱镜、幻灯、望远镜和显微镜做的几乎各种实验似乎都会产生视觉欺骗。即使一面寻常的镜子制造的表象,对于一个完全不熟悉其功能的人来说,也会显得极其荒谬。当他看到事实上在身后的东西出现在身前,当他看到自己处在离自己几码远的地方,想想看,还有比这更大的骗局吗?不过儿童甚至在能够说母语之前,就学会了不受此类表象的欺骗。这些表象以及光学镜片制造的所有其他奇怪表象都是视觉语言的一部分。对于那些理解有关光线和颜色的自然规律的人来说,它们绝对不是靠不住的,而是有着清楚、真确的意义。

第二十四节　知觉与我们赋予人证的信任之间的类比

人类知识的对象数不胜数,但把知识传达给心灵的渠道少之又少。其中感官带来的对外部事物的知觉以及我们靠人证所得来的信息都举足轻重。两者之间存在惊人的类似,心灵在两者之中发挥作用的原理也有惊人的类似,因此没有异议的话,我们就把两者放在一起进行考察。

在感官提供的自然明证和语言提供的人证中,事物是通过符号被指示给我们的。而且在两者之中,由于初始原理或习惯,心灵从符号过渡到对被指示事物的构思和信念。

我们已把知觉区分为初始的和习得的，把语言区分为自然的和人工的。习得知觉与人工语言之间有很大的相似，不过初始知觉与自然语言之间的相似更大。

初始知觉中的符号是感觉，自然提供的这些符号差别很大，是为了与它们所指示的大量不同事物相匹配。自然在符号和被指示事物之间建立了真实的联系，还教导我们如何解释符号。因此，符号先于经验暗示了被指示的事物，创造了对该事物的信念。

自然语言中的符号有面部表情、身体姿势以及语调。符号的多样性与它们所指示事物的多样性相匹配。自然在符号与它们指示的心灵的思想和秉性之间建立了真实的联系，还教导我们如何解释这些符号，所以符号先于经验暗示了被指示的事物，创造了对该事物的信念。

公共场合中，有人不行善也不为恶，默不做声，可能会使自己显得优雅、文明、有礼貌；或者相反，显得平庸、粗俗、不得体。我们通过其面部和行为的自然符号感知到他的秉性，就如我们靠感觉感知到体型及其他身体属性，自然在它们之间建立了关联。

人的面部表情和行为这种自然语言中的符号以及初始知觉中的符号，在所有地带和民族那里有着相同的指示，解释它们的技巧不是靠习得的，而是与生俱来的。

在习得知觉中，符号或者是感觉，或者是我们靠感觉感知到的事物。符号与所指之间的联系是由自然建立的，并通过经验被发现，但不能脱离初始知觉或习得知觉的帮助。在这种联系被发现后，如同在初始知觉中一样，符号就总是暗示所指，创造对它的信念。

在人工语言中，符号是有表达力的发音，它们与其所指之间的联系是靠人的意志建立起来的。在学习母语的过程中，我们靠经验发现了这种联系，但是需要自然语言或我们已经掌握的人工语言的帮助。在这种联系被发现后，如同在自然语言中一样，符号总是暗示了所指，创造了对它的信念。

相对于习得知觉来说，我们的初始知觉少之又少，但是没有后者，我们不可能获得前者。同样，相对于人工语言来说，自然语言也显得贫乏，但是没有后者，我们不可能获得前者。

我们的初始知觉，以及人的面相和姿势的自然语言，必定归因于人类构造的特殊原理。比如，出于一种特殊的构造原理，某些面相表达了愤怒；出于另一种特殊原理，某些面相表达了仁慈。同样，由于一种特殊的构造原理，某一特定感觉指示了我手中物体的硬；由于另一特殊原理，某一特定感觉指示了那一物体的运动。

而习得知觉以及我们靠人工语言接受的信息必定归因于人类构造的普遍原理。一个画家感知到这幅画是拉斐尔（Raphael）的作品，那幅是提香（Titian）的作品；一位宝石匠感知到这颗钻石是真品，那颗是赝品；一名水手感知到这艘轮船有五百吨，那艘有四百吨。这些不同的习得知觉是由相同的人类心灵的普遍原理产生的。在同一个人那里，依据应用的途径不同，它们有着不同的运作。在不同的人那里，依据他们所受教育和生活方式的不同，它们也有着不同的运作。同样，当一些有表达力的发音向心灵传达法撒犁亚战役的信息，另一些传达波尔塔瓦战役的信息时，当一位法国人和一位英国人靠不同的有表达力的发音接受到相同的信息时，在这些不同情况下所使用的符号，由于同样的普遍人类构造原理，产生了关于所指的知识及信念。

我们构造的普遍原理使我们适合用语言接收来自同类的信息，另一些普遍原理使我们适合用感官获取对事物的知觉。如果把两种类型的原理加以比较，我们会发现它们在本质和运作方式上非常相似。

开始学习母语时，靠自然语言的帮助，我们感知到那些与我们交谈的人使用特定的发音表达特定的事物。当我们要表达同样的事物时，就模仿同样的发音，而且发现我们能够被人们理解。

但这里有个难题值得关注，因为对它的解决通向了具有重大意义和广泛影响的一些人类心灵原理。我们靠经验知道人们用过某词语表达某事物。但是所有的经验都是过去的，它本身不能给未来的事物提供概念或信念。那么我们如何会那么相信它、依赖它？我们明明有能力按其他方式行事，在思考同样的事情时却继续使用同样的词汇。对我们同类未来的和自发的行为的这种知识和信念——更确切地说，应该称之为先见——是从何而来的？他们承诺过永远不用含糊之辞和谎言来欺骗我们吗？没，他们没承诺过。即便他们承诺过，也解决不了问题，因为这一承诺必须用词语或其他的符号来表达。而且在能相信承诺之前，我们必须确定那些符号的意义会保持不变。按照常识生活的人没想过把人们自己的言辞与他们的诚实看作一码事。一旦我们在任何程度上看重某人的言辞或承诺，显然就默认了他的诚实。我还补充一句，远在儿童知道承诺是何物之前，就有着对人们的声明或明证的这种信任。

因此，人类心灵很早就有一种预期：我们的同类在具有相同的看法时，会使用相同的语言符号。这种预期不是来自经验和理性，也不是来自任何协定和承诺。

事实上，这是对人类行为的一种预知。在我看来，它是人类构造的一种初始原理，没有它的话，我们就不会有语言能力，也就不能接受指导。

英明而仁慈的自然造物主旨在使我们成为社会性的生物，使我们可以利用其他人的信息来获得最伟大、最重要的知识，为了实现这些目的，他在我们的本性中置入了两条相互匹配的原理。

第一条原理是讲真话并使用语言符号以传达真情实感的倾向。它即使在最爱撒谎的人那里也生动有力,因为一次谎言需要一百次真话来掩饰。真话总是最主要的,是心灵的自然流露。它无需技巧和训练、动机和诱导,只需要听从自然的冲动。相反,撒谎是违背本性的行为,如果没有某种诱惑,即便最大的恶棍也不会为之。讲真话就像饿了要吃饭,尽管它不满足任何目的;而撒谎就如服药,令人反胃,如果不是为了某种不能通过其他方法满足的目的,人们不会如此。

如果有人要反驳说,人可能出于道德或政治的考虑才讲真话,因此他们讲真话并不能证明上述初始原理的存在。我要说的是:第一,除非我们到了理解和反思的年龄,否则道德或政治的考虑不会有什么影响;此外我们依靠经验可以肯定,儿童在受这种考虑的影响之前,他们一向是讲真话的。第二,在受到道德或政治考虑的影响时,我们必定意识到了那种影响,而且能靠反思感知到它。现在,当我全神贯注地反思自己的行为时,我想不起一般在说真话的场合中受到了哪种道德或政治动机的影响。我发现,真话总是挂在嘴边,如果不憋住,就会脱口而出。无须好意或恶意引导,我只要保持纯朴自然。的确存在可以导致谎言的诱惑,这种诱惑相对于诚实的自然原理来说太过强大,以至于荣誉或美德的原理派不上用场。但是不存在这种诱惑时,我们会本能地讲真话——这种本能正是我在做出说明的那条原理。

通过这种本能,我们的言语和思想之间形成了一种真实的联系,因而前者变成了后者的专有符号。尽管在撒谎或含糊其辞的情况下,这一联系被打断了,但这样的情况相当少,它们只是削弱了人证的权威,而不可能摧毁它。

最高存在者在我们身上植入的另一条初始原理,是去相信别人的诚实、相信他们的言语的秉性。这是第一条初始原理的配对物。我们把第一条称为诚实原理,由于缺少更恰当的名称,就把这一条称作信任原理。儿童在碰到欺骗和撒谎的情况之前，这种原理是不受限制的，而且它在一生中始终保持相当大的威力。

如果自然使说话者的心灵保持均势，在真话与谎言之间做到不偏不倚，那么儿童撒谎与讲真话的频率会同样多，直到理性成熟，提示撒谎的鲁莽，或良心成熟，提示撒谎的不道德性。如果自然使听者的心灵保持均势，在相信和不信之间做到不偏不倚，那么我们不应该听信任何人的言语，除非我们有确切的证据证明他讲真话。在这种情况下，他提供的明证并不比他的梦更有权威。梦可能真也可能假，没有人乐意相信它们，因为它们出现在梦中。显然，就明证而言，人类判断力的天平在本性上更多的是倾向于相信这端。当另外一端没有放置任何东西，它就会向相信那端倾斜。若非如此，那么交谈中的任何话语在受到理性的检验和审判之前都不会被人相信，而大多数人也不可能找到任何理由相信别人的一言半语。这样的怀疑和不信任会剥夺社会给我们带来的最大利益，使我们置身在比原始社会还恶劣的环境中。

按照这一假定，儿童会彻底地不相信别人，因此完全不能接受教导。对人生、对人们的风俗和习性知之甚少的人是不怎么信任他人的人。最信任他人的是那些最有经验、最富洞察力的人，因为在许多情况下，他们有能力找到好的理由去相信明证，而弱者和无知者做不出这样的发现。

总而言之，如果信任是推理和经验的结果，那么它必定随理性和经验的增长而加强。但如果它是自然的天赋，那么它在孩童时期最为强大，经验则会限制压抑它。你只要稍微看看人们的生活，就会发现后者而非前者是实情。

我们在能用双足行走之前要被人抱着，这是自然的意图。在能被自己的理性指导之前，我们的信念应由别人的权威和理性指导，这同样也是自然的意图。婴儿的虚弱和母亲的慈爱天性无疑清楚地表明了前者，年轻人天生的信任和长者的权威，同样清楚地表明了后者。通过适当的养育和看护，婴儿获得了不需要扶持就能行走的力量。理性同样存在需要抱在怀中的婴儿期，出于天然的本能，她完全依赖于权威，就像意识到了自己的虚弱似的。没有这种扶持，理性也会晕头转向。当通过合适的培养成长至成熟期时，理性开始感受到自身的力量，减少对他人理性的依赖。她学会在某些情况下去怀疑明证，在另一些情况下不相信明证，还给她最初完全服从的权威设置界限。但是直到生命的尽头，理性发现，当自身缺乏明证时，她有必要借助明证之光；当意识到自己的低能时，她有必要在一定程度上依赖其他人的理性。

在许多场合，理性即便在其成熟期也会借助于明证，在其他场合还会辅助明证，增强它的权威。正如我们能在某些场合下找到好的理由否决明证，也能在某些场合下，在关系到我们最重要的关怀方面，找到好的理由去完全信任它。证人的品性、数量、无私，勾结的不可能性和未经共谋而其明证惊人的一致性，都给予明证不可抗拒的力量——相对于这种力量来说，其固有的内在权威微不足道。

至此，我们已经考察了一些普遍的人类心灵原理，它们使我们适合用语言接受来自同类的信息。下面我们将考察另外一些普遍原理，它们使我们适合用习得知觉来接收自然的信息。

不可否认，事实上已被所有人承认的是，当我们发现自然进程中有两件事物老是联系在一起时，其中一事物的出现会立即引起对另一事物的构思和信念。前者成了后者的自然符号，对它们在过去时间里一直结合的认知，无论是通过经验还是通过别的方式获得的，足以使我们有把握相信那种结合会持续下去。

心灵的这种进程太熟悉了，以至于我们从没想到去探究它赖以建立的原理。我们倾向于把"未来必定与过去相似"当作自明的真理。

比如说，如果今天天气冷到一定程度水就结冰，而且我们已经知道过去的所有时间里都是这样，那么我们无疑会相信明天、一年以后，冷到同种程度时水就会结冰。只要人们一了解，就会相信它是真理——这我乐于承认，但问题是，它的证据从何而来？当然不是通过比较观念而获得，因为当我把冷的观念与水结成透明固体的观念进行比较时，我感知不到它们之间的任何联系。没有人能够表明一个是另一个的必然结果，没有人能提供丝毫理由说明为何自然把它们结合在一起。那我们是靠经验了解到它们之间的结合吗？的确如此。经验告诉我们它们在过去是结合在一起的。但没有人经历过未来。一个真正有待解决的问题是：我们如何会相信未来与过去相似？自然造物主承诺过吗？或者，当他建立了如今的自然规律，并规定了它们的持续时限时，我们就被吸纳进他的理事会？当然不是。事实上，如果我们相信存在一个英明、善良的自然造物主，我们就可能找到好的理由，说明他为何会在长时间内保持相同的自然规律和相同的事物间的联系——因为，假如他不这样做，我们就不可能从过去中学到任何东西，而所有的经验对于我们来说也就一无用处。在我们开始运用理性时，尽管这种考虑会坚定我们对目前的自然进程会持续下去的信念，但可以肯定的是它不能增强此信念，因为儿童和傻子刚刚知道火会烧伤他们时就具有这种信念。因此，它必定是本能而非理性的产物。

在我们能推理之前，有很大一部分必要的知识必须来自经验，这是创造我们本性的英明造物主的意图，他还提供了各种手段来极其充分地满足这一意图。比如，首先他用固定的规律来支配自然，因此我们看到事物之间数不胜数的联系一代代地持续下去。如果自然进程没有这种稳定性，经验就不可能存在，或者它只是个不忠的向导，把我们引向谬误和危害。假如人类心灵没有诚实原理，人的言语就不会是其思想的符号。假如自然进程没有规则性，那么没有一种事物能成为另一事物的自然符号。第二，他在人类心灵中植入了一种初始原理，它使我们相信和预料到自然进程的持续性以及我们在过去观察到的联系的持续性。当我们发现两事物过去联系在一起时，正是由于我们本性的这种普遍原理，一事物的出现才产生了对另一事物的信念。

我认为，是《人性论》那位睿智的作者第一个注意到，我们对自然规律持续性的信念既不能建立在知识上，也不能建立在概率上。但是他从没把它当作心灵的一条初始原理，而是利用他自己钟爱的假说来予以说明，此假说就是：信念只不过是对被信之物的一定活性程度的观念。我已经在第二章对此奇怪的假说做过一番评论，下面我将对之做另一番评论。

我们知觉中的信念是对对象当前存在的信念，记忆中的信念是对它过去存在的信念，对我们现在所说事物的信念是对其未来存在的信念，而在想象中则根本不存在信念。现在恳请这位作者告诉我，一定程度的活性如何把对象的存在固定在当前，另一种把它带到过去，第三种却相反，把它带到将来，而第四种则把它带不见了。假设——比如说——我看到太阳从海上升起，我记得昨天看到它升起了，我相信它明天会在大致同样的地方升起，我还能不带任何信念地想象它在那个地方升起。现在，按照这一怀疑论的假说，这种知觉、记忆、预知和想象都是相同的观念，只是在活性程度上有差异。对太阳升起的知觉是最生动的观念。对它昨天升起的记忆是同一种观念，生动性次之。对它明天升起的信念同样是那一观念，生动性更次。对它升起的想象仍是同一种观念，只是最淡弱。有人可能倾向于认为，这一观念或许逐渐经历了所有可能的活性程度而继续存在。但是，如果真的这样认为，我们就是在自欺，因为它一无精打采就退回到了过去。即便承认这一点，我们至少会料想，由于它依其活性衰减而向后移，衰减越多，后移越远，直至完全消失在视线之外。但这里我们又一次受到了欺骗，因为活性下降有一段时期，其间，就好像在它后退时遇上了有弹性的障碍物，突然从过去弹到未来，而没有经历现在。现在进入了未来的区域，我们容易认为它有足够的空间耗光它剩余的能量。但我们还是被欺骗了，因为靠又一次有力的一弹，它蹦进了想象那个虚无缥缈的区域。因此，那些观念在其活性逐渐衰减的过程中，似乎仿照了动词在语法上的曲折变化。它们始于现在式，依次进入过去式、将来式和不定式。这一怀疑论信条事实上无论从哪点来看都充满了神秘感，以至于持有它的人受到了致命的指责：他们不可信。在我看来，要相信他们，除非拿出圣亚他那修[26]的忠诚来。

不过，我们同意《人性论》作者的下述观点：我们对自然规律持续性的信念不是来自理性。它是对自然运作的一种本能的预知，非常类似于对人类行为的预知，后者使我们信赖同类提供的明证。而且，就如没有后者，我们就不能通过语言从人们那里接收信息一样，没有前者，我们不能利用经验接收自然信息。

超出我们初始知觉的所有自然知识都是靠经验获得的，而且都在于对自然符号的阐释。自然规律的恒常性把符号与它指示的事物联系了起来。出于刚刚解释的自然原理，我们相信靠经验发现的联系具有持续性，因此符号的出现就伴随着对所指事物的信念。

不仅习得知觉，而且所有的归纳推理和类比推理都是建立在这一构造原理之上。因此，在缺少另一个名称的情况下，我们姑且称之为归纳原理。正是基于它的力量，我们才直接赞同所有自然知识赖以建立的公理：同因必同果。因为在自然的运作中，原因和结果只是符号以及符号所指示的事物。我们在自然原因中找不到任何固有的因果性

---

[26] 圣亚他那修（Saint Athanasius，298—373 年），古代基督教教父之一，亚历山大城主教，卫护基督教正统教义，反对阿里乌教派（Arianism）。基督教传统把亚他那修视为典范。——译者

或效能，只是感知到自然进程在它与被称作其结果的事物之间建立的联系。我们的构造决定了我们具有先于所有推理的一种预期：存在着固定的、稳定的自然进程，我们还迫切地希望发现这一进程。我们关注事物间表现出来的各种结合，预期它们会持续下去。当这种结合一再地被观察到时，我们就认为事物是自然地联系在一起的。无需推理或反思，一事物的出现会带来对另一事物的信念。

如果有读者认为，归纳原理可以化归为哲学家通常称作的观念联结，那么我提请他注意：根据该原理，自然符号不是仅与观念，而且与对被指示事物的信念联结了起来。除非观念和信念是一回事，否则把这称作观念的联结是不妥当的。儿童发现针刺与疼痛是结合在一起的，因此他相信，他也知道，这些事物是自然地联系起来的。他知道它们总是前后相继发生的。如果有人只是把这称作观念的联结，我不会争论用词问题，但我会认为他的表达相当不妥。他在过去发现结合起来的事物会在将来继续结合，这句话如果用平常的英语表达，它就是一种预知。此预知不是推理的结果，而是源于一条初始的人性原理——我称之为归纳原理。

这条原理就如同信任原理，在幼儿时期没受到限制，随着我们的成长而逐渐受到限制和调节。它经常导致我们陷入错误，但从总体上说带来了无数好处。由于它，被火烧过的孩子要避火，被外科医生接过种的孩子要逃离他。两害相权取其轻。

不过，这两条自然原理导致我们犯错的类型不同。当我们完全理解一些人的语言时，他们有时可以利用谎言来引导我们犯错误。但自然从不以这样的方式误导我们。自然总说真话，我们只是因为误解它而陷入错误之中。事物之间的偶然结合，跟自然的联系一样，必定很多，前者容易被误会成后者。比如说，在上面提到的例子中，小孩子把接种引起的疼痛与外科医生关联了起来，其实真正与它关联的只是切口。哲学家和科学研究者都避免不了类似的错误，事实上所有错误的哲学推理都归因于它们。错误的推理和合法的推理一样，都是从经验及类比中引出的，否则它不可能有逼真度。但是对自然符号的解释，一者是笨拙的、卤莽的，另一者是合法的、正确的。如果儿童或有共同知性的成人要去解释一本科学读物，要用他的母语进行写作，他会犯下多少大小错误？但是他对此语言所知的，足以满足其日常生活的要求。

自然语言是普遍的学问，而学生可以归入不同的班级。野兽、傻子和儿童投入这一学习过程中，他们的全部习得知觉都归因于它。具有共同知性的成人取得了更大的进步，能利用一定层次的反思来学会儿童不知道的事情。

哲学家处在最高年级，他们是自然语言方面的批评家。这些不同的班级拥有一位老师——经验，它接受归纳原理的指导。没有归纳原理之光，经验就如鼹鼠一般盲目：它的确可以感受到现在是什么，什么东西在直接接触它，但它看不清前后左右、过去未来。

归纳推理或对自然合法解释的规则，以及导致我们容易误解自然语言的谬误，被伟大的天才培根爵士以惊人的洞察力勾勒了出来，所以他的《新工具》可以恰当地被称为自然语言的语法。《新工具》对这项工程贡献甚大，且功可补过：在写作它的时候，世界上还没发现一种可接受的归纳推理模式，其规则可被照搬。在亚里士多德描述诗歌和雄辩的技艺时，它们已臻完美，但当培根在勾画自然那雄伟的身形和比例时，解释自然的技艺仍处在未成熟状态。亚里士多德从那些已有技艺的最好模式中引出了他的规则，但是已出现的最好的归纳推理模式——我认为是牛顿的《原理》第三篇和《光学》——是从培根的规则中引出的。所有那些规则的目的是教导我们把自然进程中事物的表面联系与真实联系区分开来。

不精于归纳推理的人，在从自然现象出发的推理中比在习得知觉中更容易犯错误。我们经常从少量的事例出发进行推理，因此容易把事物的偶然结合错当自然联系。但是无需推理就从符号过渡到所指的习惯（它构成了习得知觉），必须从大量的事例或实验中学会。这些实验的次数足以解开偶然结合起来的那些事物，并坚定我们对自然联系的信念。

从儿童刚刚学会使用双手伊始，自然就指导他们反复摆弄五花八门的东西，从各个角度、各种距离观察他们。我们倾向于把这借口为小孩子的消遣，因为他们必定要做某些事，却又没有理性来以更成熟的方式自娱。但是稍加思考会发现，他们从事的是最严肃、最重要的研究。即便他们具备哲学家的全部理性，也不可能做得更好，因为正是这种小孩式的行事方式才使他们能够适当地使用自己的眼睛。他们靠此每天都在养成知觉习惯——这比我们教给他们的任何东西都要重要。自然提供给他们的初始知觉很少，不能满足生活目的，因此让他们凭借习惯获得多得多的知觉。自然为了完成她的工作，还赋予他们永不疲倦的练习劲头以获得那些知觉。

这就是自然为她的孩子提供的教育。既然我们说到这个主题，不妨补充一句：自然教育的另一部分是，由于事物的发展进程，儿童为了满足自己的好奇心和小愿望，他们必须经常发挥肌肉的所有力量，并投入他们的全部才智。他们要满足欲求，唯有以勤奋、耐心以及诸多失望为代价。通过身体和心灵的练习——这对于满足欲求是必要的——在运动中他们变得敏捷、有力和灵巧，增强了体质和活力；他们学会了忍耐和坚毅；他们学会忍受痛苦而不沮丧，忍受失望而不悲观。自然的教育在野蛮人那里体现得最完备，它们没有别的指导教师。我们看到，在感官反映的迅捷上，在运动的灵活性上，在身体的结实性上，在心灵忍受饥、渴、疼痛、失望的能力上，它们通常远胜文明人。就此而言,最聪明的作者看来会宁愿选择野蛮人的生活而非社会性的生活。但是自然教育本身永远制造不出一个卢梭(Rousseau)。为了成为真正的人,人的教育必须添进自然的建制之中,这也是自然的意图。自然还利用摇篮时期出现的模仿和信任的自然原理,以及利用其他一些后来出现的原理,来使我们适应人的教育。

当我们从人那里接受的教育不给自然教育留有余地时,它就行差踏错了,会损害我们的知觉官能,损害我们的身心。自然有自己的育人之道,就如她有自己的治病良方。医学信奉自然,模仿和辅助她来治疗疾病。教育学信奉自然,辅助和模仿她来育人。古时巴利阿里群岛的居民在教导孩子成为好的弓箭手时,遵循的就是自然之道:在狩猎时,他们用一根线把食物吊在高处,让孩子们凭自己的箭术获得食物。

自然教育可以造就完美的野蛮人,无需比维持生存所需的更多人类关怀。把人的教育加入自然的教育中,可以造就一位好市民、技术熟练的工匠,或有教养的人。但是为了造出卢梭、培根或牛顿,理性和反思就必须加入进来。

无论人的教育犯了多少错误,但有教育总比没有强。在我看来,即便让卢梭选择是去教育法国、意大利、中国的小孩,还是教育爱斯基摩人的小孩,恐怕也不会优先选择最后的一个。

自然教育总是真实的、有益的。当理性运用得当时,它会巩固自然教育。理性会在人的教育中区分好和坏,谦逊地拒绝后者,恭敬地信奉前者。

大多数人日复一日地保持着他们被自然和人的教育塑造成的样子。他们的举止、观点、德性和恶性都是靠习惯、模仿和教育获得的。在它们的形成上,理性作用很小,甚至没有。

第七章　结论

——包括对哲学家在此主题上的观点的反思

人们有两种途径可以形成他们关于心灵、心灵的能力和运作的概念和观点。第一条是唯一通向真理的途径，但是狭窄而崎岖，很少有人走上去过。第二条宽阔而平坦，不仅常人，连哲学家都挤在上面。它能充分地满足日常生活，还很适合诗人和雄辩家的目的。但是在有关心灵的哲学探究上，它导致的是错误和欺骗。

我们可以把第一条称为反思之途。当心灵的运作发挥作用时，我们能意识得到它们。在它们成为熟悉的思维对象之前，我们有能力去关注它们，反思它们。要对心灵的运作形成恰当的、精确的概念，这是唯一途径。但是对于成人来说，这种关注和反思太难了——四面八方的外在对象不断地吸引着他的注意力，即便是哲学家也很少能真正做到。在本书的探究过程中，我们已经在许多地方表明，最熟悉的感官运作受到的关注是多么的微乎其微。

第二条途径最为常见，人们靠它形成了有关心灵及其运作的看法，我们可以把它称为类比之途。自然进程中没有太特立独行的事物，我们总是能在它与其他我们熟悉的事物之间找到某种相似，或至少是某种类似。心灵本就乐于寻找这样的类比，并高兴地关注它们。诗歌和妙语的魅力少不了它们的功劳，而雄辩也因为类比而大大增强了说服力。

类比不仅能给我们带来乐趣，还作用重大。它们有助于我们获得对事物的构思，少了这个帮手，我们或许不容易领悟。当我们缺少手段获取更直接的知识时，它还能引导我们构造对事物本质和性质的可能性猜想。木星像地球一样既自转又围绕太阳公转，像地球被月球照亮一样被若干卫星照亮。在做这样的考虑时，我忍不住会根据类比猜测，既然地球适合于不同等级的动物居住，那么木星是不是也如此？就这个问题而言，我找不到更直接、更具判决性的论据来下定论，于是我根据类比推理的力量强弱来确定接受的程度。我注意到马铃薯与茄属植物在花和果实上非常相似，别人还告诉我后者有毒，我从类比法很容易怀疑前者有毒。但是在这种情况中，我有机会获得更直接更确定的证据，因此不应该相信类比，它会导致我犯错。

　　类比论证总是信手拈来，在丰富的想象中自发地壮大，而更直接、更有判决性的论据往往需要费心的关注和运用，因此人们一般更容易相信前者。如果有哪位仔细检查一下古代哲学家关于物质世界或关于心灵的体系，就会发现它们完全是建立在类比的基础之上。培根伯爵是第一个提出严格归纳法的人，自他那个时代起，它在某些自然哲学部门中的运用取得了可喜的成就，而在其他的事务中几乎没有被运用过。不过相对于其他研究题材而言，人们更容易在有关心灵及其运作的主题上信任类比的思维和推理方法。因为关于那些运作，我们要直接、恰当地形成清楚分明的概念，要对它们进行推理，就需要具备细心反思的习惯，但很少有人能做到这一点，而且即便是少数能做到的人，也得颇费周章地养成那一习惯。

　　人们对于难以领会或不那么熟悉的事物，通过找出与自己更熟悉的事物之间的类似，就容易形成关于前者的概念。比如说，如果一个以航海业为生、习惯于只思考和谈论有关航海题材的人参加了其他主题的讨论，可想而知，他自己职业的语言和概念会夹杂进来，而所有的事物将会以航海规则来评价。此外，如果他想对心灵的官能进行哲学思考，毫无疑问，他会从轮船的结构中获取概念，会在心灵中发现帆、桅杆、舵和罗盘。

与航海有关的事物对于以航海业为生的人具有重要地位，其他感性对象在其他人那里的重要性也不遑多让。在大部分生涯中，我们只能思考感官对象，而要关注其他性质的对象并形成清楚分明的概念则并不容易，即使我们多年以来就会反思了。因此，人类的境况使我们有充分的理由认为，人们关于心灵及其运作的语言和日常概念都是类比性的，都来源于感官对象。这些类比容易欺骗哲学家和平常人，导致他们把心灵及其官能物质化——经验也充分地证实了这一点。

在历史上的各个时期，各个民族的人如何会普遍地把灵魂或人的思维原理想象成像气息或风一样的细微物质，只要看看几乎所有的语言中为它提供的名称，就可知大概。我们有专门的而非类比的词汇表达我们通过触觉、视觉、味觉之类的感官来感知外在对象的各种方式，但是我们常常不得不类比地使用这些词汇来表达本质完全不同的其他心灵能力。此外，蕴含着一定程度的反思的能力，一般只有类比化的名称。思维的对象被说成存在于心灵之中，被领会、理解、构思、想象、记住、掂量和沉思。

古代哲学家有关灵魂本质的概念似乎并不比平常人的更精致，在概念的形成方式上似乎也没有什么不同。我们把有关此主题的哲学区分为旧的和新的。旧哲学到笛卡尔为止，他给了它致命一击，自那以后，旧哲学逐渐衰落，现在近乎灭绝。在此主题上，笛卡尔是新哲学之父，自他那个时代起，新哲学在他制定的原理上逐渐发展。旧哲学似乎纯粹是类比化的，新哲学更多源于反思，但仍在相当大的程度上混杂着旧的类比式概念。

由于感官对象由质料和形式组成，古代哲学家就认为，每个事物或属于二者之一，或同时由两者构成。因此，有人认为灵魂是一种特殊的细微物质，可以与我们粗糙的身体相分离；另一些人认为它只是身体的一种特殊形式，与身体密不可分，比如在古代及现代，似乎有某些人认为，身体的某种结构或组织是使它有感觉和理解能力的全部必要条件。这一派别的哲学家认为，心灵的不同能力相应地属于身体的不同部位，如心脏、大脑、肝脏、胃和血液。

有些人认为灵魂是一种可与身体分离的细微物质，他们争论着它属于土、水、气、火四元素中的哪一种。水、气、火都有具体的支持者。但有人认为它囊括了所有这些元素，认为其组成中必定包含着与我们感知到的各种东西相似的某种成分，我们靠土的那部分灵魂感知到土，靠水的那部分感知到水，靠火的那部分感知到火。有些哲学家不满足于确定灵魂是由什么质料组成的，他们还探究它的形状，认定它是球形的，因为这样更适合于运动。在我看来，古代哲学家有关灵魂本质的概念中，最有启发性、最出色的是柏拉图主义者的，他们认为灵魂与恒星一样，都由不朽的天上的物质组成，因此它具有一种聚合其专有元素的自然倾向。我不知道应该把亚里士多德放入这些哲学家中的哪一类。他把灵魂界定为有潜在生命的自然物体的首次 ἐντελεχεια[1]。由于我不知道此希腊词的意思，所以请原谅我没有把它翻译过来。

古代哲学家关于心灵运作的概念，尤其是关于知觉和观念的概念，似乎也是通过相同类型的类比形成的。

在一些突出的作者中，柏拉图是第一个把观念[2]引入哲学的人，

---

[1] ἐντελεχεια，中文有时音译为"隐德莱希"，意译为"完全实现""完成"或"圆成"等。——译者

[2] idea 在柏拉图那里通常被翻译为"理念"，这里为统一，特译为"观念"。——译者

但是他关于此主题的学说显得有点奇怪。与其他古代哲学家一致的地方是，他认为所有事物都是由质料和形式构成，组成所有事物的质料没有形式，生自永恒。但是他又认为，所有可能存在的事物具有脱离质料的永恒形式。他把这些永恒、非物质的形式称为观念，认为它们才是真知识的唯一对象。至于他的这些概念是借自巴门尼德，还是自己创造性的想象，对于我们来说并不重要。后来的柏拉图主义者似乎做了些改进，认为那些观念或事物的永恒形式并非自存的，而是存在于神圣心灵之中，所有事物都是以它们为模型或样板制造出来的：

> 于是居住着永恒的太一，深深退隐于
> 其深不可测的本质之中，全面审视着
> 事物永存的意象。[3]

马勒伯朗士的概念非常接近于柏拉图的。这位作者似乎比别人更加意识到处理共同的观念假说的困难性，这一假说是：对所有思维对象的观念都存在于人的心灵之中。为了避免那些困难，他把作为人类思维直接对象的观念当作神圣心灵中关于事物的观念。此神圣心灵紧密地出现在每个人的心灵面前，只要高兴，就向它展示自己的观念。

据我所知，柏拉图主义者和马勒伯朗士有别于其他哲学家的地方是，他们认为，在人类心灵中，或至少是在心灵的居所大脑中的某个部位中，存在着各种思维对象的观念或意象。

亚里士多德对观念这个词没什么好感，除了在反驳柏拉图关于观

---

[3] 引自马克·阿肯赛德（Mark Akenside），《想象的乐趣：一首诗，三本书》（*The Pleasures of Imagination, A Poem in Three Books*, London, printed for R. Dodsley at Tully's-Head in Pallmall, 1744, BK I., lines 64-66）。——译者

念的概念时，他极少或者从不用到它。他认为质料可以脱离形式而存在，而形式不能脱离质料而存在。不过他同时告诫说，如果心灵中没有形式、影像或种，就不可能有感觉、想象和理智；感性事物是通过感性种被感知到的，理性事物是靠理性种被感知到的。他的后继者说得更清楚：那些感性的和理性的种是由对象发射出来的，作用在被动的理智上生成印象；主动的理智感知到被动的理智中的它们。在逍遥学派的权威盛行期，这似乎是普遍的看法。

根据卢克莱修的阐释，伊壁鸠鲁的学说尽管在许多方面与逍遥学派的大不相同，但在这个方面两者几乎是一致的。他肯定地说，细薄的影像或灵魂 (tenuia rerum simulacra) 仍在从所有物体中流出并四处飞扬。这些存在者极其细微，很容易穿透我们粗糙的身体，撞击在心灵上，产生思维和想象。

逍遥学派的体系统治了欧洲学院上千年，几乎没遇到一个竞争对手，后来坍塌在笛卡尔的体系前。相对于亚里士多德及其注释者的著述和概念的晦涩难解而言，笛卡尔的体系清晰明了，这使人们对他的新哲学偏爱有加。柏拉图的精神特质是庄严，亚里士多德的是细腻，笛卡尔在清晰性上远超两者，还把这种精神传给了他的后继者。现已被普遍接受的有关心灵及其运作的体系不仅在精神上源自笛卡尔，而且其基本原理也出自他，即便在马勒伯朗士、洛克、贝克莱和休谟对之做了改进之后，它仍可称作笛卡尔体系，因此我们将大体上对其精神和倾向，尤其是对它有关观念的学说做些评价。

1. 大家可能会注意到，比起以前的哲学家，笛卡尔追求的方法自然而然地引导他更多地依靠精确反思来探讨心灵的运作，更少地信任在此主题上做的类比推理。为了在新的基础上建立体系，他首先决定，除绝对确定和显明的东西外，不承认任何东西。他假定他的感官、记忆、理性，以及我们日常生活中信任的任何其他官能，都可能是虚假的。他决定不相信任何事情，除非不可反驳的证据迫使他不得不予以承认。

按这种方法，首先显得确定、明白的是他思想、他怀疑、他沉思。一句话，他意识到的自己心灵的运作必定是真实的，决不是虚幻的。即使其他所有官能都会欺骗他，意识也不会。因此这被他视为全部真理之首，是他在怀疑论海洋中颠簸之后能够立足的第一块坚实地基。他决定把所有的知识都建立在它上面，而不去找寻更多的第一原理。

由于其他的每条真理，尤其是感官对象的存在，都是经过一系列严格论证从他意识所知中推导出的，所以他自然被引导去关注他意识到的运作，而不必从外在事物那里舶来他关于那些运作的概念。

不是类比，而是细心的反思引导他观察到，思维、意志、记忆以及其他心灵性质完全不同于广延、形状以及物体的所有性质。因此，我们没有理由认为，能思维的实体与有广延的实体之间存在任何相似之处。思维性实体的性质都能被意识到，我们依靠反思获得关于它们的知识，这比我们依靠感官获得的关于外在对象的知识更加确定、更加直接。

就我所知，这些观察首先是由笛卡尔做出的。相比以前在此主题上的看法，它们更加重要，为它提供了更多的线索。它们应该使我们摒弃、堤防通过类比法从感性对象中引出的关于心灵及其运作的各种概念，使我们只相信精确的反思，把它作为在该主题上所有真知识的源泉。

2. 我注意到，就如逍遥学派的体系有种物质化心灵及其运作的倾向，笛卡尔的体系有种精神化物体及其性质的倾向。两种体系犯了相同的错误，它导致前者在类比之途步入了前面那个极端，导致后者在反思之途陷入后面那个极端。我所指的这个错误是指一种错误的看法：除非感觉相似于物体的性质，否则对于物体及其性质，我们将会一无所知。两种体系都认同这一点，不过由于它们使用的推理方法不同，因此从这一错误看法中引出的结论也就完全不一样。逍遥学派从物体性质中引出有关感觉的概念，笛卡尔的体系则相反，从感觉中引出有关物体性质的概念。

逍遥学派理所当然地认为，物体及其性质是真实存在的，它们就是我们通常认为的那个样子。该学派还从它们推断出感觉的本质，推理方式如下：感觉是感性对象对心灵造成的印象，可以比作印章在蜂蜡上的印象，印象是印章的意象或形式，而不具备它的质料；同样，每一感觉都是对象的某种感性性质的意象或形式。这就是亚里士多德的推理，明显有一种把心灵及其感觉物质化的趋势。

相反，笛卡尔的体系认为，物体或其任何性质的存在都不应被看作第一原理，除了利用合法推理从感觉中能推演出的，我们不应该承认与物体有关的任何东西。他还知道，我们能靠反思形成关于感觉的清楚明白的概念，而不需要依靠类比从感官对象那里舶来关于感觉的概念。于是笛卡尔主义者开始关注他们的感觉。他们首先发现，对应于第二性质的感觉不可能相似于物体的任何性质。因而笛卡尔和洛克推断，被平常人当作物体性质的声音、味道、气味、颜色、热和冷并非物体的性质，而是心灵的感觉。后来贝克莱更仔细地考虑了感觉的普遍本质，他发现并证明了，无论什么样的感觉都不可能相似于无感知能力的存在者（如物体）的任何性质；他还非常正确地由此推出，不管是认为广延、形状以及所有第一性质都只是感觉，还是认为第二性质都只是感觉，其理由都是一样的。因此，如果按照笛卡尔的原理进行合法的推理，那么物质就被剥夺了全部的性质。新体系凭借一种形而上学的升华，把物质的一切性质转变为感觉，并把物体精神化，有如老体系把精神物质化。

避免走向两个极端的途径是把我们看到和感受到的事物的存在，以及把我们意识到的事物的存在，当作第一原理予以承认；既要像逍遥学派那样，从我们的感官明证中获取对物体性质的概念，又要像笛卡尔主义者那样，从意识的明证中获取我们对感觉的概念。

3. 我注意到，现代怀疑论是新体系的自然产物。尽管直到1739年它才产下这个怪胎，我们还是可以说新体系一开始就孕育了它。

老体系不要求任何证据，就把所有的常识原理当作第一原理予以承认。因此，尽管它的推理通常是含糊的、类比式的、晦涩的，但它建立在广泛的基础之上，而且没有导致怀疑论的倾向。在逍遥学派中，我们找不到一位学者认为自己有义务证明一个物质世界的存在。但是以笛卡尔体系为立足点的作者们都做过这种努力，直到贝克莱清楚地表明他们的论证是无效的，由此他得出结论说，不存在物质世界，对物质世界的信念应该被当作低级错误予以拒绝。

新体系只把一条常识原理当作第一原理予以承认，并妄图利用严格的论证来从它推出所有的其他原理。思想、感觉以及我们意识到的任何事物都真实存在，这在该体系中被认同为一条第一原理，但其他任何事物必须用理性之光来照亮自己。理性必须把整个知识框架建立在这条单一的意识原理之上。

人性中有一种把事物化归为最少原理的倾向。如果原理能够支撑建基在其上的东西，那么此倾向无疑有助于体系的美观。数学的辉煌正是在于以少数几条公理和定义为基础来建立如此壮观宏伟的科学体系。对简洁性、对把事物化归为少量原理的偏爱，已经产出了许多错误的体系。不过，这种偏好最突出地表现在笛卡尔的体系中。他关于物质和精神的整个体系建基在用一个词"我思"（cogito）表达的一条公理上。在有意识的思维这一基础上，他以观念为材料，建造了他的人类知性体系，妄图说明一切知性现象。按照他的设想，从他的意识出发证明了物质的存在之后,他以物质存在和最初作用于意识的一定量的运动存在为基础,建立起他关于物质世界的体系,试图说明它的全部现象。

关于物质体系的这些原理已被发现是不充分的。如今显而易见,除了物质和运动之外,我们还必须承认重力、凝聚力、微粒引力、磁力以及向心力和离心力等等,物质微粒通过这些作用力而相互吸引和排斥。牛顿发现了这一点,他还证明了这些原理不能化归为物质和运动。出于对简洁性的偏爱,他以其独有的谦逊和谨慎,通过类比法提出了一种猜想:物质世界的全部现象取决于物质微粒的吸引力和排斥力。但是我们现在可以大胆地说,这种猜想是有失偏颇的。因为即便在无机界里,盐、水晶、晶石以及其他许多物体固化为有规则的形式所依赖的力量,不可能用微粒的吸引力和排斥力来说明。此外,有明显的迹象表明,植物界和动物界中的力量在本质上不同于无机物的任何力量。于是我们看到,尽管物质世界的结构中无疑具有优美的简洁性,适合它天生要满足的目的,但也并非像伟大的笛卡尔所断定的那样简洁,也就是说,它并非如更加伟大的牛顿谨慎猜想的那样简洁。他们两人都被类比法、被对简洁性的偏爱误导了。一个对广延、形状和运动极其熟谙,另一个把他的看法扩展到吸引力和排斥力。两个人都从他们熟悉的自然部门中形成了他们对未知部门的概念,就如守护者提屠鲁(Tityrus)从家乡的小镇形成了他关于罗马城的概念一样:

> 我曾经天真地那样想过,
> 人说的罗马跟曼图亚差不多,
> 就像牧人经常赶羊羔去的市集,
> 就跟小狗像大狗,小羊像大羊,

我把大由小来定夺。[4]

这是靠类比思维推测出的合理图景。

至于笛卡尔关于人类知性的体系，我们已经看到，它完全是以意识为唯一基础建立起来的，观念是它的材料。笛卡尔所有的后继者也是以同样的基础和材料来建立体系的。他们承认，自然赋予我们不同的简单观念，它们类似于笛卡尔物理体系中的物质。他们还承认一种自然力量，用以结合、分离、联结和比较观念，这类似于笛卡尔物理体系中的初始动量。他们试图从这些原理出发来说明人类知性现象，就如在物理体系中用物质和运动来说明自然现象一样。我们确实应该承认，两个体系都有很大的简洁性。它们两个太相似了，就如同亲兄弟一般。但是，我们看到有一个是笛卡尔的孩子，而不是自然的孩子，因此有理由认为另一个情况也是一样。

这一体系的自然产物显然就是怀疑论，它认为，除观念的存在以及通过比较它们而得到的必然联系外，其余的各种事物都要遭受怀疑。观念是思维的唯一对象，只有在被我们意识到的时候才存在，由此我们必然可以推出：思维的对象不可能有持续、永恒的存在。物体和精神、原因和结果、时间和空间都不应被赋予独立于思想的存在，一个简短的二难推理就剥夺了它们的存在：它们要么是关于感觉或反思的观念，要么不是；如果它们是关于感觉或反思的观念，那么它们只有在被我们意识到的时候才存在；如果它们不是关于感觉或反思的

4　引自维吉尔（Virgil），《牧歌》（*Eclogues*, Bk. 1, 10-23）。原文为
Urbem quam dicunt Romam, Melibœe, putavi
Stultus ego, huic nostræ similem, quò sœpe solemus
Pastores ovium teneros depellere fœtus.
Sic canibus catulos similes, sic matribus hœdos
Nôram: sic parvis componere magna solebam. ——译者

观念，那么它们就是没有任何意义的词语。

无论是笛卡尔还是洛克都没察觉到观念体系的这个结果。贝克莱主教是第一个做出发现的人。这一发现导致了什么呢？关于物质世界，关于空间和时间，他承认这个结果：这些东西都只是观念，只能存在于我们的心灵中。但是关于精神或心灵的存在，他不承认结果，因为一旦承认，他就是个彻底的怀疑论者了。那么他在精神的存在上是如何避免这一结果的呢？精明的主教大人的对策引人注目，并体现出自己对怀疑论的深恶痛绝。他认为，我们没有关于精神的观念，即便如此，我们还是能对它们及其性质进行思考、谈论和推理。果真如此，那么大人，我们没有关于物体及其性质的观念，是不是照样能对它们进行思考和推理？这位主教或者没有想到这个问题，或者找不到合适的答案。然而我们可以看到，为了避免怀疑论，他很明智地步出笛卡尔的体系，但并没有提供任何理由说明，为何在此处他会这么做，在其他的地方却没有。事实上，在笛卡尔的后继者那里，这是我唯一一次碰到背离笛卡尔原理的情况，而且其做法显得有点突兀，只是源于对怀疑论的恐惧而出现的——因为在所有其他的事情上，贝克莱的体系都是建立在笛卡尔的原理之上的。

因此我们看到，笛卡尔和洛克走上了通向怀疑论之路，而浑然不知道路的尽头是什么，但是他们在缺少光线无法前行的时候会稍稍停顿一下。贝克莱担心会出现可怕的深渊，因此从旁边起步，避开了它。但《人性论》的作者胆大无畏，不左拐也不右拐，就像维吉尔笔下的阿勒克图（Alecto），大踏步前行，迈进深渊：

> 地狱般的深渊横亘，
> 复仇女神阿勒克图飞扑其中，
> 离开了凡世和天空，

仇恨满胸。[5]

4. 人类知性是自然的天赋，而非推理官能的产物。我们可以注意到，新体系为其配置提供的说明是极其蹩脚和不完善的。

人类知性的天然配置可以分为两类：第一，我们对事物的概念或简单领悟；第二，我们对它们的判断或信念。至于我们的概念，新体系把它们化归为两类：关于感觉的观念和关于反思的观念。前者被看作感觉的模本，保留在记忆或想象中。后者是我们意识到的心灵运作的模本，同样存留在记忆和想象中。新体系还告诉我们，这两者构成了人类知性中被用到的或能被用到的全部内容。至于我们对事物的判断，或有关事物的信念，新体系不承认有哪个部分是自然的馈赠，而认为它们是理性的产物，靠比较观念以及感知到它们之间的一致和不一致而获得。在我看来，对概念、判断或信念的这种说明是极其不完善的，我将简要地指出它的主要缺陷。

把概念划分为关于感觉的观念和关于反思的观念，是与所有的逻辑规则背道而驰的，因为在这个分类中，后者包含了前者。毕竟，除了反思外，我们还能依靠其他途径来对感觉形成清楚、正确的概念吗？当然不能。感觉是我们意识得到的心灵运作，我们靠反思意识所得来获取对它的概念。类似地，怀疑和信任是我们意识得到的心灵运作，我们靠反思意识所得来获取对它们的概念。因此对感觉的观念跟对怀疑、信任或诸如此类的观念一样，都是关于反思的观念。

不必去理会这种不精确的划分方法，它是极度不完善的。跟其他

---

[5] 引自维吉尔（Virgil），《埃涅阿斯纪》（*Aeneid*, BK. 7, 568-570）。原文为
Hic specus horrendum, et sœvi spiracula Ditis
Monstrantur: ruptoque ingens Acheronte vorago
Pestieras aperit fauces. ——译者

我们靠反思形成概念的任何事物一样，感觉也是心灵的运作。当有人断定，我们的所有概念要么是关于感觉的观念，要么是关于反思的观念，用直白的英语来说，其意思就是，人类既没有也不能思考除他们自己的心灵运作外的任何事物。没有比这更与真理背道而驰、更与人类经验背道而驰的了。我知道，洛克在持有这一学说时认为，我们关于物体及其性质、运动和空间的概念都是关于感觉的观念。但是他为什么要这样认为？因为他认为那些概念不是别的，而是感觉的意象。如果关于物体及其性质、运动以及空间的概念不是我们感觉的意象，那么是否就推得出，那些概念不是关于感觉的观念？当然。

新体系中没有比这更直接地导致怀疑论的学说了。《人性论》的作者很清楚如何利用它来实现这个目的。如果你主张物体或精神、时间或空间、原因或结果这类的东西存在，他就马上把握到你左右为难的处境：你关于它们存在的概念，要么是关于感觉的观念，要么是关于反思的观念；如果是关于感觉的观念，那么它们临摹的是什么样的感觉？如果是关于反思的观念，那么它们临摹的是什么样的心灵运作？

我确实希望，在感觉和其他心灵运作上笔耕不辍的作者同样也非常细心地思考和反思过那些运作，但是他们居然会认为人类不可能去思考任何别的事物，这是不是令人匪夷所思呢？

这个体系为我们对事物的判断和信念提供的说明有如它为概念和简单领悟提供的说明一样，都与真理相去甚远。它认为感官的功能只是为心灵提供对事物的概念和简单领悟，认为我们对那些事物的判断和信念是靠比较我们的全部概念并感知到它们的一致或不一致来获得的。

相反，我们已经表明，感官的各种运作本质上隐含判断或信念，以及简单领悟。比如说，当我感到脚趾痛风的疼痛时，我不仅有对疼痛的概念，还有对其存在的信念，对引起脚趾疼痛的某种异常的信念。这一信念不是靠比较观念、感知到它们的一致和不一致来获得的，而是包含在感觉的本性之中。当我感知到面前的一棵树时，视觉为我提供的不仅是对树的概念或简单领悟，还提供对它的存在、形状、距离和大小的信念。这一判断或信念不是靠比较观念得来，它包含在知觉的本性之中。我们已经在这一探究过程中注意到信念的若干初始原理。在考查心灵的其他官能时，我们将会发现在对五种感官的考察中没有出现的更多初始原理。

因此，这种初始的、自然的判断是自然为人类知性提供的一部分配置。它们有如我们的概念或简单领悟，是上帝的授意。它们为一些日常事务提供指导，而理性官能在这些事务上会把我们带进黑暗。它们是我们构造的一部分，是理性做出发现的基础。它们构成了我们称作的人类常识。与那些第一原理明显相悖的是所谓的谬误。它们的效力就是明智，往往可以在那些不精于推理的人身上发现。构造异常导致的对它们的明显背离就是我们所说的精神错乱，比如说当某人相信自己是一个玻璃制品的时候就是如此。当一个人用形而上学的论证来使自己背弃常识原理，我们就可以把这称为形而上学式的精神错乱。它不同于其他类型紊乱的地方在于，它不是持续的，而是间歇性的，容易在患者独居和沉思的时候乘虚而入。但是当他步入社会，常识就恢复了权威。对常识原理的清楚表述和解释是逻辑学的主要追求。我们只考虑了在对五种感官进行考察时出现过的那些常识原理。

5. 关于新体系，我最后要提的一点是，尽管它是从反思之途，而不是从类比之途出发前行，但是它保留了某些关于心灵运作的旧的类比概念，特别是这一个概念：自身现在不存在于心灵中的事物，只能靠它们在心灵中的观念或意象（它们是知觉、记忆和想象的直接对象）被感知、记忆和想象。这一学说显然是从旧体系舶来的。旧体系告诉我们，外部事物对心灵造成印象，有如印章在封蜡上造成的印象；正是通过那些印象，我们才感知、记忆和想象它们；那些印象必然相似于产生它们的事物。当我们靠类比法形成关于心灵运作的概念时，构思它们的这种方法看上去显得非常自然，主动进入我们的思维，这是因为，由于每种被感受到的事物必然对身体造成某种印象，我们就容易认为，每种被理解的事物必然会对心灵造成某种印象。

从这种类比推理出发，关于心灵中事物的观念或意象存在的观点就显得是自发地产生的，也就被哲学家广泛接受了。我们早已注意到，贝克莱有次背离了新体系的这一原理。他断言，我们没有关于精神的观念，而且没有观念我们也能直接思考它们。但是我不知道在这方面他是否有追随者。现代哲学家认为，我们感知、记忆或想象感性事物依靠的是观念或意象。但是对于观念或意象，他们同样存在一定的分歧。尽管他们全都认同这种意象的存在，但在它们存在的场所上有着分歧。有些哲学家认为它们存在于大脑的一个特殊部位，就是灵魂的所在地。有些认为它们存在于心灵本身之中。笛卡尔持前一种看法。牛顿似乎也倾向于这么认为，因为他在《光学》中提出了这样的问题："动物的感官是否就是敏感物质出现的地方，就是事物的感性种通过神经和大脑而被输送进去的地方，在那里它们因为直接呈现给敏感物质而被感知到吗？"[6] 而洛克似乎认为有关感性事物的观念存在于心灵之中，贝克莱以及《人性论》的作者显然也持有同样的观点。《人性论》的作者还对那个学说做了非常奇怪的应用，试图从它出发来证明心灵或者不是实体，或者是个有广延、可分的实体，因为关于广延的观念不可能存在于不可分、没有广延的主体之中。

---

6 原文为：Annon sensorium animalium est locus cui substantia sentiens adest, et in quem sensibiles rerum species per nervos et cerebrum deferuntur, ut ibi præsentes a præsente sentiri possint? ——译者

我承认，如同在大多数情况下，《人性论》的作者在这个方面的推理是清晰、有力的。关于广延的观念，是像贝克莱和这位作者所断言的那样只是广延的另一名称，抑或像洛克认为的那样是广延的意象和相似物，我就让信奉常识的人去裁定广延或广延的意象能否存在于没有广延、不可分的主体之中。尽管我认同他的推理，但我对它的运用有所不同。他想当然地认为心灵中存在着关于广延的观念，因此他推断，如果心灵是实体，那么它必然有广延且可分。相反，我靠常识提供的明证理所当然地认为，我的心灵是一个实体，也就是说，它是思维的永恒主体。理性使我确信，它是没有广延且不可分的实体。据此我推断，心灵中不可能有相似于广延的任何东西。如果贝克莱想到了这个推理，他很可能会承认，即使心灵中没有关于物体的观念，我们也可以对物体进行思考和推理；没有关于精神的观念，也能对精神进行思考和推理。

　　我本想更具体、更全面地考察事物的观念或意象存在于心灵之中这一学说，以及建立在它之上的另一种学说，即判断或信念不是别的，而是对观念一致或不一致的知觉，但在研究过程中，我们早就表明，已经考察过的心灵运作并不支持这些学说，甚至在很多方面与它们相矛盾。我原本认为妥当的做法是略去这部分计划。如果有必要的话，在对其他人类知性能力做过研究之后，我们或许可以更好地把它推进下去。

　　我们只考察了五种感官以及人类心灵在它们上面所采用的原理，或是在考察过程中出现的一些原理。我们将把进一步的研究工作留待将来完成。记忆、想象、品味、推理、道德知觉的能力，意志、激情、感情以及灵魂所有的能动能力，都为哲学探究提供了大量的、不受限制的探讨领域，而我远做不到精确地俯瞰全貌。古代和现代许多有天分的作者已经深入这片广袤的领域，并提供了有价值的观察，但是我们有理由相信，那些自诩给我们提供了整幅地图的人已经自满于非常不精确、不完善的概览。如果伽利略妄图建立完备的自然哲学体系，那么他很可能无法为人类做出什么贡献。但是他把自己限定在他能理解的东西上，建立起知识体系的基础。这一体系逐渐矗立起来，为人类知性添光加彩。在此基础上，牛顿同样把自己的探究限定在万有引力和光的性质上面，创造了奇迹。如果他妄图更多，取得的成就就会很少，甚至可能一事无成。虽然我们力所不逮，但还是有雄心去追随这些伟大的典范。我们已经尽心竭力地探究过人类心灵的一角，它似乎最常出现在常人面前，也似乎最容易理解；然而，纵令我们已经对它做了正确的描述，还是必须承认，迄今为止对它的说明是非常有缺陷的，还离真理很远。

译名对照表

abstraction 抽象
act 行为
account 说明
acquired perception 习得知觉
Addison 艾迪生
Aguilonius 达吉隆
analogy 类比
Anepigraphus 安庇格拉弗斯
anticipation 预期
appearance 表象 / 出现
apprehension 领悟
Aristotle 亚里士多德
art 艺术
Arthanasius 亚他那修
artificial language 人工语言
association 联结
attention 关注
attribute 性质
authority 权威
axiom 公理

Bacon 培根
Ports 波慈
being 存在者
belief 信念

Berkeley 贝克莱
body 身体 / 物体 / 形体
Boerhaave 布尔哈夫
Borrichius 博里修斯
Briggs 布里格斯

Cabot 卡伯特
Cartesian system 笛卡尔体系
Cæsalpinus 切萨尔皮诺
cause 原因
causality 因果性
Cheselden 切斯尔登
color 颜色
Columbus 哥伦布
common apprehension 共同领悟
common sense 常识
common understanding 共同知性
conception 构思
conclusion 结论
connection (connexion) 联系
consciousness 意识
constitution 构造
continuance 持续性
countenance 面部表情
credulity 信任

culture 文化

definition 定义
Des Cartes 笛卡尔
Democritus 德谟克里特
Diemerbroeck 迪默布鲁克
Diogenes 第欧根尼
direction 方向
discovery 发现
disposition 秉性
disorder 异常
distance 距离
distance from the eye 视距
distinction 区分
double vision 复视

education 教育
effect 结果
effluvia 臭气
Epicurus 伊壁鸠鲁
Euclid 欧几里得
evidence 证据
existence 存在
experiment 实验
experimentum crucis 判决性实验
expression 表达式
extension 广延
external world 外部世界

Fabricius 法布里修斯
fact 事实
faculty 官能

faith 忠诚
fallacies in vision 视觉欺骗
fallacies of the sense 感官欺骗
feature 面相
feeling 感受
figure 形状/体型
film 影像
fine art 美术
first principles 第一原理
Folkes 福克斯
foreknowledge 预知
foresight 先见
frame 构架

Galen 盖仑
Galileo 伽利略
Gassendus 伽森德
genera 属
general name 通名
geometry of visibles 视觉几何
God 上帝
conjunction 结合
good sense 明智
grammar 语法
Grew 格瑞
habit 习惯
hearing 听觉
heat and cold 热和冷
heavenly body 天体
Hire 海尔
Hobbes 霍布斯
human constitution 人类构造

human nature 人性
human testimony 人证
Hume 休谟
humility 谦卑

idea 观念
Idomenians 依多梅人
image 意象
imagination 想象
impression 印象 / 刺激
indication 指示
induction 归纳
inductive principle 归纳原理
inductive reasoning 归纳推理
inflection 屈曲
instinct 本能
intellect 理智
interpretation 阐释
intuition 直觉

judgment 判断 / 判断力
Jurin 朱林

Kepler, J. 开普勒
knowledge 知识
Laertius 拉尔修
language 语言
language of nature 自然语言
laws of nature 自然规律
law 规律
Locke 洛克
Lucretious 卢克莱修
lunacy 精神错乱

magnitude 大小
Malebranche 马勒伯朗士
Mariotte 马略特
material impression 物质印象
material world 物质世界
maxim 准则
medium 介质 / 媒介
memory 记忆
modulations of voice 语调
mind 心灵
modification 调节
motion 运动 / 转动

natural principles 自然原理
natural language 自然语言
natural signs 自然符号
nature 自然 / 本质
Newton 牛顿
notion 概念

object 对象
objects of sense 感官对象
observation 观察
occasion 诱因
odour 气味
operation 运作
opinion 看法
optic axes 视轴
optic nerve 视神经
organ 器官
original principle 初始原理

Paracelsus 帕拉塞尔苏斯

paradox 悖论
perception 知觉
Peripatetics 逍遥学派
personal identity 人格同一性
phantasm 影像
phenomena 现象
philosophy 哲学
picture 像
place 位置
Plato 柏拉图
point 点
Porterfield 波特费尔德
position 排布
power 能力 / 力量
prescience 预知
primary quality 第一性质
principle 原理
principle of credulity 信任原理
principle of veracity 诚实原理
probability 概率
property 属性
prudence 审慎
purpose 目的
Pyrrho 皮浪

quality 性质
quality of hardness 硬的性质
quantity of motion 动量

real figure 真实形状
reason 理性 / 理由
reasoning 推理
reflection 反思 / 反射

refraction 折射
relation 关系
reliance 信任
relief 凸现
religion 宗教
representation 表征
Rohault 罗霍尔特
rule 规则

Saunderson 桑德森
sceptic 怀疑论者
scepticim 怀疑论
Scheiner 沙勒
science 科学
secondary quality 第二性质
seeing 视觉
sensation 感觉
sense 感官 / 感觉 / 意义
sensible forms 感性形式
sensible objects 感性对象
sensible species 感性种
sensorium 感觉中枢
sentient being 有感知能力的存在者
sight 视觉 / 视力
sign 符号
signification 指示
simple apprehension 简单领悟
simple perception 简单知觉
single vision 单视
situation 方位
smell 气味 / 嗅觉
smelling 嗅觉
Smith, R. 史密斯

solidity 硬度
soul 灵魂
sound 声音
species 种
speculation 思辨
spirit 精神/灵魂
squint 斜视
strength 强度
subject 主体/主题
succession 演替
suggestion 暗示
supposition 假定
system 体系
tangible figure 触觉形状
taste 味道/品味
tasting 味觉
testimony 明证
the thing (things) signified 所指
thought 思想/思维

truth 真理

understanding 知性

Venus 金星
veracity 诚实
verisimilitude 逼真度
Vesalius 维萨里
virtue 功效/美德
visible extension 视觉广延
visible figure 视觉形状
visible magnitude 视觉大小
visible position 视觉排布
vivacity 活性

Winslow 温斯洛
wisdom 智慧
word 言语

作者简介:

托马斯·里德（Thomas Reid，1710—1796），苏格兰启蒙运动时期的重要哲学家，被誉为常识哲学的创始人。里德最初任教于亚伯丁大学，后到格拉斯哥大学接任亚当·斯密，成为该校道德哲学的讲座教授。他最为人知的是对感知理论的贡献，以及对当时主流哲学观点（尤其是笛卡尔主义和休谟怀疑论）的批评。主要著作包括《人类心灵研究：以常识原理为基础》和《人的理智能力论文集》。其思想对后来的哲学家，如实用主义哲学家皮尔士和詹姆斯，产生了深远的影响。

译者简介:

李涤非，哲学博士，河南财经政法大学副教授，主要研究领域为科学哲学、伦理学。在《自然辩证法研究》《自然辩证法通讯》和《伦理学研究》等期刊上发表论文十余篇；翻译出版了《意识的解释》（中信出版集团2022年版，合译）、《论人的理智能力》（浙江大学出版社2010年版）、《做自然主义研究》（重庆大学出版社2007年版）等近十部学术专著。

图书在版编目（CIP）数据

人类心灵研究：以常识原理为基础 /（英）托马斯·里德著；李涤非译 . --北京：商务印书馆，2024.（伦理学名著译丛）.--ISBN 978-7-100-24112-0

Ⅰ.B82

中国国家版本馆CIP数据核字第2024444TM7号

权利保留，侵权必究。

伦理学名著译丛
人类心灵研究
——以常识原理为基础

〔英〕托马斯·里德 著
李涤非 译

商 务 印 书 馆 出 版
（北京王府井大街36号 邮政编码100710）
商 务 印 书 馆 发 行
北京市十月印刷有限公司印刷
ISBN 978-7-100-24112-0

2024年8月第1版　　开本 880×1230　1/32
2024年8月北京第1次印刷　印张 7¾
定价：45.00元